基金资助：国家自然科学基金项目"企业再地方化与我国中西
机理与路径"（项目批准号：41571112）、浙江省自然科学基
的企业根植性、空间外部性与地区转型发展"（项目批准号：L

U0671433

企业再地方化与
地区转型发展

朱华友　李娜　朱之熹 等 著

ENTERPRISES RELOCALIZATION AND ITS INFLUENCE ON
REGIONAL TRANSFORMATION AND DEVELOPMENT

经济管理出版社
ECONOMY & MANAGEMENT PUBLISHING HOUSE

图书在版编目（CIP）数据

企业再地方化与地区转型发展/朱华友等著.—北京：经济管理出版社，2020.8（2020.10重印）
ISBN 978 - 7 - 5096 - 7428 - 4

Ⅰ.①企… Ⅱ.①朱… Ⅲ.①企业发展—研究—中国 Ⅳ.①F279.23

中国版本图书馆 CIP 数据核字（2020）第 162549 号

组稿编辑：魏晨红
责任编辑：魏晨红
责任印制：黄章平
责任校对：王淑卿

出版发行：经济管理出版社
　　　　　（北京市海淀区北蜂窝 8 号中雅大厦 A 座 11 层　100038）
网　　址：www. E－mp. com. cn
电　　话：(010) 51915602
印　　刷：北京市海淀区唐家岭福利印刷厂
经　　销：新华书店
开　　本：720mm×1000mm/16
印　　张：16.5
字　　数：270 千字
版　　次：2020 年 8 月第 1 版　　2020 年 10 月第 2 次印刷
书　　号：ISBN 978 - 7 - 5096 - 7428 - 4
定　　价：68.00 元

前　言

　　产业集聚一直是学术界的热点话题，国内外学者对此进行了大量的研究，产业集聚理论也因此一步一步向前推进。从最初的 1.0 版（产业集聚）到中间的 2.0 版（产业集群雏形），再到现在的 3.0 版（产业集群高级形式），在中国的实践中对应表现为块状经济、集群经济和特色小镇（产城人文融合）。由此可见，产业集聚理论的演进是和经济实践过程密切相关的，每一次理论的演进都表现出不同的经济形态。产业为什么会集聚？一般的解释是产业集聚可以节约成本，并产生外部经济。具体来说：一是生产成本的节约。表现为大量企业集聚在一起，可以分摊基础设施建设成本。二是交易成本的节约。空间临近的企业寻找交易对象比较方便，而且交易后的监督成本也因此下降。三是技术外溢。一家企业有新的产品出现或新的技术发明，往往会带动别的企业进步。上述产业集聚是基于静态空间的分析，然而现代社会是一个生产要素高度流动的空间，企业的区位选择也是经常发生变化的。大量的企业区位再选择就形成了产业转移，并在另一个区位重新集聚，这种重新集聚或再集聚形成的集聚效应和产业转移前的集聚效应是不同的。因此，研究产业转移下的产业集聚是非常有必要的。

　　产业集聚是地方性的，具有鲜明的地方化特征，产业转移下的再集聚也是地方性的，是再地方化。再地方化意味着产业集聚是动态的，是跨区域的，因此其内涵更加丰富。产业集聚的地方化特征从本质来说，一是根植性，即企业融入地方的经济社会中并形成各种联系的过程；二是外部性，即企业在融入过程中产生的经济效应或绩效。再地方化的跨区域性决定了其根植性是多元的，一方面是在转入地的根植性；另一方面是和转出地有千丝万缕的联系。而且企业在根植地方的过程中，还面临组织形式的变化，即企业各环节的配置存在专业化还是一体化生产方式的选择。也正是由于企业再地方化存在跨区域的分工和合作，这就形成了跨区域分工网络，地区在网络分工中的受益情况、面临的机遇和挑战和以前迥异。基于上述分析，对企业再地方化需要从空间维度、组织维度和时间维度三个方面进行解读：空间维度，即企业从一个地方重新根植于另一个地方；组织维度，即价值链中各企业或各环节的配置是专业化还是一体化生产方式的选择；时间维度，即经济社会联系的动态重构和信息重整的过程。

地方化和再地方化之间有一个环节是去地方化。去地方化既是空间过程，即生产过程的完全或部分的转移现象，也是功能整合过程，即企业供应链在不同空间尺度的分离与再组合。与一般意义上的产业转移相比，去地方化内涵表现在两个方面：一是在全球生产网络中，一些企业受跨国公司或全球贸易商的权力制约，逐订单或客户而居；二是一些"松脚型"（Footloose）企业容易受到生产或交易成本的影响，走低端发展道路，逐成本而居。它们共同的特征是缺少地方化特征，在产业空间中滑来滑去，地方根植性弱。

从上述分析来看，地方化—去地方化—再地方化是企业空间上的时间过程，作用于这个时间过程中的有两种力：地方力和全球力。地方力表现为对企业的集聚作用，全球力表现为对企业的分散作用，共同作用的结果是地方生产网络和全球价值链的形成。

基于上述思考，本书对企业再地方化下的根植性、外部性和地区分工进行了研究。主要观点如下：

（1）企业再地方化，一方面和产业转移有关，另一方面与产业集聚有关，是产业转移下的重新集聚。从空间过程来看，再地方化是企业经济社会联系的空间重构和生产方式（专业化或一体化）的重新选择。其空间作用维度有三个：绩效维度，表现为产业重新集聚下的空间外部性；程度维度，表现为企业重新集聚后在地方的根植性；分工维度，表现为企业转移后价值链环节的空间分离。企业再地方化的类型有两种：一种是企业从一个地区转移后，根植于另外一个地区。另一种是企业离开别的地区或集群，回归到以前转出的地区，并重新根植本地。

（2）社会学中的企业根植性理论和经济学中的空间外部性是产业集聚过程中的两个原生性特征，研究地区经济转型发展应从这两个原生性特征的共同作用入手。

（3）企业根植性作用于地区经济转型发展的机理是企业空间意愿和地区黏性的共同作用，作用形式有"根植程度深，根植时间短""根植程度浅，根植时间长""根植程度浅，根植时间短"和"根植程度深，根植时间长"四种。

（4）空间外部性作用于地区转型发展的机理：一是金融外部性的共享效应；二是技术外部性的溢出效应，作用形式有"金融外部性强，技术外部性弱""金融外部性弱，技术外部性强""金融外部性弱，技术外部性弱"和"金融外部性强，技术外部性强"四种。在不同的空间尺度上，空间外部性作用于地区转型发展的影响不同。由于经济发展阶段和开放性等的不同，空间外部性对我国东部、中部、西部地区转型发展的影响也不同。

（5）在跨地区生产网络分工作用下，企业再地方化下的区位价值和竞争优势不同，企业发展道路和地区发展方向也不同。

（6）在地区发展方式演进过程中，要充分考虑地区规模、基础设施以及对外开放等因素的地区差异。要从产业集聚的本质入手，突破传统的产业集聚理念，创新产业集聚模式。

本书的理论意义如下：

（1）首次构建了企业再地方化理论，从企业再地方化视角研究了地区转型发展问题。

（2）融社会学中的企业根植性理论和经济学中的空间外部性于一体，提出企业根植性和空间外部性是产业集聚的原生性特征，从产业集聚的原生性特征共同作用的视角来研究它们对地区转型发展的影响。

（3）从企业根植性和空间外部性两者共同作用于地区转型发展的视角出发，提出了产业集聚的新模式。

（4）将动态外部性与地区转型发展联系起来，对地区转型发展进行全新的阐释。以往的研究大多是集中于静态的地方产业的空间外部性研究，并且以往的空间外部性研究大多是集中于空间外部性本身效应的检验，少见空间外部性与地区转型发展关系的研究。

本书的主要实践意义：

（1）从实践中为地方政府制定地区转型发展政策提供理论依据。对于地方政府来说，要利用产业集聚促进地区经济转型发展，必须从集聚的原生性特征入手，明确地区当前的发展形式、阶段及存在问题。根据企业根植性、空间外部性及其共同作用的关系，首先分析地区发展属于哪一种方式，其次确定发展的问题是企业根植性方面还是空间外部性方面，然后再深入剖析地区在根植性内部和外部性内部存在的问题，最后制定相应的发展策略。

（2）为地方政府正确理解产业集群提供指导意见。已有文献（包括波特的研究）对产业集群概念的定义比较模糊，主要原因是这些定义没有从产业集聚的原生性特征出发，因此缺少解释力。本书从实践中出发，提出从根植性和外部性两个方面更切合实际地定义产业集群特征，为地方政府实施产业集群政策服务。

目　录

第一章 绪 论

第一节 研究背景

我国沿海产业转移问题受到了政府和学术界的广泛关注，关于这方面的研究可谓汗牛充栋，其中，如何通过产业转移缩小地区差距，实现地区协调发展是我国经济社会发展中的重要命题。近年来，国家出台了一系列的产业转移政策，如 2010 年出台的《国务院关于中西部地区承接产业转移的指导意见》指出，"引导和支持中西部地区承接产业转移，是深入实施西部大开发和促进中部地区崛起战略的重大任务"；2011 年颁布的《中华人民共和国国民经济和社会发展第十二个五年规划纲要》指出，要"充分发挥各地区比较优势，促进区域间生产要素合理流动和产业有序转移，在中西部地区培育新的区域经济增长极，增强区域发展的协调性"。从实践中看，虽然我国中西部地区承接了大量的转移企业，但在缩小与东部地区的差距、促进经济转型发展方面成效不尽如人意，引起较多的学术争论（刘志彪、张少军，2008；郭元晞、常晓鸣，2010；刘友金、吕政，2012），因此，需要对中西部地区的产业承接及地区发展问题进行深刻剖析。

（1）在空间发展模式上，我国中西部地区承接产业转移无一例外地实行工业园区模式，这种模式是在土地近乎无限供给、政府税收优惠政策的条件下实现的。工业园区数量多、布局广，不仅有县级开发区，还有乡镇级工业园。在实施过程中，一些问题值得深思，如企业进入园区后绩效怎样？对地区经济增长、技术进步和区域创新产生了怎样的影响？园区如何实现从量的扩张到质的提升？在国家经济转型新形势下，新的困境出现了：首先，最近国家出台了禁止地方政府采用土地政策和免税政策来招商引资，那么以后中西部地区的优势在哪里？其次，在产业转移过程中出现了一系列东部发达地区存在的问题，如产能过剩、劳动力短缺、环境污染等，那么中西部地区如何通过调整产业承接模式化解这些问题？

（2）在承接企业上，出于对地理邻近有助于节约成本和促进地方经济增长的盲目认同，我国中西部地区对转入企业的类型没有要求，造成工业园区内大量低质企业集聚，企业之间既无贸易依赖，也无非贸易依赖，缺少形成集群的必要的内在联系性和互动性。进入产业转移后期，产业联系的重要性被广泛认识到，一些地方开始实行"产业链招商"，即引进企业时，引进整条产业链，并试图打造产业集群。结果是企业生产和贸易联系只在这条产业链的上下游之间或企业内部，与地方联系甚少，形成"二元根植性"①。一旦生产要素的低成本红利消失，企业便会再次迁徙。那么，中西部地区如何培育地方"黏性"？如何增强企业的地区根植性为地区创造更多的价值？如何通过引进企业提升地区自我发展能力？

我国的产业转移不仅存在沿海地区企业的去地方化②问题（朱华友、王缉慈，2013；2014a），而且存在企业在中西部地区的再地方化问题，即企业从一个地方转出后如何落地的问题，包括企业如何重新根植于地方生产网络、价值链中各企业或各环节的配置是专业化生产方式还是一体化生产方式的选择、企业经济社会联系如何动态重构等。企业再地方化问题之所以重要，是因为企业在再地方化过程中，会产生一系列集聚问题，如根植性弱、集聚经济小、产业低端道路（Low-road）等，而这些问题又与承接地的产业承接发展方式和经济发展策略密切相关，因此，企业再地方化问题不仅是企业转移的再集聚过程，更是与承接地经济转型发展密切相关的过程，影响产业承接地的经济社会发展战略的实现。因此，在我国产业转移的大背景下，如果中西部地区不能在

---

① 二元根植性（Dual Embeddedness），即企业同时具有内部根植性与外部根植性双重属性，在跨国公司内部表现明显。实际上，这种现象同样表现在很多"松脚型"（Footloose）企业中。

② 项目研究认为，去地方化是脱离地方联系和集聚的过程，因此去地方化既是空间过程，即生产过程的完全或部分的转移现象，也是功能再整合过程，即企业供应链在不同空间尺度的分离与再组合。与一般意义上的产业转移相比，去地方化重视企业与地方的互动互赖关系以及这些关系对地方生产网络的影响，如对本地产业的前后向联系、社会资本和就业等方面的影响。

承接转移的过程中，选择正确的经济发展之路，就会影响地区的自我能力发展，失去在这一波经济周期中转型的机遇。

第二节　研究意义

一是结合国情深入研究产业转移和集群理论的需要。产业转移和产业集群的相关理论众多，国内也有大量论著，这里不再赘述。对于产业转移和产业集群关系的研究，国内有学者在多年的实证研究基础上提出，发展问题的关键不在于是否存在产业集聚，也不在于产业集聚板块的多寡，也不在于产业集聚区域内的主导产业是朝阳还是夕阳的，而在于这些产业集聚区域内的行为主体如何，处在产业部门价值链的什么环节，产业联系如何，是否依靠内力发展等（刘卫东等，2004；王缉慈等，2010）。与此同时，我国一些地方未经深入研究和正确理解，而跟风使用集群概念，在承接产业转移过程中，简单化地打造"产业集聚区"，造成了浪费土地和资金等恶劣后果[①]。

因此，必须立足于国内外的相关理论基础，结合我国经济社会发展的动态实际，对产业转移和集群理论进行深入研究，推动产业转移和集群理论的本土化建设。

二是我国中西部地区转型发展的需要。近年来，部分中西部地区照搬东部地区 20 世纪 90 年代的模式，部分污染企业已转移到中西部，"候鸟式"的企业在中西部也有市场。珠三角和长三角的产业转移共同向重庆、四川等西部地区转移，其中大部分为劳动密集型企业。这样的产业转移虽然对我国中西部地区的经济增长做出了贡献，但是在促进地区转型发展方面作用甚微。中西部地区在生产技术、产业组织和发展环境发生变化的条件下，如何承接东部地区的企业转移，并利用地区"黏性"将企业地方化，在此基础上形成自持性增长（Self – sustaining Growth）即"造血"功能，成为自主型区域而不是依赖型区

---

① 以"产业集聚区"为名，搞"筑巢引凤"而承接产业转移，往往只是美好的愿望而已。不讲人的创造力、不讲企业家精神、不讲技术创新，只是依赖自然资源禀赋和一般的区位条件，把发展的希望寄托于土地的开发和项目"大鸟"的飞入，这与基于创新和基于内力发展区域经济的产业集群理论背道而驰。

域，是一个迫切需要解决的问题。

第三节　研究内容

本书从我国中西部地区承接产业转移的格局与模式入手，分析企业再地方化与我国中西部地区转型发展的关系机理，揭示我国中西部地区经济转型发展的路径。首先，构建了企业再地方理论，包括概念、类型和机制等。认为再地方化的空间作用维度有三个：绩效维度，表现为产业重新集聚下的空间外部性；程度维度，表现为企业重新集聚后在地方的根植性；分工维度，表现为企业转移后价值链环节的空间分离。其次，基于上述三个维度，实证分析了企业根植性对地区经济发展的影响，提出了企业根植性作用于地区经济转型发展的机理和形式；实证分析了空间外部性对地区经济转型发展的影响，提出了空间外部性作用于地区转型发展的机理和形式；从跨地区生产网络分工理论出发，实证分析长三角地区企业再地方化下的区位价值和竞争优势。最后，基于再地方化视角提出了浙商回归的动力机制，包括政府诱导、企业认同和环境反馈三个方面。在此基础上，进一步分析浙商回归对浙江省经济转型发展的影响及尚需克服的相关问题。本书试图在丰富经济地理的产业集聚理论和地区转型发展理论的同时，为地方政府制定和实施产业集聚和区域发展政策提供一个必要的理论框架。

本书共分为六章：

第一章，绪论。提出问题并对研究问题的背景和意义进行分析。

第二章，地方化、去地方化与再地方化。首先，从地方化概念入手，对去地方化概念进行了阐释；其次，从国家、多国、区域一体化和全球网络四个层面分析了去地方化的空间尺度；最后，对再地方化概念的内涵进行辨析，构建企业再地方化的理论模型。

第三章，企业再地方化下的根植性与地区转型发展。首先，对根植性概念进行解读，包括根植性分类、根植性主体和客体等。其次，分析企业再地方化下的根植性维度和过程，并以富士康科技集团和香港锦艺集团落户郑州市为例进行实践分析。再次，根据企业根植性程度深浅和根植于地区的时间长短，把企业根植性作用于地区转型发展的形式分成四种,即"根植程度深,根植时间短""根植程度浅,根植时间长""根植程度浅,根植时间短"和"根植程度深,根植时间长",并分析机理。最后,以河南省产业承接为例,对企业再地方化下的根植性进行实证分析。

第四章,企业再地方化下的空间外部性与地区转型发展。首先对空间外部性进行理论回顾,将空间外部性分成静态外部性和动态外部性两个维度,并分析它们综合作用机理。其次以皖江示范区为例,对空间外部性作用于地区转型发展进行实证,分析了皖江示范区企业再地方化对地区转型发展的影响,得出了一系列有价值的结论和建议。

第五章,企业再地方化下的跨地区网络分工与产业升级。在理论和文献梳理的基础上,研究了企业再地方化下的跨地区网络分工与产业升级的关系机理。以长三角和珠三角为例,进行了产业承接、跨地区网络分工与产业升级的实证研究。

第六章,企业再地方化下的浙商回归与地区转型发展。首先从企业再地方化视角分析了提出"浙商回归"现象,总结三种回归模式,即乡情牵引下的"原地"式回归、大城市引力下的"杭宁温"式回归、特殊资源优势吸引下的"异乡"式回归,并提出了浙商回归的动力机制,包括政府诱导、企业认同和环境反馈三个方面。在此基础上,进一步分析了浙商回归对浙江省经济转型发展的影响及尚需克服的相关问题。

第二章 地方化、去地方化与再地方化

第一节 地方化

一、本土化、本地化与嵌入性

从概念分析来看，本地化和本土化均指公司发展战略。如本地化是跨国公司在生产管理过程中为扎根当地市场来迎合东道国风俗习惯、宗教信仰等文化传统的发展战略（吴显英，2004）。本土化是指跨国公司在进入某国市场后，努力融入东道国的经济体系，成为具有当地特色的经济实体的发展战略（刘文纲，2003）。本土化实质上就是指跨国公司参与国际生产网络，将生产、技术开发、营销、管理等价值链各个环节全方位融入东道国当地的政治、经济、文化、消费观念、民族特点中的各种经济活动和过程（张玉柯、徐永利，2011）。跨国公司的本土化战略主要表现为在当地投资设厂、购买当地原材料、在当地融资、管理人员的本土化等（宋全敬，2008）。因此，本地化和本土化可以看作同一概念，隐含了本地联系的内容，其共同特征是企业根植性或嵌入性①。

---

① 需要特别指出的是，国内研究者对"embeddedness"有不同译法，有的译为"根植性"，有的译为"嵌入性"。丘海雄和于永慧（2007）认为，"嵌入性""根植性"是产业集群研究中频繁出现的两个既有联系又有区别的概念，"嵌入性"是分析经济行为如何受到历史、文化、制度、关系和社会结构影响的一个概念工具，而"根植性"是反映企业与本地生产体系的融合程度。由于行为主体的经济属性和社会属性往往紧密联系在一起，本书对"嵌入性"和"根植性"不做区分。

"嵌入性"一词译自"embeddedness"。一般认为,"embeddedness"一词是由 Polanyi(1957)提出来的,后来由 Granovetter(1985)发扬光大,概念广泛用于社会组织、经济地理和区域发展、管理学等研究领域,主体由"经济行为"延伸到了"企业、个人、网络"等,对象由"非经济制度""社会关系网络"延伸至"网络、地方、全球价值链"等。关于"embeddedness"的研究文献很多,这里不一一列举。

嵌入性用以获得活动被固定在某一特定的区域,并通过直接和间接的副产品(包括与本地供应商的后向联系)来推动当地或国家的经济发展(Liu Weidong, Dicken P., 2006)。全球生产网络在地域和机能上将企业联系在一起的同时,也将企业所处的社会、空间组织等包含在内,在不同尺度和内容的考察中,有两种形式的嵌入最为重要:地域嵌入和网络嵌入(见表2.1)。

表2.1 地域嵌入与网络嵌入

	地域嵌入	网络嵌入
概念	GPN 内领导企业将生产机能扎根于不同地方,以支持网络内各节点的机能	网络内成员间各种正式和非正式关系所建立的结果
关注内容	空间集聚程度、承包网络的权力与社会关系、地方政府政策等	网络结构、GPN 内部联系程度、成员间关系的稳定性等

从某种意义上说,地域嵌入是指把企业植入根深蒂固的社会和经济的关系中去,并使其能融入地方企业中,与当地企业能共同获得良好的发展(Henderson J. 等,2002)。在实际应用中,如果企业吸收了来自当地的资源(如劳动力或中间产品),且拥有了难以复制的特质,那么企业就实现了地域嵌入。一个企业嵌入的程度越深,那么它创造的更多价值就会被它运营所在的地区获得。全球生产网络通常选择嵌入在社会经济发展动力较强的区域,这里主要包含两个方面:一是全球生产网络内的领导企业以契约的形式进入,利用当地已存在或建立的中小企业集群优势,建立次级合同制造或者辅助生产;二是领导企业在特定的区位,通过外包吸引新的企业入驻,创建一个新的地方化经济及社会关联,包括已存在的本土企业和外来企业。地域嵌入在价值创造方面可能带来的是空间上的占据,并同时反作用于公司所在的全球生产网络内的其他部

分（Grabher，1993）。此外，国家及地方政府政策（如税收、人才等）的差异也会促使全球生产网络内的特定部分嵌入特定的区域，并形成新的节点。当然，随着时间的推移，这种嵌入的正面效应并不是一成不变的。如当某一网络旗舰结束了与某一地区的关系（关闭工厂或撤离投资），此时便出现了分裂过程，这将很可能破坏原先的经济发展及价值获取（Pike A. 等，2000）。从发展的角度来看，全球生产网络内的企业在一个地区的嵌入模式和程度对于价值创造、提升和获取来说是一个重要因素。

网络嵌入则不再关注区域问题，更多关注的是网络结构、结构内部的关联程度以及网络成员间关系的稳定性。网络嵌入是网络主体相互之间建立各种正式和非正式关系的结果，它对网络内稳定关系的构建十分重要。同时，网络内成员间关系的持久性和稳定性决定了网络镶嵌及全球生产网络作为一个整体结构的演化方式（李健、宁越敏，2011）。网络嵌入主要是揭示网络成员之间的关系，全球生产网络关注的则是特定商品或服务生产过程中所有商业行动者的组织过程及其架构；同时还关注了更为宽广的制度网络，包括了一些非商业主体，如政府与非政府组织等。

但是，嵌入性（根植性）并不等同于本土化或本地化概念。本土化包含在嵌入性之中，是嵌入性的应有之义，嵌入性的内涵和外延都远远大于本土化。邱国栋和陈景辉（2010）将跨国公司嵌入性定义为：跨国公司以直接投资形式在东道国投资，建立独资、合资或合作企业，通过与当地政府、企业以及其他机构建立各种正式、非正式联系，在当地结网、扎根，并对当地经济社会发展产生一定影响的行为。其内涵包括两个层面：第一，跨国公司与当地产业网络（体系）发生经济连接关系和社会连接关系的行为，如在当地投资、在当地采购、帮助社区进步、行使社会责任等。第二，跨国公司将当地的网络、制度等融入、根植到当地经济社会网络中。例如，先进的管理理念、制度与体制在当地扩散传播，技术在当地转移、溢出，同时跨国公司也受到当地传统文化等的深刻影响。

因此，嵌入性比本土化（本地化）概念的内涵丰富得多。①嵌入性强调跨国公司与地方互动耦合，而本土化（本地化）则侧重于跨国公司单方面适应和融入。就跨国公司而言，只有把企业根植于东道国经济、社会中，与东道国在经济、技术、社会、体制等方面建立深层次的良性互动，才能顺利进入当地产品市场，获取当地的优势资源，从而提高自身的国际竞争能力。而跨国公司本地嵌入的程度和范围也会对东道国的就业、人才培养、技术与管理等方面产生不同的影响。本地嵌入指这种全球与地方依赖过程形成与演化中的溢出效应，特别是这种溢出效应对本地企业的学习创新以及本地企业家精神的促进作用（柏玲、张宪平，2008）。跨国公司本地嵌入表现为多方主体的互动博弈。②嵌入性涵盖经济、社会、技术和制度等多个方面，而本土化则主要侧重经济技术方面。跨国公司本地嵌入可以分为经济嵌入、技术嵌入、社会嵌入以及体制嵌入四个类型，东道国作为跨国公司嵌入的客体，其经济、体制、社会、文化等方面的因素都会影响跨国公司本地嵌入的选择。由于嵌入的双方相互作用，不同的因素反过来对跨国公司嵌入也会产生不同程度的影响（李玉蓉、莫微微，2014）。

二、地方化、本土化与行业集聚

地方化与本土化的共同特征是根植性（嵌入性），但地方化较之本土化，一个重要区别是集聚经济特征的存在，特别是地方上同类或类似活动的贸易和非贸易联系。

全球价值链（GVC）的各价值环节离散地分布于全球各地，实现了价值链的"片段化"（Amdt，Kierzkowski，2001），不同的价值环节在特定的地域又有高度地理集聚的特点（Kaplinsky，Gereffi，2001），从而形成了各具特色的产业地方化。Hoover（1937）将聚集经济系统地分为规模经济、地方化经济和城市化经济三类。规模经济是指企业从事专业化生产所形成的单位成本随产出递减的利益；地方化经济是指在一个特定公司之外、一个特定产业之内的集中化经营的经济，企业在特定地区集中产生的熟练劳动力聚集、投入和产出品的低运费以及信息溢出的利益；城市化经济则是指在个体厂商和产业外部实现的规模经济，它们反映一定地区内私人和公共投资总额以及劳力、资本、金融、法律和公共服务的集中，定位地点的高度城市化提供给企业在公共产品、交通运输、基础设施以及专业化服务等方面的利益。新经济地理学理论强调集聚的地方化经济特征，认为集聚力来源：一是市场规模效应（关联效应）。其中前向关联称为价格指数效应，后向关联称为本地市场效应，二者综合表现为产业前后向关联效应。二是溢出效应。企业之间通过正式或非正式交流和沟通产生溢出效应，与集聚区域之外的企业相比较，集聚产生的企业之间溢出效应产生额外的收益就是集聚力的根源。三是劳动力池效应。主要表现为通过劳动力的供求匹配，提高工人的工资和企业的收益（Marques，Helena，2001）。

第二节　去地方化

一、"去地方化"概念

集群的形成是地方化过程，从工业化初期就开始发展，地理靠近的相关企业之间的投入产出关系逐渐形成并越来越紧密，技术互动也不断发展。尽管查可拉沃提等（2005）根据印度研究质疑了这个观点，认为在企业区位决策阶段考虑城市化而并非寻求地方化经济，但中国沿海地区的大量贸易加工集群经过近30年的发展，通过地方化而降低成本的效应是非常明显的。

与经济活动的地方化交织在一起的是去地方化（Delocalization）。第二次世界大战以来，制造业的空间秩序在信息和技术交流、市场自由化下重新定位，制造业活动从北半球到南半球的转移，引出了大量的学术关注，并对工业化地区产生广泛的社会影响。这种转移形成的新的劳动空间分工往往伴随投资转移产生的"逐底竞争"，表现为低工资、低税率和低环境限制。如最近几年来，我国沿海地区的一些外贸加工集群，随着订单的转移，出现了企业离开集群——去地方化而到另外一个地方再造集群——再地方化（Relocalization），或再融入集群的产业转移趋势（王缉慈等，2010）。2007年4月在波兰克拉科夫专门召开了一个名为"移动前沿：劳动密集型产业生产布局的变化"的国际会议（Labrianidis L.，2008）。会议出版的著作中，利用2005～2006年由欧盟资助的"转移"项目所收集的资料，来研究五个欧盟国家（保加利亚、爱沙尼亚、希腊、波兰、英国）中四个劳动密集型产业（服装、鞋类、电子、软件）的生产活动转移。项目基于全球商品链和全球生产网络两种方法，尝试探索企业决定去地方化所使用的动机和策略。

文献认为，直观地理解"去地方化"一词意味着生产活动从一个国家转移至另一个国家，但是很难找到一个标准定义作为参考（Hammami R. 等，

2008）。Feenstra（1998）认为，去地方化原先被认为是生产过程的分裂，包括但又不仅限于分离、国际化、内部贸易、产品内分工、千变万化的比较优势、多级生产、外包、价值链分割、分包和垂直分工。Grignon（2008）强调，经济学家或多或少在严格意义上都定义了去地方化：在从最严格意义上来说，去地方化是指一个给定生产单元改变其位置，接着在国内生产单元关闭的同时国外单元继而展现，且并不影响最终产品的目的地；从第二种意义来说，去地方化是指国际外包一些活动。最后，人们可以将去地方化定义为一个新生产单元在国外的产生，尽管国内活动并未减少。Hammami 等（2008）从企业战略的角度分析，认为现有的定义有三点主要分歧：一是外国直接投资（FDI）和去地方化之间的关系不明确。因为一些定义认为去地方化是 FDI 的一种形式，而另一些定义则认为去地方化不需要 FDI 也能出现，如一些国际外包的例子。二是生产转移的不确定性。即从原始国到东道国的生产转移可能是也可能不是去地方化的必要条件。三是去地方化的目标不同，有的是降低成本，有的则是获取国外市场。因此，他从企业的视角且着重于供应链方面提出了去地方化的定义：去地方化是一种生产过程完全的或部分的转移，它通过外国直接投资实现，而这种生产活动的生产最初必定要有相同的现有市场，且其目标是公司附加值的增加。这个定义包含三个方面的含义：一是生产的空间转移，二是相同的目标市场，三是 FDI 的必要性。

联合国工业发展组织（UNIDO）（2003）的文献区分了去地方化与外包的关系，认为去地方化和外包是联系明显但非常不同的概念和创业策略。外包可以没有地理移动或生产活动的转移。但是在嵌入特殊地区的背景下，去地方化与外包在某种程度上以一种互补或替代的方式缠绕着。如果把去地方化作为一种局部生产体系的竞争策略，就会发现外包和去地方化现象之间的两种关系：一种是努力升级到参与高水平的全球价值链可以刺激公司对外部供应商的依赖，这样外包与去地方化呈正相关。另一种是公司通过去地方化进入一个广泛的外部关系网络，在劳资关系的压力下，公司也许不去外包。在这种情况下，外包和去地方化呈负相关（Massimiliano M. 等，2009）。生产的去地方化过程可以用三项指标定量描述，即外国直接投资的数量、外国企业家控股的企业数量、跨国公司协调和控制之下的成品和半成品的贸易流（Paolo C.，Giuseppe T.，2011）。

从文献分析来看，欧美国家的去地方化多是生产的去地方化或制造业的去地方化，认为去地方化指的是生产活动的地理运动或转移（UNIDO，2003），是指产业空间结构在国家、区域或全球尺度上的重组（Labrianidis L.，2008）。

二、去地方化的空间尺度

欧美的去地方化存在空间尺度分异。一是在国家层面。如 20 世纪 70 年代，英国的企业对低生产成本位置的寻找从而发现了外围地区，在英格兰东北及北爱尔兰建立了分工厂（Evans Y.，Smith A.，2006；Hudson R.，2005）。在意大利，北方产业三角区和第三意大利的产业区的生产去地方化则是南方工业化进程的部分（Dunford M.，2006）。

二是在多国层面。去地方化在欧洲各国间表现为一种新的国际劳动力分工——从北欧到南欧迁移，尤其是葡萄牙、希腊和西班牙，而这种劳动分工是 20 世纪 70 年代以来由劳动密集型活动发展而来的（Frobel F.，Heinrichs J. 和 Kreye O.，1981；Lipietz A.，1987）。在美国和加拿大之间的去地方化则表现为贸易自由化下的跨国公司的转移（Susane F.，1998）。

三是在区域一体化层面。如欧洲及欧盟—地中海地区，外向型加工关税协定（外向型加工贸易）使中欧在 20 世纪 70 年代末到 80 年代初形成了生产网络（Graziani G.，1998；Pellegrin J.，2001；Begg R.，Pickles J. 和 Smith A.，2003）。西欧制造商首先将区域化生产网络扩大到中东欧，与全球范围的更低成本做竞争。随着时间的推移，网络联系渗透到外向型加工贸易政策中，成为中东欧快速去地方化生产的动力（Smith A.，2003；Labrianidis L.，2011）。

四是在全球网络层面。Kalogeresis 和 Labrianidis（2010）受到对全球生产网络多重贡献的影响，把去地方化的决定看作企业、部门、环境（地方/区域/国家）和全球环境四个主要分析维度的产品，拥有其独特的机构治理和权力关系。如图 2.1 所示。

三、去地方化与制造业转移

根据去地方化的定义，去地方化的空间过程是一个产业转移过程。数十年来，学者们对产业转移进行了持续的观察和探讨，然而在 20 世纪末至今的国际国内产业转移现象，却至今没有成熟的理论。产业转移的理论主要有日本经

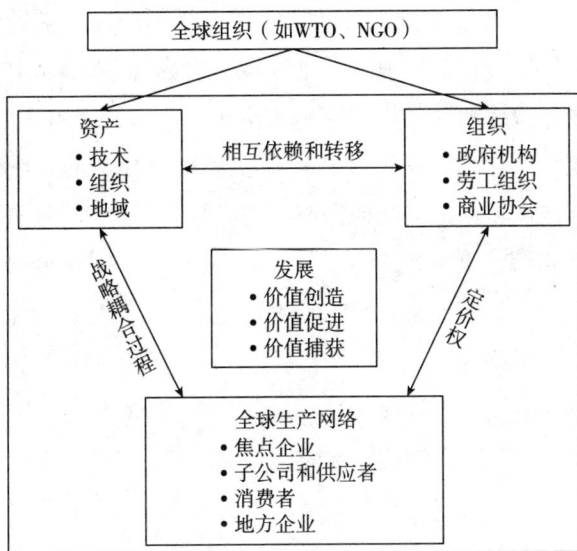

图2.1 去地方化的全球网络维度

济学家赤松要（1937，1943，1957）的雁行模式（Flying Geese Model）、美国学者弗农（1966）的产品生命周期理论、小岛清（1987）的追赶型产业周期理论和边际产业扩张论。这些理论都是从宏观的层面，集中在产业演化上。也有学者从企业对外投资和跨国公司的角度研究了国际产业转移，如美国经济学家阿瑟·刘易斯（1954）从发展经济学的角度提出了劳动密集型产业转移论、阿根廷发展经济学家劳尔·普雷维什（1990）用依附理论分析了发达国家和发展中国家之间经济关系的中心—外围理论。

当前，随着产业转移规模的不断扩大，相关研究呈现出比较明显的新趋势（邹积亮，2007），对制造业转移可以大致分为两条研究主线：一是以主体为考察的方向，二是以价值为考察的方向。以主体为考察方向的研究成果表现在"竹节资本主义"理论和产业聚落"浮动的睡莲形态"（Lily - Pad Pattern）的产业转型和区域扩散理论。"竹节资本主义"理论认为，跨国旗舰企业往往把总部留在本土，而将研发、设计、制造、营销等价值链环节迁往成本更低或资源更优的地方，相互协调与促进，就像竹子一样节节升高。旗舰企业的供应商网络通常采取跟随外包（Following Outsourcing）的策略，与其一同转移。"浮动的睡莲形态"产业转移模型源自韩国三星经济研究院，借助于自然界的群落扩散和生态演化机理，提出国际产业转移就像浮动的睡莲叶在池塘里自然蔓生，从核心地区向边缘地区随机转移和扩散。以价值为考察方向的研究指出，当前国际制造业由产业结构的梯度转移演变为增值环节的梯度转移有四大特点：一是非线性推进；二是生产外包；三是产业供应链整体搬迁；四是实现全球垂直一体化（张伟、李俊，2005）。在实证方面，一些学者研究了世界制造中心变迁（戴宏伟，2007；崔海潮，2009）。

从文献来看，研究国际制造业转移的较多，但研究我国国内制造业转移的较少。相关的研究有杜传忠等（2012）选取广东省 28 个制造业 2004～2008 年的面板数据进行研究，发现转移黏性的主要因素是固定资产的投资和既有劳动力供给优势。而根据一份 103 家企业的问卷调查，则发现在区域特征、集聚经济、政府政策三方面中，集聚效应中对产业黏性的边际效应最大，在产业黏性中起主导作用（成祖松等，2013）。在一份晋江 102 家中小企业的问卷调查中也同样得以佐证，企业集聚尚未产生"挤出效应"，仍对当地企业有较大的"黏力"，且除了集群效应外，企业的根植性也构成黏力，主要有企业家根深蒂固的乡土意识、本地网络的相对封闭性以及非正式途径建立起来的地方合作关系（蔡春萍，2014）。一些研究开始涉及我国外贸加工业的转移（曾贵、钟坚，2010）和产业转移的去地方化问题（王缉慈，2010），但未能与外贸加工相结合，在转移的原因、机制、路径等方面还需深入，在理论、方法和实践等方面还有很大的研究空间。

相较而言，去地方化在探究产业空间转移现象的同时，更对产业转移采用何种方式、与迁出地和迁入地集群社会网络之间的关系给予了更多的关注。因此，"去地方化"这一术语更具内涵，它不仅涵盖了某一产业或企业生产活动的地理空间转移，还聚焦于转移的模式及其与社会网络之间的关系等方面，即企业离开地方，剥离区域特征（当地资源禀赋、人力资本、政策环境），脱离地方联系这一过程。

第三节 再地方化

目前关于再地方化研究的文献比较少，主要见于传统文化的回归中，如范可（2005）关于闽南回族社区建筑的研究，孙九霞和马涛（2012）关于旅游发展中族群文化的研究。王缉慈（2010）从产业转移的角度认为，再地方化（Relocalization）是企业离开集群——去地方化（Delocalization）后在另外一个地方再造集群，或再融入集群的过程。但是对于再地方化的概念及内涵，已有文献均未进行解读。本书从经济地理的角度分析认为，再地方化具有空间维度、组织维度和时间维度特征。空间维度，即企业从一个地方重新根植于另一个地方；组织维度，即价值链中各企业或各环节的配置是专业化还是一体化生产方式的选择；时间维度，即经济社会联系的动态重构和信息重整的过程。

一、再地方化与地方根植性

企业再地方化的程度反映在地方根植性上。根植性有有形根植性与虚拟根植性之分。有形根植性中，Granovetter 和 Swedberg（2001）提出关系根植性和结构根植性，Zukin 和 DiMaggio（1990）提出认知根植性、文化根植性和政治根植性等。虚拟根植性指通过使用电子技术特别指互联网技术在企业间建立联系，这种联系影响企业经济行为（Fowler 等，2004）。随着世界经济一体化发展，全球生产网络（GPN）中的各环节分散在世界各地，出现了价值链的片段化，而伴随出现的"二元根植性"（Dual Embeddedness）（内部根植性与外部根植性）的问题逐渐受到相关学者的重视。Klaus E. Meyer、RamMudambi 和 Rajneesh Narula（2011）认为，跨国公司要在两个层面（跨国公司层面、子公司层面）上对二元根植性进行管理，且其子公司同时具备内部根植性与外部根植性，即跨国公司内的网络根植和东道国的外部环境根植。Frank W. Geels（2014）在外部根植性的基础上构建了一个"企业—环境—行业"三重嵌入框架，进而对三者的协同演化进行了研究，认为企业根植于两个外部环境（经济和社会政治）和行业制度之中。Francesco Ciabuschi、Ulf Holm 和 Oscar

Martín Martín（2014）认为，内部根植性与外部根植性是相辅相成的，通过不同机理对创新绩效产生作用，并且内部根植性与外部根植性呈正相关的关系。Collinson S. C. 和 Wang R.（2012）通过对中国台湾跨国公司的子公司在跨国公司内部提升创新能力的研究发现，外部根植性有助于专业知识的积累。

关于根植性度量方面的研究较少。盖骁敏和张文娟（2010）设定了衡量 FDI 产业集聚根植性的 7 个指标：原材料等中间投入品本土化程度、对本地市场的依赖化程度、与本地的技术关联程度、人力资本的本地化程度、对本地政策的依赖程度、对本地社会资本的依赖程度和本地文化对 FDI 的影响程度。杨振兵（2014）借鉴盖骁敏、Javorcik B. S.（2004）和杨亚平（2007）的研究方法用前后向联系分析 FDI 的行业根植性强弱，从而判断 FDI 逃离的可能性。雷平（2009）通过研究我国电子信息产业制造业的马歇尔外部性（MAR Externalities）和雅各布斯外部性（Jacobs Externalities），认为产业价值链缺乏区域根植性是导致我国电子信息产业制造业当前集聚效应特征的重要原因。

基于上述研究，本书认为：①根植性具有时间演进过程。考虑企业作为经济人的逐利本质，为生存并获得竞争优势，首先必须根植于分工网络，随着时间延续，再逐渐产生社会各因素根植性。②根植性具有空间二元性。即企业具有内部根植性和外部根植性之分。对于一些"松脚型"（Footloose）企业而言，其内部根植性要大于外部根植性。

企业再地方化的程度可以通过地方根植性来度量，目的是深入探究企业再地方化与本地供应链的投入产出联系，同时为了使处于价值链低增值环节的集群升级为创新性的集群，探寻集群内外的非贸易依赖关系。但是必须认识到，近距离的产业联系虽然可能降低成本，却并不能够保证促进技术创新（王缉慈、林涛，2007），因此，本书从根植性的视角对企业再地方化的程度进行研究，有利于揭示不同类型的企业与地方联系的差异，发现企业再地方化过程中的问题。

二、再地方化与空间外部性

企业再地方化的空间效应表现在空间外部性上。产业集聚的空间外部性主要包括马歇尔（MAR）外部性和雅各布斯（Jacobs）外部性①。马歇尔（1920）认为，同行业企业在地理上的集聚可以产生知识和技术的外溢、中间投入品的共享以及劳动力市场的共享，因此这种动态的行业内集聚经济也被称为马歇尔外部性（MAR Externalities）。而跨行业集聚经济称为雅各布斯外部性（Jacobs Externalities）（Jacobs J.，1969），其内涵是区域经济多元化与经济总量带来的好处。胡佛（1937）区分了产业集聚中两种不同的外部性：一是产业内企业集聚在一起组织生产形成的外部性，称为地方化经济；二是与一个特定区域总体经济发展水平有关的利益，或者说产业多样化造成的外部性，称为城市化经济。在文献中，一般将地方化经济和城市化经济称为静态外部性，分别对应动态外部性马歇尔外部性和雅各布斯外部性。静态强调其对产业格局的影响，动态更侧重其对某个地区或城市的产业增长（贺灿飞，2011）。

关于空间外部性与地区经济发展的关系，不同的研究得出的结论并不一致。

（1）一些研究支持 MAR 外部性，不支持 Jacobs 外部性。如 Henderson（1997）以美国 5 个资本密集型产业的面板数据为样本，实证考察了外部性与产业发展的关系，研究发现在产业增长中存在强的 MAR 外部性（地方化）和弱的 Jacobs 外部性（城市化）。Henderson（2003）使用美国 5 个主要机械制造产业和 4 个主要高技术产业的企业数据研究产业集聚效应对企业生产率的影响，发现高技术产业企业生产率显著性受益于 MAR 外部性（地方化），而机械制造业企业并无影响，在机械制造业和高技术产业企业中都不存在 Jacobs 外部性（多样化）。Mukkala K.（2004）以芬兰 83 个内陆次区域的 3 个制造业子部门的 1995 年和 1999 年数据，基于生产函数法研究了集聚经济与地区生产率之间的关系，其研究支持 Henderson（1986）的结论即制造业部门中主要是 MAR 外部性（地方化经济），而不是 Jacobs 外部性，并且地方化经济促进了小企业的发展。Martin 等（2008）用法国 1996～2004 年个体企业数据实证性分析了空间集聚活动对企业生产率的影响，结果表明：法国企业存在显著的

---

① Martin 等（2008）认为，除了马歇尔（MAR）外部性和雅各布斯（JACOBS）外部性，还有一种空间外部性是波特（Porter）外部性，由美国管理学家波特提出。波特外部性主要从行业竞争的角度提出，本项目未进行研究。

MAR 外部性正效应，但不存在 Jacobs 外部性和 Porter 外部性。范剑勇和石灵云（2009）以 2004 年省级 4 位数分类的制造业横截面数据为样本，实证分析了产业外部性对劳动生产率的影响，研究结果表明，产业内集聚对产业劳动生产率增进的促进效应高于关联产业集聚的效应，竞争总体上有利于产业劳动生产率增进。

（2）一些研究支持 Jacobs 外部性，不支持 MAR 外部性。如 Ellison 和 Glaeser（1997）运用 EG 指数对美国制造业进行研究，得出的结论支持 Jacobs 外部性。Batisse（2002）使用中国 29 个省（区、市）30 个制造业 1988~1997 年的面板数据，研究了外部性对于地区经济增长的影响，发现产业外部工业环境的多样性即 Jacobs 外部性和产业内的竞争度有利于产业的增长，但产业专业化即 MAR 外部性对产业的经济增长效应显著为负。

（3）一些研究同时支持 MAR 外部性和 Jacobs 外部性。彭向和蒋传海（2011）使用我国 1999~2007 年 30 个省（区、市）21 个工业行业的面板数据，实证研究了区域内知识外部性、企业竞争对我国制造业区域产业创新的影响。研究结果表明：在我国地区产业创新方面，MAR 外部性与 Jacobs 外部性均具有显著的正向效应，但影响程度不同，而区域内企业竞争对创新的影响显著为负。王春晖和赵伟（2014）从区域开放的视角，构建一个两区域两产业模型，认为地区产业升级中同时存在 MAR 外部性、Jacobs 外部性和 Porter 外部性。

可以看出，不同地区、不同行业的空间外部性，其效应和影响是不同的，需要进行深入研究。空间外部性的研究对我国中西部地区空间经济模式提出了挑战：如果中西部地区承接产业转移的空间外部性为正效应，那么是不是意味着目前的空间集聚模式是有效的？下一步该如何加强建设？如果中西部地区承接产业转移的空间外部性是负效应，那么是不是意味着长期以来承接产业转移的空间模式有问题？如何认识并分析这些问题？

三、再地方化与跨地区生产网络

再地方化的空间维度决定了企业存在转出地和转入地的联系，同时再地方化的时间维度决定了企业经济社会联系的动态重构和信息重整，因此，企业再地方化一方面是根植于地方生产网络的过程；另一方面是企业在转移过程中形成区域分工，进而形成跨地区生产网络的过程。"地方生产网络"（Local Production Networks，LPNs）通常表达某地围绕生产某类产品形成的相互联系密切的一组企业。对于地方生产网络，文献多选取与全球生产网络联系的角度出发，将其作为全球生产网络的有机组成部分，站在全球的高度审视。Weller（2008）认为，有些地方生产网络是由全国生产网络"降落"在地方而形成的，被"黏住"后而逐渐发展而形成的。国内学者李健（2011）认为，全球生产网络嵌入地方与地方嵌入全球生产网络是一体的两面，地方生产网络不仅是其对立的一面，更是其价值链上的重要一环。马海涛和刘志高（2012）认为，随着经济全球化的快速发展，"全球生产网络"无疑为解释全球生产空间组织发挥了重要的作用，而地方生产网络作为地方尺度的生产空间组织形态，一方面根植于当地社会经济结构中，与当地社会网络具有不可分性；另一方面又是全球生产网络的一部分，同样强调外部联系的重要性。

跨地区生产网络的研究多见于跨国生产网络，研究比较早且有影响的是美国杜克大学格里芬，他在研究东亚生产国际分工时发现了复杂的涉及三方地区的生产组织方式，即三角制造（Triangle Manufacturing）网络。三角制造网络反映了各国之间生产和贸易的三角形关系，也揭示了不同地区的区位价值和竞争优势（Gereffi，1994）。阿尔恩特和凯尔科斯（2001）从跨国的角度，使用"片段化"（Fragment）来描述同一价值链生产过程中各个环节通过跨国生产网络被组织了起来，这一跨国网络既可以由一个企业完成，也可以由许多企业分工合作完成。杨友仁和夏铸九（2005）研究了台商在苏州地区的投资，认为台商生产网络的跨界扩展也交织着企业组织间的权力运作，导致生产网络的治理模式发生改变并形成了空间集聚的动力。

可以看出，对于跨地区生产网络，文献多从跨国生产网络联系的角度出发，研究国际分工背景下的角色定位与竞争优势。而对中国这样一个大国来说，跨地区生产网络体现了企业再地方化过程中以企业为主体、寻获并合理配置资源、降低生产成本并提高产品附加值的经济活动和愿望。从产业分工的角度来看，是产业在全国范围内的空间结构调整。不同的地区有不同的收益分配和发展机遇，且也面临新的挑战。

四、企业再地方化的概念和演化过程

企业再地方化可从空间维度、组织维度和时间维度三个方面进行解读。空

间维度，即企业从一个地方重新根植于另一个地方；组织维度，即价值链中各企业或各环节的配置无论是专业化还是一体化生产方式的选择；时间维度，即经济社会联系的动态重构和信息重整的过程。企业再地方化：一是与企业特征和企业行为有关，企业特征包括企业规模、所有权、生产要素特征和产品类型等，企业行为指企业的战略选择。二是与政府行为有关。将政府独立于产业环境之外，是考虑地方政府在产业转移中的作用，包括产业政策及相关规章制度等。三是与转入地的产业环境有关，包括现实和潜在的市场空间、资源禀赋、区域经济发展水平、开放程度、商业氛围、创业文化等。因此，企业再地方化是"企业—政府—产业环境"的协同演化过程。首先是主体的协同演化。遵循"目标协同—过程协同—结果协同"的演化思路，企业与政府的协同演化表现为地方政府行为对转移企业的影响，转移企业对地方政府的目标认同。其次是主体和产业环境的协同演化。表现为政府对产业环境的塑造、企业对产业环境的认同及产业环境对主体的反馈机制（见图2.2）。

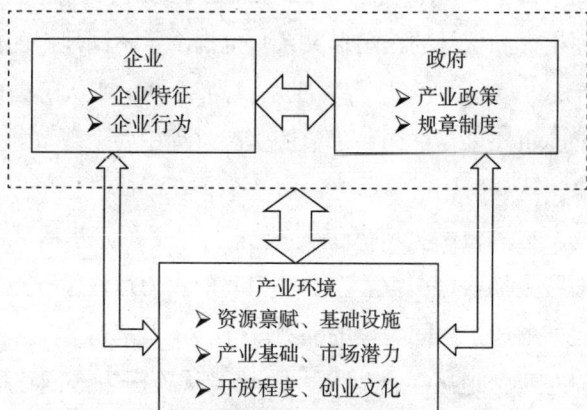

图2.2　企业、政府与产业环境的协同演化

第四节　本章小结

　　研究再地方化，首先必须明确地方化的含义。本书认为，地方化是经济地理学长期关注的现象和问题，然而关于地方化的内涵缺少明确的表达。特别地，地方化与本土化、本地化的关系一直很微妙。本书从经济地理的视角研究认为，本土化与本地化的含义相同，地方化与它们的区别在于不仅有根植性或嵌入性的内涵，同时有集聚经济的存在。

其次必须明确去地方化的含义。去地方化既是空间过程，即生产过程的完全或部分的转移现象，也是功能整合过程，即企业供应链在不同空间尺度的分离与再组合。与一般意义上的产业转移相比，去地方化重视企业与地方的互动互赖关系，以及这些关系对地方生产网络的影响，如对本地产业的前后向联系、社会资本和就业等方面的影响。目前，去地方化的相关研究主要集中在欧美国家，且多集中在劳动密集型产业。尽管有研究对去地方化及与之相关的概念如外包、分包外国直接投资进行了辨析，但是对去地方化一直没有确切的定义，而且对我们所知的去地方化情境特征也未能得到很好的强调。同时，研究对发展中国家关注的全球生产网络中的权力结构及权力影响下的被动转移问题则少有关注。另外，文献对企业去地方化研究的视角多样，有经济学视角、社会学视角、经济和社会综合视角，欧美学者的研究大多是从经济和社会综合视角来研究企业的主动去地方化，对企业在跨国公司主导下被动地去地方化研究不多。对中国沿海外贸加工业来说，由于其多处于全球价值链的低端，容易出现跨国公司主导下的被动去地方化，因此加强对这种现象的研究尤其必要。

文献关于再地方化的研究比较少，主要见于传统文化的回归中。相关文献提供了较多的理论指导和工具支持，但是对于我国中西部地区承接产业转移的再地方化而言，在研究内容和理论拓展上有进一步深入的必要。虽然文献对地方根植性、空间外部性和跨地区生产网络等理论有大量的研究，但是基本上相对独立，缺少理论综合研究。因此，企业再地方化意味着综合研究的必要，研究企业再地方化与地区转型发展的机理，并揭示地区转型发展路径，为我国中西部地区的经济转型发展服务。

第三章　企业再地方化下的
根植性与地区转型发展

第一节　根植性

一、国内外研究现状

一般认为，"embeddedness"一词是社会学概念，最早由 Polanyi 提出，后来由 Granovetter 发扬光大，主体由"经济行为"延伸到了"企业、个人、网络"等，对象由"非经济制度""社会关系网络"延伸至"网络、地方、全球价值链"等。需要特别指出的是，国内研究者对"embeddedness"有不同译法，经济学者喜欢译为"根植性"，社会学者倾向译为"嵌入性"。丘海雄和于永慧（2007）试图区分"嵌入性""根植性"这两个产业集群研究中频繁出现的概念，认为"嵌入性"是分析经济行为如何受到历史、文化、制度、关系和社会结构影响的一个概念工具，而"根植性"是反映企业与本地生产体系的融合程度，但是缺少文献的进一步响应。Polanyi（1968）首先将"根植性"用作经济分析，指出"非经济制度对于理解人类经济错综复杂的关系非常重要，宗教和政府等非经济因素在分析经济的有效性时所起的作用甚至等同于货币或者减少劳动投入"。之后 Polanyi 又对"根植性"进行了修正，认为"市场经济同样根植于社会和文化结构之中"。Granovetter（1985）在 Polanyi 的基础上进行了新的阐述，认为根植性是经济行为对社会文化、价值观念、制度、风俗、关系网络等的依赖性。就本质来说，根植性是指一事物根植于其他事物的一种现象，是一事物与其他事物产生的联系以及联系的程度。

在 Polanyi 提出"根植性"概念后，相关理论在文献中频繁出现，广泛用于经济地理、区域发展、管理学等研究领域，且概念涵盖范围逐渐扩大。Harrison（1992）指出，企业创新网络成为影响产业根植性的重要因素。Grabber（1993）认为，随着企业与区域行为主体的联系加强，对区域社会文化环境的根植性也越强，集群的发展将越顺利，反过来将更好地促进企业的发展和创新。Barber（1995）进一步研究了根植性概念及其发展意义，认为根植性重构将引发经济学、社会学等领域的重大变革。Uzzi（1996）基于企业绩效与根植性的关系研究，提出了"关系根植性悖论"。他在对曼哈顿地区服装业进行分析后，得出了根植性强度与企业绩效呈倒"U"形的结论，并总结了社会网络对集群可能带来的各种"锁定效应"。Dayasindhu（2002）将根植性理论运用于印度软件产业的分析上，认为集群内部的文化优势及其根植性程度成为影响软件业作为印度优势行业，以及该行业全球竞争力大小的关键因素。Andersson 等（2002）关注企业内部的运营和价值链，并运用根植性理论进行了实证分析。Hagedoorn（2006）特别注重文化的研究，认为不同的国家由于文化不同，企业组织选择的合作方式也不同。

在国内，王缉慈（2001）基于经济地理学视角对企业根植性与地理集中的关系进行了研究，认为，企业根植性即企业植根于本地的性质。根植性既有利于集群内部建立信任，又可促进集群灵活性的提高。她还提出企业扎根是形成良好区域创新系统的关键。庄晋财（2003）认为，企业集群具有地域根植性的特征，并从经济、制度等方面研究了地域根植性的理论演进。赵蓓和莽丽（2004）则从 FDI 对产业集群根植性影响出发，分析了中国产业集群的发展现状。项后军（2004）从静态和动态两方面丰富了企业根植性的含义。盛其红（2004）从社会、制度、地理、认知四个方面分析了根植性在集群的生命周期中的作用和效应。鲁开垠（2006）指出，根植性是产业集群网络的根本特征，并认为产业集群越具竞争力，说明该集群根植性程度越深厚。耿建泽（2007）实证分析了不同强度的域根植性对集群竞争力优势的影响，从而提出政府应因地制宜发展企业集群的政策建议。王静华（2007）认为，地方根植性是一个不断深入的过程，既可以促进产业集群发展，但到了一定程度也会导致产业集群的衰退。金晓燕（2008）认为，影响产业集群发展的根植性因素包括人力资本、自然禀赋、知识共享、制度保障等内容。盖骁敏和丛瑞雪（2011）基于生命周期理论的 FDI 产业集聚根植性研究，认为近年来外资不断撤离的现象与 FDI 集聚根植性有关。

二、根植性的分类

随着根植性理论研究的逐步深入，国内外不同学者也从不同角度对根植性进行了分类（见表 3.1）。

表 3.1 根植性的分类

代表人物	根植性分类	研究领域
Smelser	关系根植性、结构根植性	产业集群根植性研究
Zukin 和 Dimaggio	文化根植性、政治根植性、结构根植性、认知根植性	经济行为与网络结构研究
Andersson 等	业务根植性、技术根植性	企业内部的运营和价值链的研究
Hess	社会根植性、网络根植性和地域根植性	重视地域特性的研究
Hagedoorm	环境根植性、组织根植性、双边根植性	组织间合作、伙伴关系构建、文化的研究
赵蓓	经济根植性、社会根植性和体制根植性	产业集群根植性的研究
刘恒江和陈继祥	认知根植性、组织根植性、社会根植性、制度根植性、地理根植性	产业集聚和集群根植性研究
鲁开垠	文化根植性、集群模式根植性、产业根植性、社会资本的根植性	社会网络的研究
于永慧和丘海雄	网络根植性、制度根植性、文化根植性	产业集群与企业边界的研究
盖骁敏和张文娟	经济根植性、制度根植性、社会根植性和文化根植性	产业集聚根植性研究

资料来源：根据 Smelser（1992）、Zukin 和 Dimaggio（1990）、Anclersson 等（2002）等文献整理。

在国外，Zukin 和 Dimaggio（1990）对根植性进行了类型扩展，分为结构根植性、认知根植性、文化根植性和政治根植性四种类型。经济根植性的分析侧重于网络化，即企业、组织在网络中的地位和企业关系决定了企业能否把握住潜在的发展机遇，而后三项是从认知、文化及政治方面的根植性来研究对企业经济行为的影响。根植性的集大成者 Smelser（1992）也对根植性提出了早期的分类，包括结构根植性和关系根植性两类。结构根植性强调社会网络的总体功能和结构，并重视网络节点在社会网络结构中的位置；关系根植性强调互惠预期对关系网络的作用，并认为关系的质量、持久度和强度都会对网络产生影响。Anclersson 等（2002）将根植性引入企业内部行为进行分析，并将根植性分为业务根植性与技术根植性两类。Hess（2004）从行为主体的文化、政治等背景对个体行为的影响、个体组织间的关系结构、特定的区位三方面出发，将根植性分为社会根植性、网络根植性和地域根植性。Hagedoorn（2006）在Zukin 和 Dimaggio 的分类启发下，开始关注行为主体与其所处的环境、网络和双边关系情景之间的联系，提出将根植性分为环境根植性、组织根植性、双边根植性。

在国内，一些学者也对根植性进行了类型划分。赵蓓（2004）基于产业集群竞争力，将根植性分为经济根植、体制根植、社会根植。同时，她还在分析的基础上提出产业集群根植性应该有一个度的把握，提出了"适度根植性"并给出了相关政策建议。刘恒江和陈继祥（2005）认为，影响集群根植性的因素来自资源、文化、知识、制度和地理五个方面，认为根植性是长期积累而来的，这五方面内容的本土化程度直接影响着产业集群的集中度，因而将根植性分为地理根植性、社会根植性、认知根植性、制度根植性和组织根植性。鲁开垠（2006）认为，产业集群根植性即产业集群本土化，有乡土性和扎根性两个特征。他将根植性分为文化根植性、集群模式的根植性、产业根植性和社会资本的根植性。于永慧和丘海雄（2010）综合各学者的观点，将根植性分为网络根植性、制度根植性、文化根植性等类型。盖骁敏和张文娟（2010）从 FDI 根植性角度分析近年来外资撤离的现象，并将产业集聚根植性分为经济根植性、制度根植性、社会根植性和文化根植性，并根据每个类型根植性所包含的相关内容设定了衡量指标。

从表3.1可以看出，Granovetter 提出的结构根植性和关系根植性分类是最早也是最多用于产业集群根植性研究的一种分类类型，极大地丰富了根植性的概念。后人都是在 Granovetter 的基础上，对根植性进行了更加细化的分类。国内学者大多是从影响产业集群形成的主要因素入手进行的分类。

三、根植性的行为主体和客体

基于上述根植性的分类，不少学者在运用根植性理论分析经济活动、经济行为时，开始从不同角度认识根植性的主体和客体，即"什么根植于什么"，目的是更加明确影响经济活动和行为的不同因素。通过对近些年不同学者对根植性主客体的认识，并结合企业再地方化的研究内容，能够明确运用根植性所研究的主体和客体。如表 3.2 所示。

表 3.2   根植性的主体和客体

研究领域	主体	客体
经济史	"经济"：交换体制	"社会"：社会和文化结构
商业市场	公司	制度和规范体系
新经济社会学	个体、公司	社会关系网络（个人之间的）
组织和商业研究	公司、网络	时间、共建、社会结构、市场、技术体制、政治体制等
经济地理学	公司	网络和制度设置

资料来源：根据 Martin Hess（2004）整理。

在不同的研究领域，根植性的主体和客体也是不同的。但可以看出，在多数领域根植性的研究主体还是经济活动的行动者，客体是影响社会及网络发展的各种因素。是从根植性视角来研究企业再地方化，根植性的主体是企业及相应的产业集群，客体则是能够对企业再地方化产生影响的经济、制度、社会及文化等因素。

四、根植性的相关测算

关于根植性的度量方面研究较少，主要集中在关系根植性和结构根植性的测度。有关关系根植性的测度，可以分为两类：一类以测量关系特征为主，如格兰诺维特（1973）用互动频率、亲密程度、互信和互惠服务四个指标衡量关系根植性的强度，并将关系强度分为强关系和弱关系。Meuleman 等（2010）将关系根植性外化为投资者与潜在合作伙伴在收购交易发生之年的前五年共同参与的交易数量。另一类以测量关系性质为主，如刘思亚（2016）将关系嵌入性定义为交易双方之间相互理解、信任和承诺的程度，从互动的频率、感情强度、亲密程度和互惠交换四个维度衡量关系嵌入性的强度。关系根植性的计量模型主要是结构方程模型，采用因子分析的量化分析方法，如杨玲丽和万陆（2017）以及 Che－Hui Lien 等（2017）。有关结构根植性的测量，测量指标相对较为统一。综观相关研究文献，结构根植性的测量指标主要有网络中心度、网络规模、网络开放度以及网络位置等。如庄小将（2016）采用结构方程模型，从结构根植性的三个维度（网络中心度、网络开放度以及网络规模）分别探究其对企业吸收能力的影响，从而得出结构根植性对集群企业技术创新绩效的作用机理。

　　基于不同研究视角，学者们还对其他类型的根植性进行了测度。如宋军和张列平（2000）从产品市场开拓能力、科技创新能力、资本运作能力、管理能力、凝聚力和协调发展能力七个方面建立指标体系。尹子民和张凤新（2004）更加细化了指标的选取，从企业的经营水平、经济效益和企业成长出发，选取了 25 个相关指标来建立评价体系。赵蓓（2004）利用分层式回归模型分析了经济嵌入性、体制嵌入性和社会嵌入性三个层次对产业群竞争力的影响。雷平（2009）以电子信息制造业的区域集聚效应作为实证背景，分析了2002~2007 年我国省际水平电子信息产业制造业的区域根植性特征。盖骁敏和张文娟（2010）选取原材料等中间投入品本土化程度、对本地市场的依赖化程度、与本地的技术关联程度、人力资本的本土化程度、对本地政策的依赖程度、对本地社会资本的依赖程度和本地文化对 FDI 的影响程度，来衡量 FDI 产业集聚根植性程度。杨振兵（2014）通过实证分析我国 22 个工业行业 FDI 根植性及其影响因素，认为我国 FDI 行业根植性相对稳定，不会迅速迁移。Tilo F. Halaszovich 等（2016）使用采购和销售的本地化程度衡量跨国子公司在东道国市场的外部根植程度，并发现企业绩效与企业的外部根植性是呈倒"U"形的函数图像。

　　综合来说，企业根植性的衡量指标主要有以下几个：①前联的本地化程度。如对本地市场的依赖程度、与当地消费者和经销商的联系程度。②后联的本地化程度。如原材料、零配件和劳动力的本地化程度。③与本地企业的技术关联程度（Technical Correlation）。④对本地政策制度（特别是税收优惠、收费优惠、基础设施配套优惠等）的依赖程度。⑤对本地社会资本的依赖程度，如企业之间形成的合作信任、行为规范、共享价值观等。

五、文献述评

从 Polanyi 最初提出"根植性"这一概念，到 Granovetter 对根植性概念进行重新阐述和初步分类，以及随后不同学者的不断补充，使根植性的研究理论及应用范围逐渐扩大，并成为社会经济行为的重要分析工具。虽然不同学者基于不同角度，对根植性理论有着不同的理解，但都基本认同根植性的核心是个体、组织的经济行为与区域社会各行为主体之间的联系及联系程度。个体行为总是根植于一定经济、政治、制度、社会、文化等环境之中，环境的差异和变迁都会导致个体行为发生相应的变化。

国内外关于根植性的概念与理论的研究成果十分丰富。根植性的研究内容大体包括根植性的内容、根植性的分类、根植性与产业集群的关系、根植性与集群竞争力之间的关系、根植性的测算等。从文献上看，国内学者对根植性的研究大多集中于根植性与产业集群的关系，根植性强弱对产业集群及地方经济发展的影响等内容。在前人的研究基础上，运用根植性理论相关内容，尤其是运用根植性的分类来构建分析框架，从经济、制度、社会、文化四个维度对企业再地方化根植性进行研究。

第二节　企业再地方化下的根植性维度与过程

一、根植性维度

企业能否在承接地生存和发展，利益相关者众多，除了要考虑企业行为本身，还要考虑再地方化过程中与区域社会经济文化等方面产生的联系。而"根植性"恰好为企业再地方化提供了理论支撑。根据本章第一节对根植性的研究综述，认为根植性是企业根植于本地的性质，即企业与本地经济、制度、社会、文化等方面产生的联系及相互影响的程度，分为经济根植性、制度根植性、社会根植性和文化根植性四个类型。从根植性视角出发，探究企业再地方化与承接地之间的关系也可以从经济、制度、社会、文化四个维度出发（见图3.1）。

```
┌──────────────────────┐
│  企业再地方化分析框架   │
└──────────────────────┘
```

经济根植	制度根植	社会根植	文化根植
经济要素、经济主体间的各种经济关系	政策制度与企业发展的关系	各经济主体之间的社会人际交往关系	地方传统文化与企业家精神、民族文化心理的关系

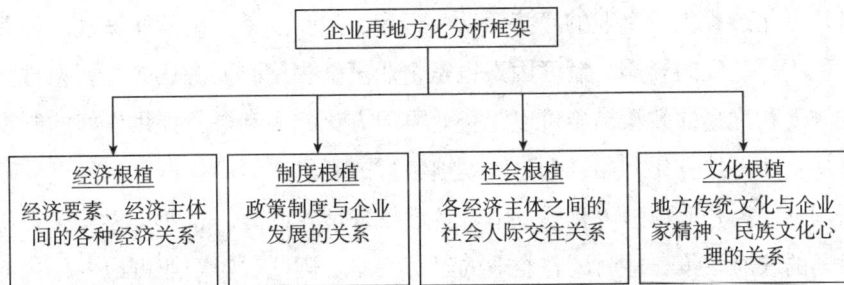

图 3.1 企业再地方化分析框架

（一）经济维度

企业是经济活动的主体，到承接地寻求新的经济发展是企业做出再地方化战略决策的主要原因。因而，经济因素既是企业再地方化过程中考虑的首选因素，也是企业进入承接地后关注并产生联系的首要方面。经济根植性是产业集群中企业在生产与销售的诸环节中与地方企业的联系程度，研究内容主要包括企业与地方经销商、代理商及消费者等的前向关联和企业对地方上游的原材料、机器及劳动力的利用程度等的后向关联等。因此，从经济维度出发，分析企业再地方化时，除了探究企业再地方化的经济原因外，还要从企业与承接地在能源原料、机器设备、中间产品、技术、市场、劳动力资源、基础设施等的供需关系；与承接地企业在投入产出上的互补与竞争，资源和市场信息共享的关系；企业与承接地经销商、代理商等上下游供应链及消费者的关系；企业对相关产业的带动等方面进行分析。

值得注意的是，企业再地方化更多的是在企业考虑降低自身发展成本上所做出的决定。劳动力供需关系紧张、劳动力成本上升等经济因素的变动都会引起企业经营策略的改变，甚至为寻求更低的要素成本进行再次迁移。因此，承接地要更加注意与迁入企业建立深层次的经济联系，使企业在承接地长久扎根下去，同时，还要防范企业再次迁移而对承接地经济造成的不利影响。

（二）制度维度

制度根植性本质上是企业行为选择受到所根植地方的环境影响和约束，包括由政治制度、法律法规等构成的正式制度，以及约定俗成的社会习惯、价值观、行业规则和默认的集体行为习惯等非正式制度，但一般以正式制度为主。

在再地方化过程中，企业的经济活动和行为必然受到承接地法律法规、产业政策、税收等制度的影响。制度因素也是企业投资决策时要考察的必要条件。完善的制度和优惠的政策措施可以为企业再地方化的顺利进行提供良好的制度保障。从企业再地方化开始，到融入本地集群或者再造新的集群，制度也应随之不断调整，为企业再地方化提供适合的政策环境。同时，企业也要善于利用不同时期的政府政策，适时调整企业的经营策略。因此，对企业再地方化制度维度的分析，也是一个描述地方政策制度不断变化与企业不断利用和适应政策变化的过程。

法律法规、产业政策、税收等制度层面的问题，直接关系到企业再地方化能否顺利进行。一般而言，地方优惠政策对企业的吸引力越大，对企业的发展越有利，企业就越愿意根植于该地，并在本地长久地"逗留"下去。但如果企业对地方的关注点仅仅停留在政策制度的利好面，随着地方政策制度的变化或者其他地区提出更好的政策进行诱惑时，企业就可能做出决策转变甚至转移至其他地方。

（三）社会维度

企业再地方化的最终目的是融入本地集群或再造集群，从而促进产业集群升级、产业结构调整以及地区经济发展。但是，这一过程需要众多经济主体共同努力以保持良好的社会人际关系。这些经济主体包括上下游关联企业、供应商、金融机构、地方政府、消费者、中介机构、高校科研单位、行业协会等。而产生的社会关系包括各经济主体之间经过长时间交往而积累的信任、默契、包容、互惠等。信任、默契更多地来自企业高层领导人经贸交往中基于利益共同而产生的价值观认同以及地缘、亲缘关系临近而产生的认同感。包容和互惠则能有效降低企业间交易成本，提高关系中信息和知识沟通的深度，促进有价值信息的交换，以实现资源互补和共享。企业不是独立存在于社会之中，而是与其他经济主体相互联系，互相作用，共同根植于区域社会之中的。如果企业试图在承接地长久地发展下去，就要建立与承接地各经济主体的联系，加强企业间、人员间的社会人际交往，即加强社会根植。

（四）文化维度

文化根植性的本质在于社会中存在的文化因素对企业经济活动和行为产生的影响，这些因素包括文化认知、习俗、传统价值观、信仰等。企业根植于本地，必然会受本地文化传统、固有认知等的影响。中国的传统文化博大精深，不同地区又有着不同的地域文化。企业行为深受地方传统文化的影响，并通过日积月累形成自身的文化，包括经济个体（企业）受本地社会文化环境影响而产生的民族文化心理、企业家认知及精神等。文化是一种情感，是企业间经济合作的黏合剂，它有助于消除地方性壁垒，能够促进企业间的交流与合作、融合与发展。文化是一个不断积累和传播的过程，文化的影响是一个由内而外逐渐加深的过程。从文化维度出发来研究企业再地方化，也是一个异地外来文化与承接地地方传统文化不断碰撞，相互影响的过程。排斥本地文化的企业很难在地方扎根发展，有的甚至会逐渐衰败消亡。而能够将自身文化与本地文化兼容并蓄的企业，将会得到文化馈赠的收益。

二、根植性过程

根植性具有随时间演进的特点。由于追逐利益的本质特征，企业为生存并获得竞争优势，首先必须根植于分工网络，随着时间延续，再逐渐产生社会各因素根植性，即首先是经济根植，其次是制度根植，最后是社会根植和文化根植。当然，根植的时间顺序与产业集聚的地方环境有关，在一个市场化程度不高的环境中，制度根植可能更重要。因此，企业再地方化也是一个随时间演进，不断加深与承接地经济、制度、社会和文化联系的过程。

（一）初期进入

在初期，企业刚刚从原有转出地进入承接地，出于经济原因，企业一般采取将生产基地、研发中心或营销中心等部门转移至承接地的策略，将价值链的部分环节转入当地产业的价值链中。于是企业将从生产要素供给、上下游关联企业、相关产业等方面与承接地产生联系，并以经济联系为主。初期，由于企业在承接地的新环境中，自身的资源和关系都十分有限，除了政府的优惠政策制度外，尚未与承接地其他社会网络建立密切的联系，因此，很难从承接地社会网络中获得各项资源的支持。这一时期，企业与承接地以经济联系和制度联系为主。

（二）适应性发展

随着企业在地方停留时间的增加，企业的价值链与当地价值链逐渐融合。当价值链充分融入当地产业后，企业便开始寻求更进一步的发展。这时，企业与制造商、运输商、批发商、零售商等之间的关系会进一步加深，进而吸引更多类型相同或相近企业靠拢，扩大承接地的产业集群或开始形成新的产业集群。这些随之进入的企业除了出于产业链的关联性，还出于企业间通过长期经贸往来而产生的彼此的"信任"和"默契"抑或出于亲缘或地缘临近形成的认同感。与此同时，承接地政府的优惠政策还在持续出台，以吸引更多的企业进入本地集群，加快产业发展的速度。另外，随着企业进入年限的增加，企业与本地企业、行业协会、中介机构、高校科研院所等社会主体也开始进行一定的社会文化交往，以适应在承接地的发展。这一时期，企业再地方化程度进一步加深，除了经济联系和制度联系以外，也开始产生一定的社会联系和文化联系。

（三）全面发展或衰退

这一阶段，承接地产业集群规模逐渐扩大或者新的产业集群逐渐形成。集群内企业间对要素和市场的竞争日益加剧，急需政府出台相应的政策措施进行制度管控。同样，企业之间以及企业与政府、科研院所、金融机构等之间要加强合作，积极组织和参与各项技术交流、新技术推广、信息共享等活动，提高区域创新水平，促进地方生产网络向区域创新网络拓展。如果企业故步自封，忽视与承接地建立社会联系，忽视区域创新，也会导致集群衰退。

另外，这一时期，如果企业吸收了来自承接地的资源，且与承接地经济、制度、社会、文化等方面联系紧密，拥有了难以复制的特质，那么企业就实现了地区根植。一个企业根植的程度越深，那么它创造的更多价值就会被它所在的地区获得，也越有利于企业和地区经济的发展。因此，加强地区"黏性"防止地区成为"滑溜溜"的空间，是地区建设中重要的问题。但是，随着企业与承接地经济、制度、社会和文化的联系不断加强，根植也有可能转变成锁定，制约着地区经济的转型发展，甚至导致经济衰退。因此，企业与地方的联系还应该有一个"度"的把握，企业应该与地方保持适度联系。

三、案例研究

（一）富士康科技集团落户郑州市的根植特征与过程

富士康科技集团是全球电子信息制造业巨头，经营范围包括计算机、通信、消费性电子等3C产品研发制造，1974年成立于台湾肇基，1988年开始在大陆投资，凭借大陆劳动力、资源、消费市场、政策等多重优势，迅速跻身全球电子产业科技制造前列。随后，又将企业版图扩展至汽车零组件、通路、云计算服务及新能源、新材料开发应用等领域。2015 年，进出口总额占中国大陆进出口总额的 3.7%，2016 年跃居《财富》全球 500 强第 25 位[①]。

随着东南沿海频频出现的"民工荒"和用工短缺问题，富士康集团开始从东南沿海向内陆进行转移，以开辟中西部地区新的生产版图。河南省拥有丰富的劳动力资源和较低的劳动力工资水平，地方政府也愿意给予极大的政策支持。因此，富士康集团选定河南省省会郑州市为新的生产基地。富士康郑州科技园于 2010 年注册投产，位于郑州航空港经济综合实验区，总面积约 10 平方千米，专攻手机、计算机、消费性电子等的生产组装制造。富士康集团自进驻河南省，进出口快速增长，带动了河南省加工贸易、电子信息制造业、机电和高新技术产业的快速发展，促进了出口产品结构的不断优化。

1. 经济根植

富士康集团自 2010 年入驻后，以年近亿部的手机产量使郑州跃升为全球最大的智能手机生产基地。河南省工业和信息化委员会发布的数据显示，2011年富士康集团郑州基地生产手机 2800 多万部，2012 年攀升至 6300 多万部，2013 年升至 9645 万部，2014 年该地区手机产量约达 1.5 亿部，2015 年达 1.39 亿部。智能手机产能的飞跃式上升，也吸引了与富士康集团合作代工的华为、联想、小米等国内知名手机品牌厂商的进入，进一步带动了包括天宇、中兴、创维、酷派等手机整机生产企业的进驻。围绕富士康手机生产基地，官田电子、琦昌科技等相关配套企业纷纷在周围建厂，富士康的入驻还吸引了格力电器、万达等国内大型企业入驻园区。

除了位于郑州的苹果手机整机组装外，富士康还积极布局其他配套项目建设：2012 年在济源建设投产手机零组件及模具制造；2012 年在南阳进行投影仪及光电产品研发；2013 年在睢县进行苹果电脑配件组装、在鹤壁进行镁合金零件组装；2015 年在洛阳布局玻璃面板生产基地，为苹果手机配套提供触控玻璃面板；2016 年在兰考进行手机盖板玻璃及包装盒生产等。富士康集团以河南省省会郑州为核心，遍地开花，带动了手机整机产业链的进一步完备。

---

① http://www.foxconn.com.cn/GroupProfile.html.

富士康集团所在的郑州航空港经济综合试验区，如今已有台湾友嘉精密机械、阿里巴巴、菜鸟骨干网、万科集团、UPS、联邦快递等数十家配套企业注册登记，上百家富士康集团上下游企业落户。

从航空物流业来说，郑州新郑机场的货运航线已通达全球主要货运集散中心，郑州富士康集团初步构建起以郑州为亚太物流中心、以卢森堡为欧美物流中心，覆盖全球的航空货运网络。郑州良好的区位交通优势，可以充分满足包括富士康在内的企业对于货运时效性和便捷性的需求。为了配合苹果公司2014 年 9 月 10 日的苹果手机发布会，郑州富士康于当年 9 月 6 日将 14.5 吨iPhone 6 手机发往芝加哥，之后又分两批将 93 吨 iPhone 6 手机通过新郑机场发往世界各地。国内外物流业巨头 UPS 美国联合包裹公司、俄罗斯空桥、顺丰快递、申通快递、菜鸟骨干网的相继入驻，加之东方航空、南方航空、国泰航空、马来西亚航空、大韩航空等航空公司先后开辟货运航线，航空港的客货运集散能力日益凸显。

从商业格局来看，随着富士康及相关企业的入驻，大量中青年劳动力的涌入带动了航空港区的居民结构的年轻化。为了迎合极具消费能力的年轻群体，航空港区的商业业态开始向新型化和国际化转型，商品类目日趋时尚化和潮流化，商场也更趋高端化和品牌化。开发商在进行商业开发时也开始借助港区的商圈效应，促进商业配套场所的集中化布局，以锦荣悦汇城为中心，鑫荣·中央金地广场、豫康新城、沃金商业广场、裕鸿世界港、港城 793 等新地标，共同形成了郑州的新兴商圈。

富士康的进入带动了"郑州造"手机产能的逐年攀升，郑州航空港区逐渐形成品牌手机企业和零部件配套企业集聚的产业规模，并带动了研发、销售、物流等关联企业的发展。智能终端产业逐渐形成并日渐完备，既有富士康、酷派、中兴、天宇等整机制造企业进入，也有众一光电、正威科技等产业链配套企业进入，逐渐形成手机整机制造、核心配套配件、软件开发、交易展示、商贸物流等全产业链智能终端（手机）集群。同时，航空港区设立了智能终端检测公共服务平台，用以提升产业链上下游企业对核心技术和重要环节的试验测评以及产业链监测和服务能力，为进一步推动河南省智能终端产业健康快速发展，提供了支撑平台。郑州智能终端产业的发展也带动了周边地市的手机及零部件产业布局，已形成以郑州航空港区为核心，辐射信阳电子工业城、洛阳伊川智能终端产业园、南阳高新技术产业集聚区与光电产业园、鹤壁经济技术开发区与鹤壁新区、新乡红旗区与高新区、漯河召陵区东兴电子城等智能终端产业集群的大格局。

2. 制度根植

为了使富士康集团入驻，河南省从税收减免、土地低价租赁、财政补贴等方面给予了支持。在税收方面，河南省政府给予富士康集团优惠的政策：以富士康集团所在的郑州航空港园区为例，政府对出口企业按出口收汇核销额，每1美元分别给予0.01元、0.02元和0.04元的奖励。政府还免去富士康集团前五年的公司税和增值税，第二个五年的税率免去一半，而且还允许富士康集团低额度缴纳员工社保和其他费用。在土地利用方面，河南省各级政府为富士康集团提供了较大优惠力度的土地政策，航空港区的富士康科技园区占地面积约10平方千米，政府对原址上的自然村采取土地租用制，租金每年每亩仅1200元，之后又以较低的价格转给富士康科技园使用。在寸土寸金的航空港区，富士康科技园以低廉的土地价格，获得了充足的土地面积，企业生产成本进一步降低。商丘、南阳、济源等地级市政府竞相模仿，济源富士康园区一期项目的面积约4平方千米，南阳富士康园区更是达到12平方千米。在财政补贴方面，河南省为富士康提供了超过15亿美元资金用于富士康园区设施建设。此外，政府还进一步完善富士康园区周围道路、供电系统等基础设施建设，并分担用电和运输成本。电子信息及制造业是近年来社会经济发展中具有高成长性和带动性的产业。随着富士康的入驻，以及它巨大的产业带动能力和经济增长能力，河南省电子信息制造业迅猛发展，得到了国家和河南省相关部门的高度关注和支持。具体情况如表3.3所示。

表3.3　各级政府对富士康的政策支持

年份	政策及内容
2011	国务院关于《支持河南省加快建设中原经济区的指导意见》中把电子信息产业定位为中原经济区的主导产业
	河南省制定的《河南省国民经济和社会发展第十二个五年规划纲要》中，河南省把电子信息产业定位为六大高成长性产业之一

续表

年份	政策及内容
2012	郑州市围绕加快电子信息产业发展，出台《关于实施工业经济"三年倍增五年超越"计划，加快推进新型工业化的意见》，提出把电子信息产业作为全市四大战略支撑产业之一
2013	郑州市出台《关于加快建设郑州电子信息产业基地的实施意见》，提出五个方面的28条具体扶持政策
2015	河南省政府办公厅转发河南省工业和信息化委制定的《河南省制造业承接产业转移2016年工作计划》，将承接产业转移瞄准电子信息产业等八大"制造业"

资料来源：根据相关报道整理。

郑州富士康集团所在的郑州航空港经济综合实验区，是我国中部地区具有重要影响力的综合保税区。自2010年10月国务院批准成立以后，相继出台了包括"国外货物入区保税、区内自用基建物资及进口设备免征进口关税和增值税、国内货物入区视同出口、区内企业间货物交易不收增值税和消费税"等优惠政策，进一步打通了区内企业的运营环节，降低了企业的生产成本。区内还建成并运营了全国首家智能终端出口退税资金池，方便富士康等企业的退税资金"即出即退"。富士康集团选择落户保税区，是基于保税区在管理和税收方面具有极大优势，可以有效降低进出口成本。河南省则凭借富士康的示范效应，将保税区打造成为高端产业聚集的现代制造业基地，以及中部地区对外开放的核心示范区。

3. 社会根植

河南省为了应对富士康集团短时间投产的强硬要求，创造了"郑州速度"，即为了给富士康集团准备生产厂房，郑州市有关部门超常规运作，每天保持24小时工作状态，用16天干完了通常32天才能完成的任务，保证了富士康集团从2010年7月初正式注册到2010年8月3日第一条生产线开工生产仅仅用了30天。具体行为如表3.4所示。

表3.4　富士康入驻郑州过程中的政府行为

时间	政府行为
2007年	郑州市政府成立"富士康科技集团郑州投资项目协调推进领导小组"，由市长担任组长，各相关部门主要负责人为小组成员，负责入驻对接协调工作，但是合作未果

时间	政府行为
2010年3月	富士康集团派先遣组来河南调研考察后，对接工作从市级上升至省级层面
2010年5月	河南省政府与富士康集团展开4次商务谈判，时任省长与郭台铭亲自会面
2010年6月	6月22日，在富士康集团总部，河南省政府代表与富士康集团财务总监签订了《战略合作框架协议》
	工人在16天里24小时连轴转；厂房施工三班倒；或以行政手段将原有企业搬迁，腾挪出足够厂房；并以全市工程设备配合富士康厂房所需，如从地铁施工场地"借来的"特殊规格的电缆和空气压缩机
	富士康集团所在的出口加工区管委会为其办公区准备各种办公设施，确保富士康管理人员一来就可以直接投入工作
	在保税区厂区，组织河南省"一建""五建"和郑州市"一建"三家国有建筑公司对原有厂房进行腾退、改造和新建，帮助富士康集团在厂区周围寻找员工宿舍
	保税区内设立海关分支机构，24小时办理通关业务；成立单独为富士康集团服务的工作组，安排专门人员对接，实行"保姆式服务"
2010年7月	富士康郑州公司注册，2010年8月第一条生产线投产

资料来源：根据新闻报道和网站新闻整理。

富士康集团入驻河南，这样大动作的战略性转移，带动其产业链上下游的企业也进行了战略调整。除了追本逐利的经济原因外，企业间管理层在多年的商务交往中，培养的"友谊"和"默契"也起到了一定的作用。这种深厚的友谊，对企业领导人进行相关投资决策产生了辅助的影响。以同为台商的光华电子为例，作为富士康的配套企业，多年来与富士康集团贸易往来频繁，其董事长更是与富士康集团高层保持密切交流。2010年，富士康集团刚刚落户郑州，光华电子便紧随其后进驻漯河，创立漯河市光华电子有限公司，而在光华电子建成投产后，借助光华电子的带动作用，2011年又有三家以LED、3C产品为生产项目的富士康配套企业落户漯河。值得说明的是，河南省能够顺利与富士康集团签订战略合作协议，除了河南省各方面优惠政策的吸引外，人际交往也起到了一定的作用。

4. 文化根植

富士康集团分布在全国各地的员工共有80余万人，其中河南籍员工占将近1/5。河南省是劳务输出大省，每年有2300多万剩余农村劳动力，2010年富士康集团在郑州成功落户，意味着几十万务工人员可以免思乡之苦，在家门口稳定就业。2010 年起，河南省在外务工人员"返乡潮"逐渐凸显。

自改革开放起，河南人为改善家庭经济状况，就结伴南下"珠三角"打工，成为沿海务工人群的主力军。由于各地文化习俗的差异以及本地人对外地人的刻板印象，在外务工的河南人面临着歧视、误解、孤立的困境，较为缺乏安全感。适逢此时，富士康集团大举内迁，选定河南省会郑州市作为生产基地搬迁地。对于在外的河南人来说，返乡务工不仅拥有亲切的归属感，更拥有一种建设家乡的使命感。河南人不怕苦、肯吃苦，河南工人的勤恳造就了令人称奇的"郑州速度"，也正是河南工人朴实、肯干、兢兢业业的品质，才能在富士康郑州园区近乎苛刻的生产环境之下，创造出"苹果神话"，为河南人正名。同时，富士康郑州园区也加大对员工的人文关怀，逐步完善员工福利。例如，富士康郑州园区实行和深圳园区同等的工资水平，同等的工作时长以及同等水平的加班工资补偿，同样拥有崭新的职工宿舍以及配套的娱乐设施、医疗中心，并逐步建设线上线下双向联动的职工服务机制。这一切都使员工的生产生活上有了保障，心理上得到了安慰。富士康落户河南，增加了同为河南籍员工的"同乡情"，也能使高强度的工作压力得以略微缓解。

（二）香港锦艺集团落户河南郑州的根植特征与过程

香港锦艺集团公司（以下简称"锦艺集团"）创办于 1994 年，是闽商陈氏家族在香港注册的以纺织和房地产为主业的大型企业集团投资控股公司，投资涉及纺织、房地产开发、新材料研发等多个领域。旗下纺织产业已拥有 30 多年经营历史，目前已形成纺、织、染的完整产业链和产、供、销的完善管理体系。福州华冠针纺织品有限公司目前仍为福建最大的纺织企业之一，长期为李宁、安踏、波司登等国内外知名品牌服装公司提供高档服装面料，产品远销美国、日本、欧洲及中东地区，并在全国各主要省（市）建立了生产基地和销售网络。

受 2008 年国际金融危机的影响，东南沿海纺织产业由外向型转为内需型，产业结构调整推动产业向内地梯度转移。河南省具有传统纺织产业的资源优势，地方政府积极推进传统纺织产业改制搬迁、战略重组，通过一系列优惠政策吸引战略投资方参与纺织企业改革重组。因此，锦艺集团选定河南省省会郑州市为其新的生产基地。自进驻河南以来，锦艺集团将自己所具备的资本、市场、管理机制等优势与河南纺织产业的优势和资源有效整合，进一步调整河南省纺织产业结构、优化产品结构、完善产业链配套、提升产业规模和装备水平、提高产品附加值和市场竞争力，形成产业集聚效应，也为企业创造难得的发展机遇。

1. 经济根植

自 2006 年以来，锦艺集团通过旗下企业积极参与郑州市委、市政府对纺织产业的改制搬迁和战略重组计划，在承担 3 个国有纺织企业（郑州国棉二厂、一厂和六厂）的全部历史债务和职工安置等义务的基础上，在新郑市龙湖镇征地近千亩建设两家新型现代化纺织企业——郑州宏业纺织有限公司（新二厂）、郑州第一纺织有限公司（新一厂），并于 2009 年 8 月 31 日正式投产，成为河南省规模最大、产业链配套最完整、品质档次最高的产值超百亿元的纺织工业龙头企业。2011 年 2 月，香港锦艺集团宣布将集团总部由香港正式迁入郑州，以表达对产业转移中原、扎根河南、长期发展的决心和愿景。

围绕锦艺集团生产基地，广州、温州等地的纺织服装企业纷纷随之入驻。温州商会投资 30 亿元兴建占地 1500 亩的温州服装产业基地，温州森马、挺吉服饰的制造工厂随着迁至新郑市龙湖镇；西安的歌瑶制衣把生产、设计环节迁到郑州；庄丽服饰把生产和营销基地转入了郑州；广州的裤尚屋则把工厂全部搬到郑州；华夏龙服饰等多家也在郑州开设设计研发分中心。随着河南省内外纺织服装企业的不断入驻，郑州纺织产业园区布局日渐合理，产业链日臻完善，已经初步建成了由恒天重工新纺机、惠众实业、泰阳纺织、光大印染、罗蒙服饰、杉杉集团、娅丽达、逸阳等企业为主体、国家棉花质检中心、国家纺织品质检中心等行业协会、中间机构为依托，横跨纺织机械制造、布匹生产印染、成品质量检测、服装研发设计、成品展销等全产业链的综合性纺织服装产业基地。

就商业格局来看，香港锦艺集团投资 100 多亿元，为郑州市再添两大商业城项目——锦艺国际轻纺城和"锦艺城"商业广场。锦艺国际轻纺城位于郑州市纺织服装产业园区内，是投资 50 亿元打造的国际化纺织品集中交易市场，已成为全国纺织品展示、交易、研发和生产中心、大物流交易平台，成为中部地区规模最大、配套最完善、品种最齐全、物流最便捷的纺织品专业市场。"锦艺城"商业广场是在原国棉一厂和六厂搬迁后的老厂区开发建设的 30 万平方米大型城市综合商业体。服装产业园区内，在中国元通纺织城的基础上，建造了锦艺国际轻纺城，以面料、辅料、棉布和床品、窗帘等全品类的业态布局，结束河南服装行业上游产品散而不全的局面。产品品类齐全也相应降低了采购商的采购成本，促进了供应商、采购商、销售商的大量汇聚，使之逐渐成为中部首屈一指的集纺织商圈，进一步推动了郑州服装纺织产业集群的全方位发展。

2. 制度根植

纺织业是河南省和郑州市的传统产业和重要支柱，历来受到各级政府重视和支持。在东南沿海纺织产业向中西部转移的大背景下，河南省及郑州市持续出台的相关政策，对承接服装纺织产业转移，促进本地服装纺织产业结构升级提供了良好的政策支持和法律保障。具体情况如表 3.5 所示。

表 3.5　河南省和郑州市支持纺织服装产业发展的政策

年份	相关政策
2008	为加快河南省纺织产业转型升级，结合国务院《关于印发纺织工业调整和振兴规划的通知》，河南省政府出台了《河南省纺织工业调整和振兴规划》，根据规划编制了《纺织服装产业近期提升计划》，为纺织工业发展创造了良好的政策和制度环境，推动了纺织产业的快速发展
2010	《工业和信息化部关于推进纺织产业转移的指导意见》（工信部发〔2010〕258 号），为有序推进纺织产业向中西部转移提供了指导，也为河南省的顺利承接提供了保障
2011	郑州市人民政府关于印发《郑州市纺织服装产业发展规划纲要》的通知，进一步加快郑州市纺织服装产业结构调整和产业升级，促进纺织服装产业持续健康快速发展
2013	3 月，国务院正式批复了《郑州航空港经济综合实验区发展规划（2013 – 2025 年）》，为河南省承接纺织服装产业，提供了良好的交通、物流等条件
	8 月，河南省商务厅制定的《2013 年河南省承接纺织服装鞋帽产业转移对接洽谈活动方案》，积极推动纺织服装鞋帽产业承接活动
2018	郑州市人民政府印发《郑州市纺织服装产品质量提升行动实施方案的通知》，进一步全面提升纺织服装业核心竞争力

资料来源：根据相关报道整理。

3. 社会根植

为加强社会根植，香港锦艺集团还向河南省华侨爱心事业基金会慷慨捐赠

5000 万元，设立专项基金，计划资助郑州市的教育事业，以此表达对中原河南的一片深情和奉献爱心、回馈社会的良好愿望。行业协会作为政府和企业之间的纽带，在促进行业成员企业间的沟通合作发挥了积极作用。中国纺织工业协会、河南省服装行业协会、郑州市工商联服装业商会等经常组织举办各种活动，集聚企业，在加强企业交往的同时，群策群力，共谋纺织服装业发展大计。具体情况如表 3.6 所示。

表 3.6　各纺织服装行业协会举办的活动

时间	活动名称	作用及成果
2006 年	郑州市人民政府、中国纺织信息中心联合主办了"梯度转移，中原鼎立——2006 纺织行业中部崛起发展论坛"	本次论坛根据国家促进中西部崛起战略，全面剖析中国沿海地区产业梯度转移，为中西部地区企业承东启西、鼎立中原建言献策
2008 年 6 月	中国纺织工业协会、中国纺织经济研究中心联手郑州市人民政府举办了"2008 中国纺织服装郑州论坛"	以"聚焦中原：中国纺织服装业变革中的新机遇"为主题，为中国纺织服装产业转移在战略高度献计献策的同时，还结合河南实际提出了河南省承接纺织服装产业转移的对策
2009 年 9 月	河南省人民政府和中国纺织工业协会主办的"河南省承接纺织服装玩具产业转移洽谈会开幕式暨合作项目签约仪式"在郑州国际会展中心举行	在签约仪式上共签约项目 102 个，项目总投资 180 亿元，合同引进省外、境外资金 171 亿元
2010～2016 年	河南省人民政府、工业和信息化部共同举办的"中国郑州产业转移"系列对接活动从 2010 年开始，到 2016 年已成功举办四届	累计促成产业转移合作项目 3596 个、签约投资总额 1.82 万亿元，后续达成技术转移协议 498 项、科研成果转化项目 760 余个
2013 年 11 月	由河南省政府、中国纺织工业联合会、中国服装协会主办，省商务厅、省工信厅、省工商联、市政府承办的河南省承接纺织服装鞋帽产业对接洽谈活动	签约仪式上，共有 70 个项目现场签约，投资总额达 385.2 亿元，合同利用省外资金 374.3 亿元
2015 年 4 月	由河南省服装行业协会、河南省青年时尚促进会主办，郑州领秀服饰承办的河南省时尚界领袖企业家沙龙在领秀服饰生产园区举行	以"新常态下河南服装的提升之道"为主题，本土企业家与外商企业家建言献策，共商河南服装发展大计

资料来源：根据相关新闻报道整理。

此外，校企合作促进产学研结合。中原工学院（原郑州纺织工学院）和河南工程学院（郑州经济干部管理学院与河南纺专合并而成）是河南两所纺织类本科院校，成为入驻企业技术和管理人才培育选拔基地，同时为校企合作奠定了基础。近年来，随着郑州纺织产业的发展以及对东南沿海企业的承接，每年约有50%的学生选择留在郑州就业，极大地促进了人才回流，提高了郑州的纺织服装人力资源水平。

4. 文化根植

目前，在来郑州投资设厂的多为福建籍企业家。而很多福建人祖籍都是河南的，闽商到河南来投资，从某种意义上讲，是"回乡创业"。香港锦艺集团是福建人陈锦焰在香港创办的企业，其秉承闽商特有的善观时变、敢立潮头、爱拼会赢的精神，审时度势投资郑州，并身体力行带动了更多的福建、香港企业来河南投资。同时，他积极促成河南省福建商会的成立，并作为会长带领商会发挥着企业和政府桥梁的作用，积极搭建商会与政府和会员之间交流的平台，促进闽商"抱团"，更好地扎根河南。

另外，品牌文化赢得好口碑。锦艺集团进驻郑州十年，经营纺织、地产、商业中心等多种项目。以"诚信""共赢"的品牌文化理念，以及其建筑质量的高水准、配套设施的完善度，充分赢得了人们的信任和尊重。在发展自身的同时，积极回馈社会，以各种形式投身教育事业、救灾扶贫等社会公益事业，获得了人们的好口碑。目前，已形成包括锦艺国际轻纺城、锦艺国际华都、锦艺城等在内的郑州首屈一指的集纺织、住宅、商业中心于一体的地产公司。

（三）中国沿海外贸加工集群的根植特征与过程

1. 根植特征

改革开放以来，中国沿海地区形成了众多的外贸加工集群。资料显示，我国沿海地区集中了70%的纺织业、80%的服装制造业和90%以上的加工贸易[①]。这些集群的形成一方面与我国的对外开放政策有关，另一方面也与国际上的产业转移浪潮有关。

随着我国对外开放政策的不断出台，跨国公司逐渐进入我国。起步阶段，

---

① 孙小林. 以浙江和广东为核心。产业转移出现两条路线［N］.21世纪经济报道，2010 - 07 - 02（006）.

大多数跨国公司均采用在新加坡、中国台湾、中国香港等国家或地区设立分公司的形式，借助对外贸易的方式向中国大陆出口产品并进行技术转让。在出口和技术转让的同时，寻求境内的合作伙伴，为在中国大陆进一步投资设立工厂做准备（夏瑞环，2011）。从投资地域看，投资区域主要集中在率先开放的四个经济特区以及北京、上海、广州等一线城市。1992～2001 年，大型跨国公司开始将注意力转向中国，纷纷调整在华投资战略，将中国列为海外投资的重点区域，大规模在华投资，如美国的摩托罗拉、通用电气、电报电话公司、杜邦公司，日本的日立、松下、NBC、三菱、伊藤忠公司，德国的大众、西门子，法国的雪铁龙和标致汽车，英国的联合利华，荷兰的菲利浦等都在中国投资建立了企业。从投资来源看，此期间我国跨境公司投资的资金来源进一步扩大，不仅限于港澳台以及海外华人的投资，资金来源更加多样化。截至 1995 年底，已有 200 家属于"世界 500 强"的跨国企业在中国进行项目投资。从区域分布看，外资投资由原来的东部沿海地区逐步扩大到长江三角洲、环渤海经济圈，从而使跨国公司的投资在区域分布上呈现出"多角化"的新特征。

进入 21 世纪，跨国公司在华投资结构进一步优化，资金技术密集型项目明显增加。从投资方式看，手段出现了新的变化，跨国并购逐渐成为跨国公司对外投资的直接手段；从总体战略看，跨国公司在华正全面实施本土化战略（李明岩，2011），具体表现为：子公司在成长和发展的过程中，逐渐承担起更多价值链体系中的活动，从营销、生产到研发，服务价值链的各个环节，都进行了本土化的整合。

可以看出，中国沿海外贸加工集群主要由跨国公司主导，并依托 OEM（代工生产）方式建立大规模生产体系，将生产基地迁移至海外来降低生产成本。这种代工生产是发达国家跨国生产重组的产物，是跨国公司对全球资源的配置与利用，促使产业快速蔓延和转移的结果。邱国栋和陈景辉（2010）认为，跨国公司在我国沿海地区的根植有四个维度，即经济根植、社会根植、技术根植和制度根植。跨国公司的经济根植是指跨国公司在当地持续投资并与本地企业相互练习中，产生的持续而稳定的产业关联性，包括原材料采购供应及其上下游产品供应的本地化程度、与本地产业的接口等；跨国公司的社会根植是指企业间的人际关系与社会联系的密切程度，人力资源的本地化程度等；跨国公司的制度根植是指跨国公司与其他社会机构的联系和影响程度，以及这种联系对当地制度变迁的影响。跨国公司的技术根植是指跨国公司与地方企业间技术关联性，包括对本地企业的技术转移和技术溢出效应、对地方产业结构升级的促进作用。而认为中国沿海外贸加工集群的根植特征有经济根植、制度根植、社会根植和文化根植。

（1）经济根植。20 世纪 80 年代，世界制鞋产业基地再一次进行了全球范围的产业转移，众多鞋业巨头汇聚我国珠三角地区，与本地鞋业展开合作，注册合资企业或者打造紧密的贸易联系，包括世界规模较大的贸易公司如利威、派诺蒙等，行业内具有重要影响力的采购商如沃尔玛等，还有其他知名贸易商、采购商如索纳隆、BBC、吉姆拉、稳洋、特品、太平洋、里兹、红林、麦斯等。在珠三角鞋业基地发展过程中，跨国公司与地方企业之间建立起较为完善的生产产业链。珠三角制鞋产业基地主要集中在东莞市、深圳市、鹤山市、广州市花都区等地，其中东莞市是主要的制鞋产业集群集中地，制鞋企业主要分布在下桥、石龙、附城、厚街、寮步、虎门等乡镇。珠三角的制鞋产业集群通过加强生产研发、互相补货、整体配套等措施，促成了社会化、市场化、开放式、全方位的合作平台，经过多年的发展，逐步形成了完整的产业链。上下游相关配套产业完备，从面料、鞋底、鞋跟、鞋楦、胶水到鞋表面处理、五金饰扣等辅料配件，再到特殊材料，在珠三角地区都可以找到大量的供应商。

经济根植在生产网络上表现出"嵌入性的地方化"特征，即本地企业在发展过程中受到来自全球化力和地方化力的双重影响。它们为跨国公司生产配套产品，深深卷入到跨国公司掌控的全球价值链和全球生产网络中去，承担了其中的制造加工环节。同时，自身的专业化特色明显，企业之间结成严密的上下游关系，利用低廉的生产要素和地方专业化分工优势，大批量生产（Mass Production）廉价的工业产品，并且通过自身各种社会资本，建立网络间信任关系。由于全球生产网络权力的不对等性，本地企业嵌入跨国公司多是被动的，需要接受跨国公司的选择。Ernst 和 Kim（2002）从全球生产网络内部技术溢出的角度，认为网络领导企业通过正式和非正式的方式，将显性和隐性知识（Explicit and Tacit Knowledge）转移给本地供应商，从而促使本地企业的生产能力得到加强，最终达到领导企业的生产要求。领导企业在选择本地供应商的时候一般有三个标准：良好的财务状况、产品质量和交货方面的良好记录以及快速的响应能力。由于外商生产网络对产品质量和库存管理有严格的条件，本地企业难以满足上述条件和要求，很难融入其生产网络，再加上技术、知识和管理等方面的限制，本地企业嵌入跨国公司的价值链环节的行动面临着挑战。

如东莞电子信息产业集群。在发展初期，为了避免与本地企业间的技术差距过大，跨国公司通常带领其供应商跟随布局，并将母国的配套网络整体复制过来。集群内的企业主要是由跨国公司从外部直接带入区域内，与本地企业间的关联弱。经过一段时间的发展，跨国公司在进行生产活动的过程中，对相关企业产生了一定的知识和技术溢出效应，集群内其他企业积累了较好的知识和技术基础，跨国公司为了降低生产成本，开始逐步将业务分包给本地供应商。但为了获取更多的"技术租金"，跨国公司在本地进行的只是简单的垂直分工，关键性技术及营销等核心环节依然由其自身掌控，本地企业的嵌入一般是在低技术、低附加值环节（朱华友等，2015）。另外，当地的供应商及其他提供配套生产服务的企业高度依赖外资，与本地的关联度低，集群根植性弱。以东莞石龙电子信息产业集群为例，初期集群内企业多为来料加工企业，主要通过承接跨国公司的生产制造的外包活动，从事低附加值的加工组装生产。经过一段时间的发展，东莞石龙电子信息产业集群内90%以上的企业已由来料加工转为独资（多为日方独资）或合资企业（独资与合资统称为三资企业），仅有少数为来料加工企业。跨国公司已逐步将集群内的企业纳入以其为核心构建的全球生产体系当中，集群内的企业多为跨国公司在华设立的子公司或是外部的独资或合资供应商。集群企业所在的活动领域不同，其在网络内所处的地位也不尽相同。零部件制造商主要是承接跨国公司的外包活动，为跨国公司供应电子产品的相关零部件，其在全球生产网络内层级较低，主要是通过高层级供应商与跨国公司建立间接的联系，而电子产品合同制造商（EMS）（业界称其为"电子合约制造商"）专门替品牌厂商制造产品，生产和服务项目包括线路板生产、部件装配和设计、设备安装、物流及售后服务，涉及的领域较广，除了核心研发及营销战略受控于跨国公司之外，基本能承担价值链中的每个环节与增值活动，其在全球生产网络内所处层级较高，与跨国公司直接接触。

（2）制度根植。1978年以来，我国制定了利用外资、发展对外经济贸易的一系列方针和政策，对外开放由沿海地区逐步扩展到全国，对外开放领域不断拓宽，这些政策有力地促进了我国沿海外贸加工集群的形成。1979年8月国务院设立了外国投资管理委员会，统一管理全国利用外资的工作。1979 年国家计划委员会在参考了 30 多个国家相关法律的基础上，结合我国的国情起草了第一部外商投资法律——《中华人民共和国中外合资经营企业法》，此法是我国第一部规范的涉外经济法律，是我国利用外资立法的标志性开端。1979 年 7 月，党中央和国务院决定对广东、福建两省的对外经济活动实行特殊政策和优惠措施。1986 年 10 月，国务院发布《关于鼓励外商投资的规定》，标志着我国的外资政策由初创投资环境到有重点、有计划地吸引外资的导向性转变，自此，我国外资政策进入积极调整外资结构的初步发展阶段。1994 年 11 月 3 日，颁布了《关于进一步加强外商投资企业审批和登记管理有关问题的通知》，主要为了解决地方举办外商投资企业过程中的几个突出问题。1995 年 6 月 9 日，颁布了《外商投资企业进口管理实施细则》，对外商投资企业投资额内进口的配额商品、外商投资企业为生产内销产品而进口的商品和外商投资企业为生产出口产品而进口的商品的管理做了明确的规定。1997 年制定了《外商投资产业指导目录》，明确了外商投资的领域，加强了以产业、技术引进和地区为导向的"差别性优惠政策"，将利用外资从单纯引进资金向技术引进和促进产业结构调整以及产业升级的方向倾斜。1998 年颁布的《中共中央、国务院关于进一步扩大对外开放提高利用外资水平的若干意见》，强调合理有效利用外资是必须长期坚持的指导方针，并且要以积极姿态进一步扩大开放。

20 世纪 80 年代后，经济特区的设立为跨国公司根植于我国沿海提供了优越的制度空间。1980 年 5 月，在深圳、珠海、汕头、厦门设立经济特区；1984 年 5 月，开放大连、秦皇岛、天津、烟台、青岛、连云港、南通、上海、宁波、温州、福州、广州、湛江、北海 14 个沿海港口城市；1985 年 2 月，分两步开放长江三角洲、珠江三角洲、闽南厦漳泉三角地区和辽东半岛、胶东半岛；1990 年 4 月，决定开发和开放上海浦东，实行经济技术开发区和某些经济特区政策；1991 年，开放满洲里、丹东、绥芬河、珲春 4 个北部口岸。同年，国务院还相继批准上海外高桥、深圳福田、沙头角、天津港等沿海重要港口设立保税区，借鉴国际通行规则，发展保税仓储、保税加工和转口贸易；1992 年，以上海浦东为龙头，开放芜湖、九江、黄石、武汉、岳阳、重庆 6 个沿江城市和三峡库区；开放哈尔滨、长春、呼和浩特、石家庄 4 个边境和沿海地区省会城市；开放珲春、绥芬河、黑河、满洲里、二连浩特、伊宁、塔城、博乐、瑞丽、畹町、河口、凭祥、兴东 13 个沿边城市；同年还开放了太原、合肥、南昌、郑州、长沙、成都、贵阳、西安、兰州、西宁、银川 11 个内陆省会城市。

（3）社会根植。以台商投资大陆为例。台商在投资大陆的过程中，社会关系渗透于各企业间，经济组织和个体经济行动者共同受到社会关系网络的限定。在投资之初，台商对大陆市场既有谋求利润的需求，也有对大陆现行体制、两岸关系的担忧。因此，台商在不断投资大陆时，自发形成所谓非正式风险防范机制（朱松岭、陈星，2008），在一定程度上表现为台商在投资过程中比较习惯"扎堆"于某些地区、某些领域，逐渐形成一个特殊的投资群体。这种社会性群体行为背后原因极为复杂，各种因素渗透其决策之中。

20 世纪 90 年代，台资企业大规模进驻东莞市，使东莞市成为台湾制造业在大陆的重要生产加工基地之一。台商在进驻过程中，通过台资企业协会把台湾外向型加工制造业的产业网络和人际网络，整体移植到了东莞，形成东莞市的台资企业网络，并通过台湾省与全球保持联系。而在苏州，随着台湾省龙头高科技企业的飞速发展，大批中小企业被吸引到苏州及其地区内的昆山、吴江等地，形成了以苏州新区为中心的，日益完整的电子行业上中下游的产业供应链。在两岸经济环境出现较大变化的背景下，台商在大陆的投资活动逐步向高层次转化，集聚规模不断扩大，从过去单纯的委托加工变为邀请卫星工厂共同参与，联合上中下游相关配套产业一起投资（朱松岭、陈星，2008）。台湾企业富士康集团在昆山进行投资时，与当地企业同心电镀厂建立嵌入关系，富士康与同心电镀厂初始建立合作关系是基于质量、价格、交货期等专业能力上的信任，随着交易的持续，彼此了解不断加深，基于文化同源、人际交流而建立起来的信任也越发牢靠。生产协力关系的继续，依靠的不是形式契约的制定，而是基于以往合作经验之上的默契与信任。这种基于专业能力的经济网络加上人际关系建立的社会网络，加深了台商企业的社会嵌入程度，社会资源的发挥也大大降低了企业的交易费用和生产成本。富士康集团通过这种关系的建立，直接与当地厂商建立生产协力网络，完成了企业进行本地嵌入的一个重要环节，使生产过程更加顺畅，提高了市场竞争力。

台资鞋业巨头宝成国际集团（以下简称"宝成集团"）进入大陆后，非常重视本地社会网络的建立。宝成集团成立于 1969 年，是一家位于我国台湾地区中部的鞋业品牌制造商。刚开始以生产编织鞋、凉鞋、拖鞋为主，1978 年后，宝成集团开始代工 Adidas 品牌，进入运动鞋制造领域；随着产品质量的提升、生产过程的整合以及研发设计能力的增强，宝成集团由经营初期的纯代工制造（OEM）转型为代工设计制造（ODM），代工的主要国际品牌包括 Nike、Adidas、Reebok、Asics、New Balance、Puma、Converse、Merrell、Salomon 及 Timberland 等。为分散生产基地及利用部分地区的低成本环境，1988 年宝成集团在珠海设立鞋厂。设厂之后，首先与委托商展开有效互动，具体表现为：每一款新产品的开发首先由委托厂商确定设计版式和材质，然后在宝成集团相关研发中心进行模具开发与制样。在此过程中，针对开模或面板无法展开的问题，和委托厂商的设计人员反复讨论，委托厂商的设计人员也可以根据研发中心提出的方案对原设计进行修改。其次通过各个层面绑定和品牌商的关系。宝成集团在具体的生产过程中，将生产不同品牌的工厂在厂区、厂房、生产线、管理团队、研发等方面完全分开，如在东莞市高埠镇有 Nike 和 Adidas 专门的生产工厂，中山市有 Reebok 和 Timberland 专门的生产工厂，东莞市黄江镇有 New Balance 专门的生产工厂，而且负责不同品牌的各事业部垂直管理，品牌的设计、研发、生产计划、制造过程均能确保较高的隐秘性。

宝成集团秉持"取之于社会、用之于社会"的心意，持续支持各项教育、文化及社会公益活动。通过定期举办集团共识营活动，鼓励员工亲身实践，对集团园区附近弱势族群展开关怀行动，尽到企业的社会责任。随着海内外运营据点的拓展，在给当地居民提供众多就业机会、促进当地经济发展之外，宝成集团也通过定期性的偏僻乡村医疗义诊、房屋修缮协助或资源捐赠、奖助学金鼓励等具体行动，为当地发展注入更多资源，创造更大价值，以促进集团与地区的良好关系。同时，宝成集团非常重视本地化人才在集团中的作用。根据其产能优化战略，在中层技术、管理人员中广泛起用本地人才，将本地人才作为集团的重要资产，通过"选、用、育、留"制度凝聚人才向心力。为吸引本地优秀人才，公司提供完善的教育训练制度、具有竞争力的薪资和畅通的晋升管道，来提升员工的专业能力和工作热情。

（4）文化根植。集群的发展正是企业与其周围区域内的其他行为主体结成网络，并在深深嵌入特殊的区域社会人文环境的基础上，才能实现整个区域和企业的发展与创新。改革开放初期，台资企业进入我国大陆，由于共同的文化基础，两者之间本身就具有相当强的文化融合性，再加上我国东南沿海的文化特质，融合更为顺畅。如岭南文化（聂正安，2008）。岭南文化可分为广府文化、客家文化、潮汕文化、桂系文化、海南文化等多种区域文化，这些文化共生并存，虽然互有差异但又互相包容。总之，兼容性使岭南文化获得了善于发现和利用其他文化长处、不断丰富和壮大自我的优势。然而，漫长的历史时期内，岭南地区社会经济相对落后，与中原人的文化优越感和文化主导意识比较，岭南人有着很重的文化弱势心态和文化依附倾向。在一定程度上，兼容并蓄可能正是岭南文化弱势的一种自然表现。许多广东企业乐于为境外企业"贴牌加工"，而不愿开发自己的技术和产品，这样的事实侧面反映了相应的岭南文化元素。岭南文化还具有很强的务实性和趋利性，讲究出新和变化，而且岭南人的求新求变有着非常宽松的制度环境。台商进入广东后，不断融合岭南文化，形成有地域特色的我国沿海外贸加工集群文化。以宝成集团为例。宝成集团的核心价值理念是"敬业、忠诚、创新、服务"，这与我国的传统文化是一致的。进入广东地区后，宝成集团不断调整文化理念，积极面对和克服各项困难和挑战，秉持创新精神，通过内部沟通管道，兼收并蓄地方文化，形成一系列内部控制制度，如"企业社会责任实务守则""公司治理实务守则""诚信经营守则"等。

2. 根植过程

从时间维度看，跨国公司在中国开发区的根植可以分为以下三个阶段：第一阶段为跨国公司试探性根植，第二阶段为集聚性根植，第三阶段为跨国公司深度根植。但是，以往的理论多是解释跨国公司的主动根植，缺少对跨国公司被动根植的解释。当跨国公司为适应当地的"制度约束"而建立本地产业联系时，发生的是"被动根植"，即如果没有来自"制度约束"的压力，外资可能不会选择建立本地产业联系。当跨国公司为单纯经济原因（如利用当地廉价劳力、智力资源，或为满足特定生产组织方式的需要等）而扎根于地区经济时，发生的是"主动根植"。也就是说，"被动根植"是跨国公司与当地的"制度约束"之间协调的结果，"主动根植"则主要是当地良好的基础设施、适宜的制度环境、有竞争力的产业基础以及采用新的生产方式引发的（刘卫东，2003）。

很多外资企业在我国沿海地区根植性不深，或其投资群体实际上是一个

"群居"系统，与当地文化特征结合得不明显，一旦发生环境变化，很容易产生集体去地方化现象。以东莞鞋业为例，东莞市地处珠三角开放地区，位于穗、深、港"经济走廊"的中心。在20世纪80年代初期，东莞还只是典型的农业县，随着对外开放程度的不断加深，东莞依托其优越的地缘位置，借助"生产在东莞、销售和研发在香港等地"的经营模式，形成了具有地方特色的鞋业集群。90年代中期后，一些企业受本地生产成本上升的影响，开始向其他城市转移，另一些劳动密集型传统制造业企业受到全球贸易商的控制，逐订单而居，也开始了区位转移。

1. 跨国公司战略驱动下的去地方化

在东莞市的鞋业生产网络中，台资企业拥有核心技术能力和关键资源，占据生产网络中的高附加值的战略性生产环节，成为其中的领导公司。东莞市鞋业集群可以理解为跨国公司控制下的一种战略意图型集群。2005年，由于生产成本的上升，台资鞋业巨头裕元集团开始在江西省上高县建立生产基地，同时缩小在东莞的生产规模，东莞市本地众多为裕元集团配套生产鞋机、鞋材、鞋面等材料的中小企业，如匹克国际、顺峰实业、香港芳鼎、全胜鞋机、方圆鞋面、邦胶科技等近40家配套企业也纷纷迁移到上高县，雇工3万多人。2006年9月，永恩集团在江西省黎川县建立江西大川鞋业公司，生产著名品牌"达芙妮"女鞋。大川鞋业公司的成立，为黎川县吸引了10多家制鞋企业落户工业园区。2008年，台湾智高集团和台湾宝成集团扩张转移到河南省周口市扶沟县，拓展高档旅游鞋生产项目，吸引制鞋业上游企业驻足。随后，周口市初步形成了以扶沟宝昌鞋业、西华凯鸿鞋业、鹿邑祥龙鞋业和淮阳亚泰鞋业为龙头的制鞋产业集群。

2. 全球贸易商订单驱动下的去地方化

受到全球贸易商订单驱动的影响，集群企业的响应形式主要有两种：第一种方式是逐订单转移。2000年前后，在东莞市汇聚的全球贸易商达到数千家，这些商家带来了大量的鞋业订单，因此大量的制鞋企业在这里集聚，形成了全国最大的鞋业集群。2005～2006年是东莞市鞋业发展的高峰，整个东莞市从事鞋业的有200万人，仅厚街镇就有40万人。2008年后，由于美国次贷危机的爆发，国外需求减少，再加上国内生产成本上涨、人民币升值和出口退税率的下调，众多以外向型经济为主的东莞市制鞋企业产业转移现象明显。如巴西国际贸易商派诺蒙将其在中国的一半业务由沿海地区转移到四川、湖北以及甘肃等内陆省份，还在重庆璧山投资建了大规模制鞋生产线。原本在东莞为派诺蒙公司配套的20余家鞋厂逐订单转移，也迁到了重庆璧山。

第二种方式是订单驱动下向生产成本低的地区转移。受中国劳动力成本上升、原材料价格上涨等因素影响，制革、鞋服等制造行业订单开始转向越南等东南亚国家。亚洲鞋业协会调查结果显示，2008年金融危机爆发后，中国制造成本节节攀升，东南亚鞋业抢走了中国约30%的订单，并且中国的供应商越来越难以满足采购商提出的低价要求。据相关调查，东莞的制鞋企业平均利润只有5%左右，越来越多的制鞋企业挣扎在盈亏临界线上。据2009年亚洲鞋业协会的统计数据显示，东莞市制鞋企业中有50%左右转移到我国中西部地区设厂，如湖南、江西、四川、广西、河南等地；有25%左右转移到东南亚地区设厂，如越南、孟加拉国、印度、缅甸等国家。这种转移行为已经表现为大中型供应商带领一批低层级供应商和生产商集体行动。2002年东莞华坚鞋业投资3.4亿元在赣州兴建"华坚国际鞋城"，2010年百丽鞋业投资5.5亿元在安徽宿州兴建规模庞大的基地，2011年华宏鞋业公司把低端的大规模代工生产线逐步转向贵州铜仁地区，进行扩张型转移。原来高度集聚在珠三角的制鞋业在全国各地分散集聚，形成了以行业内制鞋巨头领导的众多鞋业"微集群"。

台资鞋业巨头宝成集团为分散生产基地及利用海外地区的低成本环境，通过转投资成立裕元工业（集团）有限公司，于20世纪80年代后期陆续前往中国大陆、印度尼西亚及越南等地设厂。1988年，宝成集团开始向国内转移，于广东省珠海市设立鞋厂，其后于1989年、1991年分别在广东省东莞市及广东省中山市设立制鞋工业区。2002年于江苏省设立制鞋工业区。2006年于江西省设立制鞋工业区。2010年于湖北省、湖南省及河南省等地陆续设立制鞋工业区。具体情况如表3.7所示。

表3.7　台湾宝成集团转移到中国大陆的情况

地区（名称）	成立时间	产品
广东省珠海市（宝元工业集团）	1988年	Nike、Adidas
广东省中山市（中山宝元集团有限公司）	1991年	Reebok、New Balance、Adidas、K-SWISS、Timberland

地区（名称）	成立时间	产品
广东省东莞市高步镇（裕元鞋厂）	1992 年	Nike、Adidas、Asics
广东省东莞市黄江镇（裕成鞋厂）	1993 年	Nike、Adidas、Reebok、New Balance
江苏省昆山市［江苏昆山裕程公司，2002 年更名为江苏裕晟（昆山）体育用品有限公司］	1997 年	服装、运动服装、外套等
广东省河源市（龙川宝元制鞋厂）	2002 年	运动鞋、休闲鞋、皮鞋等
江苏省太仓市（太仓裕盛体育用品有限公司）	2002 年	李宁、Anta 等
江西省赣州市（与华坚公司合资成立赣州华坚国际鞋城）	2003 年	女鞋
江西省宜春市上高县（江西裕盛工业有限公司）	2005 年	Nike、Adidas、New Balance
湖南省常德市澧县（宝元鞋厂）	2006 年	耐克、锐步、李宁
江苏省扬州市（扬州宝亿制鞋有限公司，台湾宝成和来亿合资建设）	2006 年	硫化鞋、运动鞋、休闲鞋等
江西省瑞金市（瑞金宝元鞋业有限公司）	2008 年	The North Face
安徽省芜湖市繁昌县（繁昌裕盛体育用品有限公司）	2008 年	李宁、Anta、特步、UMBRO、Kappa、361°等国内及国际知名品牌
湖北省黄石市阳新县（阳新宝加鞋业有限公司）	2008 年	Asics、Puma 等品牌运动鞋
江西省上饶市鄱阳县（江西裕泰鞋业有限公司）	2009 年	运动鞋、皮鞋、休闲鞋
湖南省衡阳市耒阳市（耒阳市宝升鞋业有限公司）	2009 年	Keen、Fitflop 等品牌
湖南省益阳市赫山区（裕敬鞋业产业园）	2009 年租赁生产；2012 年签约，开始基建	运动鞋、休闲鞋等
江西省吉安市安福县［裕元（安福）制鞋有限公司］	2010 年	Adidas、Saucony 等国际名牌运动鞋
江西省吉安市吉水县［裕兴（吉水）制鞋有限公司］	2010 年	Nike、Adidas、Reebok、李宁等服装、运动鞋系列产品

地区（名称）	成立时间	产品
湖北省襄阳市［宝成国际（襄樊）体育用品工业园］	2010 年	专门生产"李宁"牌体育用品
湖北省咸宁市通山县（宝成集团宝元制三厂）	2010 年	Nike
河南省周口市扶沟县（扶沟县宝昌鞋业）	2010 年	高档旅游鞋
河南省信阳市淮滨县（淮滨裕盛体育用品有限公司）	2010 年	Anta、361°等国内知名品牌运动鞋、休闲鞋

资料来源：根据新闻报道和相关网站新闻整理。

除了向中国大陆转移外，宝成国际也逐渐往印度尼西亚、越南等国家转移。1992 年转移到印度尼西亚，陆续设立 Serang 制鞋工业园、Sukabumi 的 Cikember 制鞋工业区和 Sukalarang 制鞋工业区；1994 年转移到越南同奈省设立宝成厂区，后来又陆续在同奈省设宝崧厂区、在胡志明市设立平政厂区，在西宁省和前江省设立制鞋工业区；2000 年在墨西哥设立鞋厂及成衣厂；2009 年在孟加拉国吉大港设立鞋厂；2010 年在柬埔寨金边市设立鞋厂；2015 年在缅甸设立生产基地。

第三节　企业根植性作用于地区转型发展的机理与形式

一、企业根植性作用于地区转型发展的机理

企业根植性是企业和地区之间的关系体现，其形成取决于两个因素：一是企业的区位选择意愿，二是地区黏性。企业区位选择意愿是企业根植于某地区的经济和社会表达，包括企业布局选择、企业空间战略等。企业对某地区的空间意愿越强，企业和地区的联系越紧密。地区黏性是指一个地区留住企业的能力，一般包括经济黏性、制度黏性、社会黏性和文化黏性等。经济黏性是通过产业链的前向关联、后向关联和旁侧关联等形成的影响力；制度黏性和地方政

府有关，通过法律法规、政策等体现；社会黏性即社会资本黏性，具体表现为处于企业内的个人、组织通过与内部、外部的对象长期交往、合作所形成的一系列认同关系，以及在这些关系背后沉淀下来的历史传统、价值理念、相互信任、共享规范、行为范式和规则体系。文化黏性则表现为地方的风俗习惯、人文精神、文化包容度与开放等方面。

企业根植性分别从时间演进和空间演进两个方面作用于地区转型发展。①企业根植于地区的时间越长，越有利于企业发展壮大，形成产业品牌乃至于区域品牌。②从时间演进来看，考虑企业的经济人逐利本质，企业为生存并获得竞争优势，首先必须根植于分工网络，随着时间延续，再逐渐产生社会各因素根植性。即首先是经济根植，其次是制度根植，最后是社会根植和文化根植。当然，根植的时间顺序与产业集聚的地方环境有关，如我国中西部很多地区，由于地方政府的强"有为性"，制度根植可能更为优先。③从根植性的空间演进来看，企业根植于地区的程度取决于企业空间意愿强弱和地区黏性大小。一个企业根植的程度越深，那么它和地区的关系就越密切，企业越能创造更多的价值，地区也能获得更多的收益。因此，根植性是在企业空间意愿和地区黏性的共同作用下，通过延长根植时间和增加根植程度来提升地区价值获得与形成区域产业品牌，最终实现地区转型发展。关系机理如图3.2所示。

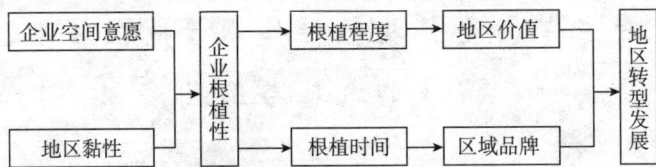

图3.2　企业根植性作用于地区转型发展的机理

二、企业根植性作用于地区转型发展的形式

根据企业根植性程度深浅和根植于地区的时间长短，可以把企业根植性作用于地区转型发展的形式分成四种，即"根植程度深，根植时间短""根植程度浅，根植时间长""根植程度浅，根植时间短"和"根植程度深，根植时间长"。如图3.3所示。

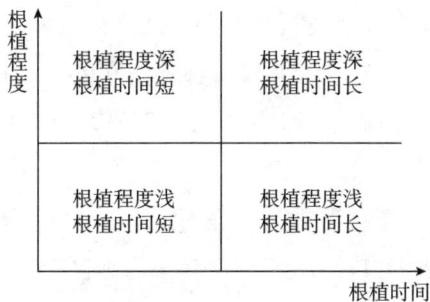

图 3.3 企业根植性作用于地区转型发展的形式

形式一"根植程度深，根植时间短"，表明企业和地区联系密切，企业在单位时间内为地区创造的价值量高，但由于企业在该地区停留的时间短，因此地区持续获得企业创造的价值累积能力弱，难以形成区域产业品牌。形式二"根植程度浅，根植时间长"，表明企业虽然在地区停留的时间较长，但是由于在地区扎根不深或联系较弱，存在单位时间内价值创造少或企业价值内部创造现象，地区获得企业创造的价值较少。虽然企业停留时间长能形成地区产业品牌，但影响力较弱。形式三"根植程度浅，根植时间短"，表明地区获取企业创造的价值量小，又不能形成区域产业品牌，地区缺少转型发展的动力和基础。形式四"根植程度深，根植时间长"，表明地区获取企业创造的价值多；同时容易形成区域产业品牌，地区处于加速转型发展的过程中。

第四节 企业再地方化下的根植性实证研究

一、河南省产业承接现状

（一）河南省产业承接总体情况

近年来，新一轮的国际国内产业转移拉开序幕，我国东部沿海地区产业向中西部地区转移呈加快发展趋势。在各级政府的大力支持下，河南省凭借丰富的劳动力、低廉的原材料以及良好的区位条件等众多优势，已成为产业转移的优势承接地。2008 年以来，河南承接国内外产业转移的规模逐步扩大，项目质量逐渐提高，承载平台蓬勃发展，企业再地方化现象越来越普遍。

从产业承接的整体情况来看，河南省外商和港澳台商的直接投资规模从2007年的306162万美元增长至2016年的1699312万美元，保持逐年快速增长的趋势，如图3.4所示。目前外商投资已成为河南经济社会发展的重要资金来源。从资金分布来看，合同引进长三角地区资金460.38亿元、珠三角地区476.38亿元、闽东南地区172.78亿元、环渤海地区288.41亿元、其他地区资金722.51亿元；就签约项目数量来看，承接长三角地区项目123个、珠三角地区项目90个、闽东南地区项目35个、环渤海地区项目63个、其他地区项目169个。以上数字表明，近年来河南省承接的产业多来自东部沿海地区。除了在承接产业转移规模上的变化，承接的项目质量也在逐步提升。富士康、麦德龙、家乐福、沃尔玛、西门子、美国联合包裹、微软等多家500强企业先后落户河南，创维电器、中兴、酷派、阿里巴巴、聚美优品、顺丰快递等国内知名企业也来河南投资。根据河南省商务厅公布的2015年全省商务运行情况的报告，在河南进行投资的境外世界500强企业达到84家、国内500强企业达到156家。

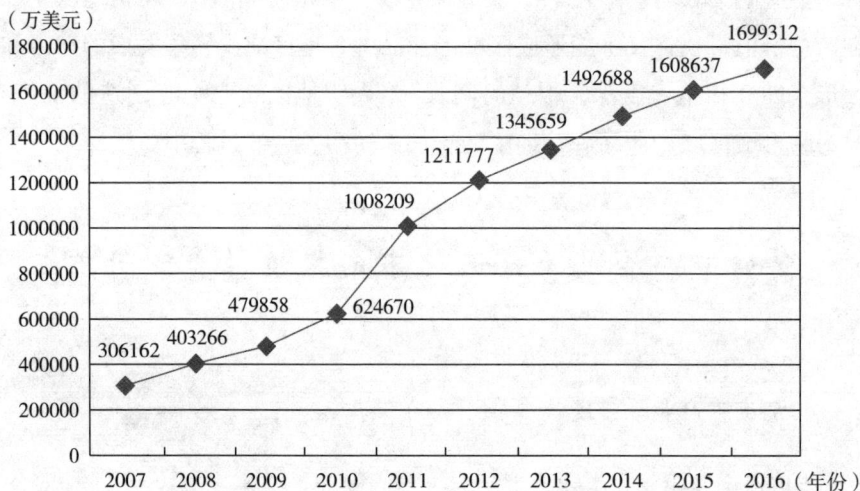

图3.4　2007~2016年河南省外商和港澳台商直接投资规模

此外，河南省多次作为"产业承接对接活动"的东道主和核心主办单位，不仅是活动的主要推进方，更是产业承接活动的最大受益者。在前五届"产业承接对接活动"中，河南省累计签约项目突破四位数，高达 2366 个。截至 2018 年上半年，河南省承接的项目中有 1355 个建成投产，530 个开始投资建设。河南省的制造业通过产业承接得到了前所未有的发展，其中最具代表性的是制造业和高技术产业，两者产业增加值的占比从 2010 年的 32% 提升至 2018 年的 52.6%。另外，河南省产业集群发展迅猛。大批承接转移项目落地河南省投产，带动项目周边地区配套产业的发展。截至 2018 年，河南省具有 80 个百亿元以上产业集群、18 个千亿元以上产业集群。

（二）河南省分行业产业承接情况及其集聚水平

1. 河南省分行业产业承接情况

参考范建勇（2006）关于产业承接的测量方法，对河南省进行产业承接测量。该方法的原理为：存在某甲地区和 t_1、t_2 年，且 $t_1 < t_2$，甲地区的 M 产业在 t_1、t_2 年的产值占全国产值的比重分别为 p_1、p_2，若 $p_1 < p_2$，则表明甲地区的 M 产业从 t_1 到 t_2 年占全国的比重有所上升，M 产业存在部分转入；反之，则表明 M 产业存在部分转出。如表 3.8 所示。

表 3.8　2008 年、2012 年、2016 年河南省各行业产值占比及产业承接趋势

行业分类	2008 年	2012 年	2016 年	趋势
煤炭开采和洗选业	13.73	8.98	7.67	↓↓
石油和天然气开采业	4.23	2.81	1.48	↓↓
黑色金属矿采选业	3.29	2.08	2.07	↓↓
有色金属矿采选业	26.52	23.70	25.62	↓↑
非金属矿采选业	10.89	8.82	9.07	↓↑
农副食品加工业	9.07	8.06	9.92	↓↑
食品制造业	9.60	10.06	13.48	↑↑
酒、饮料和精制茶制造业	7.29	7.44	8.74	↑↑
烟草制品业	4.98	5.47	4.74	↑↓
纺织业	4.41	6.00	6.54	↑↑
纺织服装服饰业	1.56	3.06	5.90	↑↑
皮革、毛皮、羽毛及其制品和制鞋业	5.27	8.11	10.07	↑↑
木材加工及木、竹、藤、棕、草制品业	7.24	6.15	6.31	↓↑

续表

行业分类	2008 年	2012 年	2016 年	趋势
家具制造业	4.55	7.10	8.31	↑↑
造纸及纸制品业	8.30	7.38	7.33	↑↓
印刷和记录媒介的复制业	4.01	5.47	6.83	↑↑
文教、工美、体育和娱乐用品制造业	0.78	4.63	6.44	↑↑
石油加工、炼焦及核燃料加工业	2.89	3.21	3.22	↑↑
化学原料及化学制品制造业	3.86	4.11	4.99	↑↑
医药制造业	5.50	6.28	8.03	↑↑
化学纤维制造业	3.40	1.30	1.40	↓↑
橡胶和塑料制品业	3.81	4.86	6.60	↑↑
非金属矿物制品业	11.75	12.71	15.29	↑↑
黑色金属冶炼及压延加工业	4.12	4.41	5.87	↑↑
有色金属冶炼及压延加工业	9.75	9.41	10.02	↓↑
金属制品业	2.61	3.67	5.57	↑↑
通用设备制造业	3.92	5.02	7.19	↑↑
专用设备制造业	7.51	8.44	10.72	↑↑
铁路、船舶、航空航天和其他运输设备制造业	2.36	3.11	5.45	↑↑
电气机械及器材制造业	2.29	3.39	4.81	↑↑
计算机、通信和其他电子设备制造业	0.32	2.39	3.89	↑↑
仪器仪表制造业	2.61	3.31	4.83	↑↑
其他制造业	6.29	4.59	6.08	↓↑
废弃资源综合利用业	1.27	3.32	3.39	↑↑
电力、热力的生产和供应业	6.11	5.47	4.68	↓↓
燃气生产和供应业	5.34	4.11	4.52	↓↑
水的生产和供应业	1.95	2.08	4.13	↑↑

注：①表中数据根据 2008 年、2012 年、2016 年《中国统计年鉴》《河南省统计年鉴》计算整理所得；②表中"↑"和"↓"分别表示相应地区该行业存在转入或转出。

由表 3.8 可以看出，2008~2012 年，河南省共承接了 25 个产业，包括印刷和记录媒介的复制业，文教、工美、体育和娱乐用品制造业，铁路、船舶、航空航天和其他运输设备制造业等 20 个产业以及电气机械及器材制造业、计算机、通信和其他电子设备制造业、仪器仪表制造业、废弃资源综合利用业、水的生产和供应业5个产业。与2008～2012年河南省承接的产业相比，2012～2016年烟草制品业、造纸及纸制品业存在转出现象，但也增加了有色金属矿采选业，非金属矿采选业，农副食品加工业，木材加工及木、竹、藤、棕、草制品业，化学纤维制造业，燃气生产和供应业，其他制造业，有色金属冶炼及压延加工业共8个产业的转入。煤炭开采和洗选业、石油和天然气开采业、黑色金属矿采选业3个产业在2008～2016年一直存在转出现象，这也与下文所说"采矿业区位商指数呈递减趋势"相符合。

2. 河南省分行业产业集聚水平

衡量产业集聚的指数主要有行业集中度、赫芬达尔指数、区域基尼系数、区位商指数、产业集聚系数等，选取区位商指数、产业集聚系数两种测量方法分别研究河南省产业承接的集聚水平，并通过比较2011～2016年河南省分行业区位商和产业集聚系数的变化分析河南省分行业产业承接的集聚水平。

（1）区位商。区位商（Location Quotient，LQ）是两个"比重"的比值，第一个"比重"是指一个地区特定部门的产值在地区工业总产值中所占的比重，第二个"比重"是指全国该部门产值在全国工业总产值中所占比重。区位商主要是衡量区域要素的空间分布情况的专门化率，反映某一产业部门专业化程度较为有价值的指标（宋哲，2013）。一般以就业人数、工业总产值、工业增加值、企业数作为测量指标（杨树旺等，2018）。计算公式为：

$$LQ_{ij} = \frac{X_{ij} \big/ \sum\limits_{j=1}^{m} X_{ij}}{\sum\limits_{j=1}^{n} X_{ij} \big/ \sum\limits_{i=1}^{n} \sum\limits_{j=1}^{m} X_{ij}} \tag{3.1}$$

其中，i指i产业，j指j地区，X_{ij}指j地区i产业，LQ_{ij}指j地区i产业的区位商，$\sum\limits_{j=1}^{n} X_{ij}$指全国i产业的总产值，$\sum\limits_{i=1}^{n} \sum\limits_{j=1}^{m} X_{ij}$指全国工业总产值。$LQ_{ij} > 1$，表示j地区i产业高度集聚；$LQ_{ij} = 1$，表示j地区i产业集聚程度一般；$LQ_{ij} < 1$，表示j地区i产业集聚程度低（王欢芳等，2018）。总之LQ_{ij}越大，说明i产业在j地区的专业化程度越高，比较优势越明显，集聚能力和集聚程度就越强（王瑛、柴华奇，2007）。考虑到数据资料的可获得性和代表性，采用全国和河南省的工业分行业规模以上工业企业的产值作为相应指标，上述公式可转

化为：区位商＝河南省某产业的产值占河南省总产值的比重/全国相应产业的产值占全国总产值的比重。由于产业的划分标准因年份不同而有所差异，所以只选取了《国民经济行业分类》中的工业两位数分类42个大类中的37个进行分析。所有数据来源于2011～2016年《中国统计年鉴》和《河南省统计年鉴》，经整理计算所得。

表3.9 2011～2016年河南省工业分行业区位商变化

产业类别 \ 年份	2011	2012	2013	2014	2015	2016
煤炭开采和洗选业	1.80	1.56	1.40	1.44	1.35	1.08
石油和天然气开采业	0.66	0.49	0.34	0.30	0.25	0.21
黑色金属矿采选业	0.40	0.36	0.34	0.31	0.31	0.29
有色金属矿采选业	4.23	4.11	3.86	4.10	3.93	3.60
非金属矿采选业	1.53	1.53	1.37	1.32	1.22	1.28
农副食品加工业	1.59	1.40	1.35	1.39	1.35	1.40
食品制造业	1.91	1.74	1.71	1.80	1.86	1.90
酒、饮料和精制茶制造业	1.37	1.29	1.28	1.35	1.25	1.23
烟草制品业	0.89	0.95	0.88	0.81	0.74	0.67
纺织业	1.06	1.04	1.03	1.02	0.95	0.92
纺织服装服饰业	0.62	0.53	0.64	0.74	0.79	0.83
皮革、毛皮、羽毛及其制品和制鞋业	1.39	1.41	1.38	1.48	1.41	1.42
木材加工及木、竹、藤、棕、草制品业	1.16	1.07	0.99	0.97	0.92	0.89
家具制造业	1.19	1.23	1.14	1.11	1.13	1.17
造纸及纸制品业	1.53	1.28	1.14	1.15	1.05	1.03
印刷和记录媒介的复制业	0.88	0.95	0.91	1.04	1.04	0.96
文教、工美、体育和娱乐用品制造业	0.35	0.80	0.77	0.82	0.86	0.91
石油加工、炼焦及核燃料加工业	0.58	0.56	0.49	0.45	0.41	0.45
化学原料及化学制品制造业	0.75	0.71	0.67	0.72	0.72	0.70
医药制造业	1.27	1.09	1.06	1.13	1.13	1.13
化学纤维制造业	0.35	0.23	0.20	0.18	0.19	0.20
橡胶和塑料制品业	0.91	0.84	0.84	0.89	0.89	0.93
非金属矿物制品业	2.27	2.20	2.14	2.13	2.15	2.15
黑色金属冶炼及压延加工业	0.69	0.76	0.71	0.80	0.81	0.83
有色金属冶炼及压延加工业	1.74	1.63	1.49	1.47	1.44	1.41

续表

年份 产业类别	2011	2012	2013	2014	2015	2016
金属制品业	0.61	0.64	0.64	0.73	0.76	0.78
通用设备制造业	0.97	0.87	0.89	0.94	1.00	1.01
专用设备制造业	1.49	1.46	1.36	1.46	1.47	1.51
铁路、船舶、航空航天和其他运输设备制造业	0.54	0.54	0.62	0.63	0.69	0.77
电气机械及器材制造业	0.53	0.59	0.60	0.64	0.65	0.68
计算机、通信和其他电子设备制造业	0.18	0.41	0.48	0.54	0.58	0.55
仪器仪表制造业	0.56	0.57	0.58	0.64	0.66	0.68
其他制造业	0.97	0.80	0.78	0.71	0.83	0.86
废弃资源综合利用业	0.58	0.58	0.59	0.51	0.50	0.48
电力、热力的生产和供应业	1.04	0.95	0.81	0.77	0.69	0.66
燃气生产和供应业	0.74	0.71	0.74	0.70	0.61	0.64
水的生产和供应业	0.44	0.36	0.42	0.45	0.48	0.58

资料来源：由 2011~2016 年《中国统计年鉴》《河南省统计年鉴》计算所得。

根据表 3.9 区位商的计算结果可知，2011~2016 年，河南工业各行业区位熵变化较大。具体如下：

1）采矿业区位商指数呈递减趋势。根据采矿业的定义以及《国民经济行业分类》可知，煤炭开采和洗选业、石油和天然气开采业、黑色金属矿采选业、有色金属矿采选业、非金属矿采选业均属于采矿业范畴。数据显示，煤炭、有色金属矿以及非金属矿采选业的区位商一直高于 1，呈现逐年下降的趋势，表明河南省采矿业在全国范围具有优势，但优势逐年下降。矿资源的开采、洗选、分级和初级加工等"工业手段"仍然是河南经济的支柱产业，秉承"绿水青山就是金山银山"的可持续发展理念，采矿业的发展受到一定程度上的阻碍，以至于采矿业集聚优势逐年下降，集聚速度逐年减缓。

2）制造业区位商指数整体呈现上升趋势。制造业区位商指数处于 1 的上下幅度波动，整体呈现出上升趋势，表明河南省的制造业集聚优势逐渐显现，这也正是近几年来产业承接的效果显现。具体分析如下：①农副食品加工业、食品制造业、饮料和精制茶制造业等食品加工业的区位商指数大于 1，处于较高且稳定的水平。②纺织业，纺织服装服饰业，皮革、毛皮、羽毛及其制品和制鞋业等劳动密集型产业的区位商指数呈递增趋势。可能的原因是东部沿海地区的劳动力成本较高，而河南省丰富的劳动力资源恰恰是吸引企业产业转移的重要因素之一。③矿产品加工业中，非金属矿物制品业、有色金属冶炼及压延加工业的区位商指数一直居高不下，呈略微下降趋势。可能的原因是与采矿业处于同一产业链，受采矿业的影响，区位商指数同样呈现相似的走势。④运输设备制造业，计算机、通信和其他电子设备制造业的区位商指数则一直保持稳定增长状态，无明显变化。

根据表 3.10 区位商指数变化特征及含义，在河南省产业集群中，区位商指数介于 1.2~1.5 的产业最多，如煤炭开采和洗选业、非金属矿采选业两类采矿业以及农副食品加工业、饮料制造业、纺织业、制鞋业、专用设备制造业五类制造业。这些产业在河南省均具有较高的专业化水平。此外，有色金属矿采选业、食品制造业、非金属矿物制品业等产业的区位商指数远远高于 1.5，表明这三种产业在河南省具有比较明显的聚集优势。截至 2016 年，河南省 50% 以上的工业行业存在产业集群现象，其中包括河南省本土的产业集群，也包括因承接东部沿海地区、外商以及港澳台商产业而形成的新产业集群。

表 3.10　区位商指数变化特征及含义

区位商取值	产业特征
$LQ_{ij} < 1$	i 产业在 j 区域集聚能力弱，处于比较劣势
$LQ_{ij} = 1$	i 产业在 j 区域集聚能力不明显，出于均势
$1.2 \geq LQ_{ij} \geq 1$	i 产业在 j 区域存在产业集群
$1.5 \geq LQ_{ij} \geq 1.2$	i 产业在 j 区域具备较高的专业化水平
$LQ_{ij} > 1.5$	i 产业在 j 区域具有明显的比较优势

资料来源：根据张莉琴（2008）、赵雅琼（2017）整理所得。

（2）产业集聚指数。产业集聚指数是一个动态指标，能很好地分析区域产业集聚水平及其动态变化。假定考察周期为 [0，t]，有 n 个产业 m 个地区，j 地区 i 产业期初和期末的产值分别为 q_{ij0} 和 q_{ijt}，用 A_{ijt} 表示 j 地区 i 产业的集聚指数。

$$S_{ijt} = \sqrt[t]{\frac{q_{ijt}}{q_{ij0}}} - 1 \tag{3.2}$$

$$S_{it} = \sqrt[t]{\frac{\sum\limits_{j=1}^{m} q_{ijt}}{\sum\limits_{j=1}^{m} q_{ij0}}} - 1 \qquad (3.3)$$

则考察期内 j 地区 i 产业的产业集聚指数为:

$$A_{ijt} = \frac{S_{ijt}}{S_{it}} \qquad (3.4)$$

式 (3.2) 中,S_{ijt}表示考察期内 j 地区 i 产业产值的平均增长速度;式 (3.3) 中,S_{it}表示考察期内全国 i 产业的平均增长速度;式 (3.4) 中,A_{ijt}表示考察期内 j 地区 i 产业的产业集聚指数。

表 3.11 产业集聚指数变化特征及含义

分段标准	阶段特征
$S_{it} \geq 0$,$A_{ijt} \geq 1$	i 产业向 j 地区集聚,i 产业的发展速度在全国领先,j 地区 i 产业在全国的比较优势显著
$S_{it} \geq 0$,$0 \leq A_{ijt} \leq 1$	i 产业在 j 地区增长,但增长速度低于全国水平
$S_{it} \geq 0$,$A_{ijt} < 0$	j 地区的 i 产业已出现了萎缩
$S_{it} < 0$,$A_{ijt} < 0$	i 产业在 j 地区仍然在增长,i 产业在 j 地区存在比较优势
$S_{ijt} < 0$,$A_{ijt} > 0$	i 产业在 j 地区出现了衰退

资料来源:根据吴立力和孙畅 (2007) 整理。

采用规模以上工业分行业的销售额代入上述公式计算,考察期设为 [0,5],2011 年即为 0 时期,2016 年为 t 时期,分别计算出 S_{ijt}、S_{it} 和 A_{ijt},如表3.12 所示。

表 3.12 各行业产业集聚指数

行业类别	S_{ijt}	S_{it}	A_{ijt}
煤炭开采和洗选业	-0.1175	-0.0660	1.7800
石油和天然气开采业	-0.2771	-0.1287	2.1538
黑色金属矿采选业	-0.0748	-0.0559	1.3386
有色金属矿采选业	0.0604	0.0461	1.3093
非金属矿采选业	0.0881	0.0774	1.1373

续表

行业类别	S_{ijt}	S_{it}	A_{ijt}
农副食品加工业	0.1158	0.0944	1.2269
食品制造业	0.1656	0.1154	1.4349
酒、饮料和精制茶制造业	0.1218	0.0950	1.2817
烟草制品业	0.0405	0.0543	0.7456
纺织业	0.0669	0.0481	1.3906
纺织服装服饰业	0.2470	0.1243	1.9871
皮革、毛皮、羽毛及其制品和制鞋业	0.1726	0.1163	1.4842
木材加工及木、竹、藤、棕、草制品业	0.1011	0.1093	0.9245
家具制造业	0.1689	0.1216	1.3895
造纸及纸制品业	0.0089	0.0437	0.2040
印刷和记录媒介的复制业	0.2393	0.1632	1.4667
文教、工美、体育和娱乐用品制造业	0.7716	0.4023	1.9181
石油加工、炼焦及核燃料加工业	-0.0191	-0.0152	1.2619
化学原料及化学制品制造业	0.1118	0.0775	1.4420
医药制造业	0.1684	0.1426	1.1811
化学纤维制造业	-0.0365	0.0320	-1.1380
橡胶和塑料制品业	0.1308	0.0754	1.7343
非金属矿物制品业	0.1341	0.0955	1.4045
黑色金属冶炼及压延加工业	0.0716	-0.0122	-5.8713
有色金属冶炼及压延加工业	0.0800	0.0769	1.0405
金属制品业	0.2303	0.1170	1.9674
通用设备制造业	0.0939	0.0372	2.5251
专用设备制造业	0.1279	0.0750	1.7050
铁路、船舶、航空航天和其他运输设备制造业	-0.1125	-0.2108	0.5334
电气机械及器材制造业	0.1874	0.0799	2.3460
计算机、通信和其他电子设备制造业	0.4256	0.0944	4.5111
仪器仪表制造业	0.1438	0.0501	2.8718
其他制造业	-0.1549	-0.1724	0.8987
废弃资源综合利用业	0.0975	0.0900	1.0826
电力、热力的生产和供应业	-0.0145	0.0315	-0.4610
燃气生产和供应业	0.1541	0.1359	1.1343
水的生产和供应业	0.2477	0.1291	1.9190

资料来源：根据 2011~2016 年《中国统计年鉴》《河南省统计年鉴》计算所得。

由表 3.12 计算得出的各个行业的产业集聚指数可以看出：

1）煤炭开采和洗选业，石油和天然气开采业，黑色金属矿采选业，石油加工、炼焦及核燃料加工业，黑色金属冶炼及压延加工业，铁路、船舶、航空航天和其他运输设备制造业和其他制造业 7 个产业的 S_{it} 小于 0，表明这 7 个产业均出现了衰退现象。其余产业的 S_{it} 均大于 0，这也说明近几年来河南省绝大部分产业均处于成长阶段。

2）在 $S_{it} \geqslant 0$ 的 30 个产业中，有色金属和非金属矿采选业，酒、饮料、精制茶制造业，纺织业以及鞋业的产业集聚指数 A_{ijt} 均大于 1，表明这些产业在河南省的发展速度已超全国平均水平，集聚优势较为明显。

3）在 $S_{it} \geqslant 0$ 的 30 个产业中，少数产业的集聚指数 A_{ijt} 介于 0～1，如造纸及纸制品业和烟草制品业，说明这两个产业近几年的增长速度低于全国平均水平。化学纤维制造业和电力、热力的生产和供应业的 A_{ijt} 小于 1，表明这两个产业呈现衰退现象。

4）在 $S_{it} < 0$ 的 7 个产业中，煤炭开采和洗选业、石油和天然气开采业和黑色金属矿采选业的产业集聚指数 A_{ijt} 均大于 0，可见这三个产业在河南省均呈现衰退趋势，这也与前述"采矿业的区位商指数呈逐年递减趋势"相一致。河南省的石油加工、炼焦及核燃料加工业和铁路、船舶、航空航天和其他运输设备制造业同样也出现了衰退迹象。

5）黑色金属冶炼及压延加工业的 S_{it} 与 A_{ijt} 均小于 1，说明此产业虽在全国呈衰退趋势，但在河南省依旧保持增长，存在比较优势。

二、实证分析

（一）数据、方法与模型构建

1. 研究方法与问卷设计

（1）研究方法。本节采用多元线性回归分析方法，遵循假设设定、模型检验、结果讨论的规范实证过程，运用 SPSS、Eviews 软件对数据进行分析和整理，研究企业根植性与区域经济发展的相关关系。鉴于企业根植性相关影响因素无法直接观察可得，因此通过实地调研、问卷调查获得研究数据。

（2）问卷设计。为了说明企业根植性对区域经济发展的影响，设定区域经济发展（Y）为因变量，从三个方面描述，即企业的销售收入（FZ_1）、净利润（FZ_2）和企业的品牌影响度（FZ_3）。其中，企业的销售收入和净利润主要体现为企业对本地 GDP 的贡献，企业的品牌影响度体现企业品牌在承接地（河南省）的影响程度。自变量为经济根植性（X_1）、制度根植性（X_2）、社会根植性（X_3）和文化根植性（X_4）四个一级指标。各变量及解释详见表 3.13。

表 3.13　各变量及解释

	变量	具体指标	缩写	指标解释
因变量	区域经济发展（Y）	企业的销售收入	FZ_1	企业对本地 GDP 的贡献
		企业的净利润	FZ_2	企业对本地 GDP 的贡献
		企业的品牌影响度	FZ_3	企业品牌在承接地的影响程度
自变量	经济根植性（X_1）	采购原材料的本地化程度	JJ_1	根据盖晓敏和张文娟（2010）整理所得，主要是产业的前后向关联程度
		采购机器设备的本地化程度	JJ_2	
		人力资本的本地化程度	JJ_3	
		销售量的本地化程度	JJ_4	
		自然禀赋对企业发展的影响	JJ_5	
	制度根植性（X_2）	法律法规对企业发展的影响	ZD_1	承接地的政策法规对企业的吸引，主要是拉力作用
		产业政策对企业发展的影响	ZD_2	
		税收政策对企业发展的影响	ZD_3	
	社会根植性（X_3）	与本地供应商的关系	SH_1	企业与本地供应商、经销商以及金融机构等的社会联系
		与经销商、代理商的关系	SH_2	
		与本地企业的关系	SH_3	
		与当地金融机构的关系	SH_4	
		参加行业协会的情况	SH_5	
	文化根植性（X_4）	传统文化对企业发展的影响	WH_1	企业与本地文化的融合程度，根据王少君（2007）整理所得
		企业对本地文化的认可	WH_2	
		创新投入对企业发展的影响	WH_3	

2. 模型假设与构建

（1）模型假设。企业根植性主要体现在经济根植性、制度根植性、社会根植性和文化根植性四个方面，在一定程度上促进区域经济发展。经济根植性越强，企业获得优质原材料、机器设备以及人力资本的价格越低，企业的利润率越高，越有利于本地的经济发展；制度根植性表现在承接地的法律制度体系以及税收政策对企业的拉力作用，制度根植性越强，企业越依赖于承接地完善的法律制度体系及税收优惠政策，越有利于企业的经营发展，从而促进承接地的经济发展；社会根植性越强，说明企业在承接地的社会资源越丰富，人际关系越广，越有利于企业开展经营活动；文化根植性的强弱是企业与本地传统文化相互作用的结果，文化根植性越强，说明企业对本地传统文化的认可度越高，越能吸引企业在本地扎根，越能促进区域经济发展。鉴于河南省目前尚处于产业承接阶段，企业根植性整体表现为正向影响，做出如下假设：

假设1：从产业承接的视角出发，企业根植性在一定程度上有利于承接地的经济发展。

假设2：经济根植性越强，越有利于地区经济发展。

假设3：制度根植性越强，越有利于地区经济发展。

假设4：社会根植性越强，越有利于地区经济发展。

假设5：文化根植性越强，越有利于地区经济发展。

（2）模型构建。

在提出以上假设的情况下，做出以下假设模型：

$$Y = C + \beta_1 X_1 + \beta_2 X_2 + \beta_3 X_3 + \beta_4 X_4 + \varepsilon_i$$

其中，Y 表示因变量区域经济发展，C 表示常数项，β_i（$i = 1$、2、3、4）为各个指标对因变量的贡献，X_i（$i = 1$、2、3、4）分别表示经济根植性、制度根植性、社会根植性与文化根植性，ε_i 表示随机误差。

3. 数据收集与样本统计

（1）数据收集。实证分析部分的数据来源于问卷调查，调查对象为河南省转入企业。调查过程中共发放 200 份问卷，采用一份一收的方式，最终回收有效问卷 184 份，问卷有效率为 92%。此次调研主要是针对从外省迁移至河南省的企业，调研地点为河南省郑州市国际会展中心，调研时间为 2018 年 10月 27～28 日，即河南省举行"2018 中国·河南招才引智创新发展大会招聘会"期间。

（2）样本统计。通过频数与百分比等数值来对被调查的受访者的基本特征（如企业性质、所处行业等）进行描述性统计分析。由表 3.14 可知，本次问卷调查回收的有效问卷为 184 份，从企业性质来看，私营企业的数量最多为

58 份，占样本总数的31.5%，其次为有限责任公司，共有55 家企业，占样本总数的30%；从企业所处行业方面来看，制造业企业的数量为119 家，占样本总数的64.7%。

表 3. 14 样本企业信息统计分析

	分类	频数	百分比（%）
企业性质	国有企业	14	7.6
	有限责任	55	30.0
	股份制	42	22.8
	私营企业	58	31.5
	中外合资企业	8	4.3
	其他	7	3.8
	总计	184	100.0
所处行业	制造业	119	64.7
	批发和零售业	10	5.4
	房地产业	2	1.1
	金融业	6	3.3
	其他	47	25.5
	总计	184	100.0

（二）实证结果分析

1. 量表的信度与效度分析

（1）信度分析。采用克朗巴哈（Cronbach's α）信度系数检验研究变量在各个测量题项上的一致性程度。一般认为，如果 Cronbach's α 系数值 $\alpha \geq 0.9$，则认为量表的内在信度很高；如果 $0.8 \leq \alpha < 0.9$，则认为内在信度是可以接受的；如果 $0.7 \leq \alpha < 0.8$，则认为量表有一定的参考价值；如果 $\alpha < 0.7$，则认为量表设计存在问题，应考虑重新设计。研究变量的区域经济发展、经济根植性、制度根植性、社会根植性、文化根植性的 Cronbach's α 系数分别为 0.864、0.919、0.906、0.927、0.889，均大于 0.7 的标准，表明变量具有良好的内部一致性信度。

表 3.15 问卷数据的信度分析

因素	题目	CITC	删除该题项的 Cronbach's Alpha	Alpha
区域经济发展	FZ_1	0.738	0.812	0.864
	FZ_2	0.792	0.760	
	FZ_3	0.701	0.847	
经济根植性	JJ_1	0.795	0.900	0.919
	JJ_2	0.825	0.894	
	JJ_3	0.729	0.913	
	JJ_4	0.787	0.902	
	JJ_5	0.828	0.895	
制度根植性	ZD_1	0.825	0.856	0.906
	ZD_2	0.835	0.848	
	ZD_3	0.780	0.894	
社会根植性	SH_1	0.792	0.915	0.927
	SH_2	0.844	0.904	
	SH_3	0.761	0.920	
	SH_4	0.820	0.909	
	SH_5	0.842	0.906	
文化根植性	WH_1	0.734	0.885	0.889
	WH_2	0.881	0.763	
	WH_3	0.746	0.879	

（2）效度分析。利用 SPSS22.0 进行探索性因子分析，对量表进行 KMO 和 Bartlett's 球形检验（见表 3.16），结果表明问卷数据符合探索性因子分析的前提要求。因此进一步进行因子分析，因子分析的因子提取时采用主成分分析方法，并以特征根大于 1 为因子提取公因子，因子旋转时采用方差最大方差法，提取出 5 个因子，解释能力分别为 21.278%、20.241%、13.570%、13.277%、12.378%，总解释能力达到了 80.745%。分析结果如表 3.17 所示。

表 3.16   KMO 和 Bartlett's 球形检验

Kaiser – Meyer – Olkin 抽样充分性测量		0.872
Bartlett 的球形检验	近似卡方	1323.243
	自由度	171
	显著性	0.000

表 3.17   总方差解释

元件	初始特征值			提取平方和载入			旋转平方和载入		
	总计	变异的 (%)	累加 (%)	总计	变异的 (%)	累加 (%)	总计	变异的 (%)	累加 (%)
1	8.052	42.379	42.379	8.052	42.379	42.379	4.043	21.278	21.278
2	3.049	16.046	58.425	3.049	16.046	58.425	3.846	20.241	41.519
3	2.031	10.691	69.116	2.031	10.691	69.116	2.578	13.570	55.090
4	1.173	6.174	75.291	1.173	6.174	75.291	2.523	13.277	68.367
5	1.036	5.455	80.745	1.036	5.455	80.745	2.352	12.378	80.745
6	0.513	2.700	83.446						
7	0.426	2.241	85.686						
8	0.412	2.167	87.853						
9	0.362	1.906	89.758						
10	0.282	1.487	91.245						
11	0.264	1.387	92.632						
12	0.248	1.306	93.938						
13	0.234	1.231	95.169						
14	0.203	1.068	96.237						
15	0.168	0.884	97.121						
16	0.161	0.849	97.970						
17	0.152	0.801	98.770						
18	0.135	0.710	99.480						
19	0.099	0.520	100.000						

由表 3.18 可知，各个测量题项的因素负荷量均大于 0.5；且交叉载荷均小于 0.4；各个因素负荷量均落在相对应的因子上。其中因子 1 为区域经济发展，由题目 $FZ_1 \sim FZ_3$ 组成；因子 2 为经济根植性，由题目 $JJ_1 \sim JJ_5$ 组成；因子 3 为制度根植性，由题目 $ZD_1 \sim ZD_3$ 组成；因子 4 为社会根植性，由题目 $SH_1 \sim SH_5$ 组成；因子 5 为文化根植性，由题目 WH1 ~ WH3 组成。所设计的问

卷总共 5 个因子，涉及 19 个题项。由于因素负荷量系数表中的数据满足良好结构效度的三个条件，因此表明编制的量表具有良好的结构效度。

表 3.18　旋转后的成分矩阵

变量	题目	元件				
		1	2	3	4	5
区域经济发展	FZ_1	0.197	0.376	0.074	0.250	**0.722**
	FZ_2	0.169	0.243	0.283	0.254	**0.775**
	FZ_3	0.236	0.153	0.131	0.134	**0.823**
经济根植性	JJ_1	0.093	**0.738**	0.112	0.331	0.296
	JJ_2	0.154	**0.795**	-0.070	0.305	0.250
	JJ_3	0.052	**0.865**	0.106	0.175	-0.087
	JJ_4	0.066	**0.826**	0.135	0.107	0.265
	JJ_5	0.204	**0.784**	0.047	0.280	0.247
制度根植性	ZD_1	0.118	0.358	0.121	**0.824**	0.158
	ZD_2	0.132	0.338	0.104	**0.834**	0.165
	ZD_3	0.230	0.282	0.039	**0.776**	0.280
社会根植性	SH_1	**0.843**	0.114	0.075	0.166	0.097
	SH_2	**0.884**	0.127	0.035	0.132	0.101
	SH_3	**0.804**	0.028	0.215	0.105	0.146
	SH_4	**0.852**	0.081	0.202	0.056	0.144
	SH_5	**0.884**	0.137	0.062	0.052	0.140
文化根植性	WH_1	0.298	0.011	**0.822**	0.094	0.128
	WH_2	0.142	0.110	**0.916**	0.050	0.177
	WH_3	0.050	0.104	**0.887**	0.070	0.066

2. 相关分析与回归分析

（1）相关分析。在前文通过效度分析及信度分析确定了维度的结构及对应的题目，将各个维度的题目得分平均值计算出来作为这个维度的得分，再进行相关分析（Correlation Analysis）。相关分析主要研究变量之间的相关关系，相关系数的取值范围介于 $-1 \sim 1$，绝对值越大，表明变量之间的相关性越强。若 $|r|=1$，完全相关；$0.70 \leqslant |r| < 0.99$，高度相关；$0.40 \leqslant |r| < 0.69$，中度相关；$0.10 \leqslant |r| < 0.39$，低度相关；$|r| < 0.10$，微弱或无相关。

由表 3.19 可知，经济根植性、制度根植性、社会根植性、文化根植性与区域经济发展之间的相关系数分别为 0.571、0.564、0.427、0.377，表明经济根植性、制度根植性、社会根植性、文化根植性与区域经济发展均存在显著的正向相关关系，验证了前述的模型假设。由相关性分析也可得出，因变量与四个自变量的相关程度由强至弱依次为经济根植性、制度根植性、社会根植性、文化根植性。

表 3.19　相关分析

	经济根植性	制度根植性	社会根植性	文化根植性	区域经济发展
经济根植性	1				
制度根植性	0.649 **	1			
社会根植性	0.300 **	0.356 **	1		
文化根植性	0.224 *	0.251 *	0.338 **	1	
区域经济发展	0.571 **	0.564 **	0.427 **	0.377 **	1

注：***、**、* 分别表示在 1%、5%、10% 的水平上显著；括号内为系数估计值的 t 值。

（2）回归分析。回归分析分为两部分。第一部分主要利用多元线性回归分析研究根植性与区域经济发展之间的关系，以经济根植性、制度根植性、社会根植性、文化根植性为自变量，以区域经济发展为因变量。模型拟合结果中，可决系数 R^2 为 0.467，F 检验统计量的观测值为 18.595，拟合度较好，表明变量之间整体线性关系显著，可建立线性模型。由表 3.20 可知：①VIF 值均小于 3，表明各个变量之间均不存在多重共线性；②制度根植性、社会根植性、文化根植性的标准化系数均为正，且 t 值检验的显著性水平均在 0.05 以下，表明四种类型的根植性对区域经济发展均具有显著的正向促进作用；③由标准化系数 β 值的大小来看，这四类根植性对区域经济发展的影响程度从高至低依次为：经济根植性（0.313）、制度根植性（0.250）、社会根植性（0.183）、文化根植性（0.182）。因此，可以得到以下回归方程：

$$Y = 0.306X_1 + 0.302X_2 + 0.208X_3 + 0.195X_4 - 0.477$$

其中，Y 表示因变量区域经济发展，X_1、X_2、X_3、X_4 分别表示自变量经济根植性、制度根植性、社会根植性与文化根植性。

表 3.20 企业根植性对区域经济发展的回归估计结果

模型	非标准化系数		标准化系数	T	显著性	共线性统计量	
	B	标准误差	Beta			容差	VIF
（常数）	−0.477	0.436		−1.094	0.277		
经济根植性（X_1）	0.306	0.102	0.313	2.992	0.004	0.571	1.750
制度根植性（X_2）	0.302	0.130	0.250	2.332	0.022	0.547	1.829
社会根植性（X_3）	0.208	0.101	0.183	2.066	0.042	0.802	1.246
文化根植性（X_4）	0.195	0.091	0.182	2.138	0.035	0.863	1.159

第二部分是进一步研究企业根植性的四个维度的具体指标对区域经济发展的影响。对四大根植性的具体指标进行分析时发现（见表 3.21）：①经济根植性（X_1）中，采购原材料的本地化程度（JJ1）、采购机器设备的本地化程度（JJ2）和人力资本的本地化程度（JJ3）对区域经济发展都具有显著的正相关关系，而销售量的本地化程度（JJ4）以及自然禀赋对企业发展的影响程度（JJ5）对区域经济发展不具有显著的相关关系；②制度根植性（X_2）中，法律法规（ZD1）和税收政策（ZD3）对企业发展的影响程度对区域经济发展都具有显著的正相关关系；③社会根植性（X_3）中，与本地供应商的关系（SH1）、与本地金融机构的关系（SH4）和参加行业协会的情况（SH5）均对区域经济发展具有显著的正相关关系；④文化根植性（X_4）中，传统文化对企业发展的影响（WHI）和企业对本地文化的认可度（WH2）对区域经济发展都具有显著的正相关关系。

表 3.21 企业根植性具体指标对区域经济发展的回归估计结果

各变量		非标准化系数		标准化系数	T	显著性	共线性统计量	
		B	标准误差	Beta			容差	VIF
	（常数）	−0.040	0.462		−0.087	0.000		
X_1	JJ_1	0.285	0.109	0.360	2.615	0.011	0.319	3.132
	JJ_2	0.242	0.111	0.311	2.185	0.032	0.299	3.346
	JJ_3	0.242	0.102	0.280	2.362	0.020	0.432	2.317
	JJ_4	0.136	0.104	0.165	1.300	0.197	0.375	2.669
	JJ_5	0.224	0.129	0.239	0.961	0.031	0.288	3.478

各变量		非标准化系数		标准化系数	T	显著性	共线性统计量	
		B	标准误差	Beta			容差	VIF
X_2	ZD_1	0.231	0.176	0.218	0.741	0.021	0.309	3.241
	ZD_2	0.128	0.181	0.114	0.706	0.482	0.296	3.376
	ZD_3	0.427	0.156	0.387	2.743	0.007	0.391	2.559
X_3	SH_1	0.226	0.101	0.262	2.237	0.028	0.479	2.089
	SH_2	0.102	0.102	0.106	0.997	0.322	0.584	1.712
	SH_3	0.003	0.095	0.003	0.028	0.978	0.598	1.674
	SH_4	0.250	0.099	0.288	2.528	0.013	0.507	1.973
	SH_5	0.246	0.121	0.249	1.206	0.029	0.431	2.318
X_4	WH_1	0.258	0.117	0.277	1.350	0.033	0.542	1.847
	WH_2	0.296	0.148	0.314	2.003	0.048	0.377	2.649
	WH_3	0.001	0.128	0.001	0.007	0.995	0.418	2.391

三、研究结论

通过多元线性回归结果可知，经济根植性、制度根植性、社会根植性和文化根植性对区域经济发展均有正相关关系，这也印证了前述的模型假设。这四类根植性对区域经济发展的影响程度从高至低依次为：经济根植性、制度根植性、社会根植性、文化根植性。对其各自具体指标进行分析时发现：①经济根植性中，原材料的本地化程度、采购机器设备的本地化程度和人力资本的本地化程度对区域经济发展都具有显著的正相关关系，而销售量的本地化程度以及自然禀赋对企业发展的影响程度对区域经济发展不具有显著的相关关系；②制度根植性中，仅仅税收政策对企业发展的影响程度对区域经济发展都具有显著的正相关关系；③社会根植性中，与本地供应商的关系、与本地金融机构的关系对区域经济发展都具有显著的正相关关系；④文化根植性中，企业对本地文化的认可度对区域经济发展都具有显著的正相关关系。实证结果汇总如表3.22所示。

表 3.22　实证结果汇总

自变量	具体指标	缩写	对区域经济发展的影响
经济根植性	生产销售环节的前后向关联	X_1	显著的正的影响，假设 2 得到验证
制度根植性	制度、政策方面的依赖程度	X_2	显著的正的影响，假设 3 得到验证
社会根植性	本地企业政府等的联系强度	X_3	显著的正的影响，假设 4 得到验证
文化根植性	与本地文化的相互认可程度	X_4	显著的正的影响，假设 5 得到验证
经济根植性（X_1）	采购原材料的本地化程度	JJ_1	具有正的影响，且影响显著
	采购机器设备的本地化程度	JJ_2	具有正的影响，且影响显著
	人力资本的本地化程度	JJ_3	具有正的影响，且影响显著
	销售量的本地化程度	JJ_4	具有正的影响，但影响不显著
	自然禀赋对企业发展的影响	JJ_5	具有正的影响，且影响显著
制度根植性（X_2）	法律法规对企业发展的影响	ZD_1	具有正的影响，且影响显著
	产业政策对企业发展的影响	ZD_2	具有正的影响，但影响不显著
	税收政策对企业发展的影响	ZD_3	具有正的影响，且影响显著
社会根植性（X_3）	与本地供应商的关系	SH_1	具有正的影响，且影响显著
	与经销商、代理商的关系	SH_2	具有正的影响，但影响不显著
	与本地企业的关系	SH_3	具有正的影响，但影响不显著
	与当地金融机构的关系	SH_4	具有正的影响，且影响显著
	参加行业协会的情况	SH_5	具有正的影响，且影响显著
文化根植性（X_4）	传统文化对企业发展的影响	WH_1	具有正的影响，且影响显著
	企业对本地文化的认可	WH_2	具有正的影响，且影响显著
	创新投入对企业发展的影响	WH_3	具有正的影响，但影响不显著

第五节　结论与政策建议

一、主要结论

第一，从根植性维度来看，企业根植性具有经济、制度、社会和文化四个维度的特征，可分为经济根植性、制度根植性、社会根植性和文化根植性四个类型。从根植性过程来看，企业根植性具有随时间演进的特点。考虑到企业追逐利益的本质特征，企业为生存并获得竞争优势，首先必须根植于分工网络，随着时间延续，再逐渐产生经济根植、制度根植、社会根植和文化根植。

第二，企业根植性对区域转型发展的作用机理是从根植程度和根植时间两方面进行，得出作用形式有四种，即形式一"根植程度深，根植时间短"、形式二"根植程度浅，根植时间长"、形式三"根植程度浅，根植时间短"和形式四"根植程度深，根植时间长"。

第三，根据区位商、产业集聚指数测度结果，近年来河南省产业承接规模与承接能力逐年提高，产业集聚水平和效应逐渐凸显，尤其是有色金属矿采选业、食品制造业、非金属矿物制品业等行业集聚优势明显。与此同时，河南省在产业承接上存在以劳动密集型产业为主、行业分布较为集中等问题。

第四，根据实证分析结果发现，经济根植性、制度根植性、社会根植性和文化根植性对区域经济发展均有正相关关系，这四类根植性对区域经济发展的影响程度从高至低依次为：经济根植性、制度根植性、社会根植性、文化根植性。对四类根植性的具体指标进行分析发现：①经济根植性中，原材料的本地化程度、采购机器设备的本地化程度、人力资本的本地化程度和自然禀赋对企业发展的影响四个指标对区域经济发展都具有显著的正相关关系；②制度根植性中，法律法规、税收政策对企业发展的影响程度对区域经济发展都具有显著的正相关关系；③社会根植性中，与本地供应商的关系、与本地金融机构的关系、参加行业协会情况对区域经济发展都具有显著的正相关关系；④文化根植性中，传统文化对企业发展的影响、企业对本地文化的认可度对区域经济发展都具有显著的正相关关系。

二、政策建议

从企业再地方化视角出发，企业根植性促进地区转型发展可以从经济根植性、制度根植性、社会根植性和文化根植性四个维度进行分析。具体来看：

首先，增强经济根植性。一是积极培育与迁入企业相关的配套产业和协作企业，尤其注重培养本地的原材料、设备供应商，实现与迁入企业生产链的对接，减少企业在本地搜索供应商合作伙伴的成本，实现价值链上的合作，提升地区产业协作能力。二是促进本地企业与迁入企业间的交流合作。本地企业要善于学习迁入企业的技术、管理、营销等知识经验，在引进、消化、吸收中逐步提高本地企业的技术创新能力，不断提高自身产品和服务的质量，增强本地企业的核心竞争力，与迁入企业产业建立起长期合作关系，促进地方生产网络的形成。三是结合自身经济发展特点和资源优势，具有针对性地承接产业。避免盲目地对东部沿海企业"照单全收"，加快对技术密集型、知识密集型、高新技术等产业的引进，促进产业结构的优化升级。

其次，增强制度根植性。一是制定合理的政策法规。根据地方实际情况对政策规章制度进行调整，使其更加具有适应性、针对性，更好地为企业之间合作提供制度保障。二是建立企业间、企业与政府间的良性互动机制。政府应平衡好本地企业与迁入企业的利益关系，避免对某些大企业有"特事特办"的政策倾向，为企业发展营造良好的竞争环境。三是加快管理信息平台建设。通过启动和推广电子政务，提高政府运作和国家政策的透明度，为企业提供便捷的公共服务环境。四是加强政府对市场秩序的引导。对参与经济活动的各方企业进行制度普及教育，使企业的生产运营更加合规化、规范化，维护企业参与主体的合法合规利益，为企业发展提供完善的法制环境。

再次，增强社会根植性。一是加强社会资本建设，强化互信关系。增强企业与研究机构、高校间合作机制的开发，建立企业间知识共享机制，加快高校和研究机构创新成果的转化与应用，进而促进地方创新网络的形成。二是充分发挥行业协会在企业、政府和市场之间的桥梁作用。积极构建企业间的交流合作平台，如组织举办研讨会、培训会以及各种主题的经贸活动，加强企业间人员往来，助力企业间形成赖以生存的社会人际网络。

最后，强化文化根植性。企业根植本地，必然受本地文化的影响。一是弘扬承接地的传统文化。运用多种形式和平台渠道大力弘扬本地特色文化，增强文化活动宣传力度，促进企业的文化活动的参与，加强迁入企业对承接地文化的认同感。二是提高承接地的文化开放度。对外来的文化采取包容的态度，吸收外来文化的精髓，并将其与自己特色文化融会贯通，保持文化多样性，为迁入企业发展提供一个开放、宽松的文化大环境。

第四章 企业再地方化下的空间外部性与地区转型发展

第一节 空间外部性

一、理论回顾

（一）马歇尔的外部经济理论

马歇尔在《经济学原理》一书中，首次提出了"外部经济"的概念。在马歇尔的观点中，除了土地、劳动和资本这三种生产要素外，还有一种生产要素，他把这种生产要素称为"工业组织"。他把分工、机器设备的改良、产业的集中和企业管理等因素都列入"工业组织"中。马歇尔用"内部经济"和"外部经济"这两个概念来说明工业组织的变化如何引起产量的变化。"内部经济"是指由于企业内部的各种因素导致的企业生产成本的下降，这些因素包括员工的工作热情、员工工作技能的提高、内部合理的分工和管理等。"外部经济"是指由于企业外部的各种因素所导致的生产成本的减少，这些影响因素包括企业和原材料供应地、产品销售地的距离、其他相关企业的发展水平等。

（二）庇古的外部性理论

庇古是马歇尔的弟子，其代表作是《福利经济学》，被誉为"福利经济学"之父。庇古用福利经济学的视角研究外部性问题，在马歇尔"外部经济"的基础上，补充了"外部不经济"的概念，将外部性的研究从外部作用对企业的影响扩展到企业或个人对其他企业或个人的影响，还提出了"庇古税"。

庇古解释外部性的方法是分析边际个体净产值和边际社会净产值的差异。边际个体净产值是指单个企业在生产中，每多增加一单位生产要素所得到的产值；边际社会净产值是指从全社会角度来看，在生产中每多增加一单位生产要素所增加的产值。他认为，如果每一种生产要素在生产中的边际个体净产值与边际社会净产值相等，同时，它在各种生产用途中的边际社会产值都相等，且产品的价格等于其边际成本时，资源配置就达到了最优状态。但是边际个体净产值和边际社会净产值并不一定总是相等的，因为个体在生产过程中会对社会上的其他个体有或多或少的影响。当生产个体进行生产时，对外部的经济个体有正面的影响，则会出现边际个体净产值小于边际社会净产值，称为"外部经济"；若生产个体的生产对其他经济个体产生负面的影响，则会出现边际个体净产值大于边际社会净产值，称为"外部不经济"。

庇古通过比较边际个体净产值与边际社会净产值的大小来分析外部性。当边际个体产值小于边际社会产值时，个体偏向于不生产，因为不生产也是有收益的，这样会出现"搭便车"现象；当边际个体产值大于边际社会产值时，个体所得大于社会所得，那么就会出现社会中有人的利益得到了损害，环境污染就是典型的例子。对于外部不经济现象，庇古提出了"庇古税"。庇古税最早用于对排污者征税，其原理就是减少边际个体净产值，使之与边际社会净产值相等，重新达到资源配置的最优状态。庇古税在经济活动中得到广泛应用。在基础设施建设领域采用"谁受益，谁投资"的政策、环境保护领域采用"谁污染，谁治理"的政策，这些都是庇古理论的具体应用。目前，排污收费制度已经成为世界各国环境保护的重要经济手段，其理论基础也是庇古税。

（三）科斯的外部性理论

科斯与庇古等的观点不同，科斯认为外部性不是市场运行的必然结果，而是因为产权界定不清，因此其认为只要建立运行有效的产权制度，即可解决外部性问题。由此，科斯提出了"科斯定理"：如果交易费用为零，那么无论一开始把产权界定给谁，都可以促进市场上的自由交易，从而达到资源的最优配置。科斯将外部性与产权联系起来，使人们对外部性问题有了全新的认识视角。

（四）空间外部性理论

空间外部性是指许多企业集聚到一个特定的空间会产生许多优势，而这种优势反过来可以解释其他企业集聚到这个空间的原因，这种本地化的外部性思想很早就有，但是直到马歇尔才对其做出准确的阐述。Marshall（1920）提出了外部规模经济，用来描述集聚到某一空间的企业整体成本下降的现象。这种外部性本质上就是空间外部性，是企业因为空间接近而产生的效应。马歇尔认为这是造成产业集聚的关键性因素，并指出，当一个产业在一个地方出现后，就趋向于在这个地方长时间地发展，因为人们会发现与近邻之间从事相同的经济活动具有很大的优势，从而产生类似于锁定效应的结果。胡佛（1990）又进一步提出集聚经济具有三种基本形式：①企业层面的规模经济，即内部规模经济；②本地化经济，就是与地区产业规模相关的规模经济，即同一产业的不同企业集中在一个地方生产带来的经济效应；③城市化经济，就是与地区整体经济规模相关的规模经济，即各种类型经济活动集聚在一个地方带来的经济效应，强调的是不同行业企业集聚产生的外部性经济。显然，这三种形式中，第一种形式不是空间外部性的表现形式，后面两种形式才是空间外部性的表现形式。

空间外部性可以分为静态和动态两类，其中静态外部性包括产业内集聚外部性（专业化外部性）和产业间集聚外部性（多样化外部性）；动态外部性包括马歇尔外部性（MAR 外部性）、雅各布斯外部性（Jacobs 外部性）和波特外部性（Porter 外部性）。

（1）MAR 外部性。Marshall（1920）最早从经济学角度来看经济活动的空间聚集现象，他将这一现象背后的经济动因归为三类：一是中间投入品共享，属于相同产业的企业集中分布到某个地区，各生产商不仅能够以较低成本享有中间非贸易投入品，而且还节省了交通运输成本；二是"劳动力池"效应，众多相同种类或不同种类的厂商在某一地区集中分布，必然带来大量的劳动力集聚，使该地区的劳动力市场专业化、多样化程度提升，从而满足集聚区内厂商和劳动力的供需平衡，为企业降低因市场的不确定性带来的工资成本负担；三是知识技术外溢，距离的远近是影响信息传播成本和效率的主要因素，地理邻近的企业可以更加快速有效地进行信息交流，知识技术更容易在集聚区内企业间相互溢出，从而促进企业技术进步，提升全要素生产率。后来 Arrow 和 Kenneth（1962）以及 Romer（1989）将 Marshall 描述的这一产业集聚外部性进行了拓展研究，得出了产业专业化集聚而产生的外部性即为马歇尔外部性，即 MAR 外部性。

（2）Jacobs 外部性。MAR 外部性遭到了 Jacobs（1969）的质疑，他认为，同一产业集聚区外的不同产业集聚才是知识传播的重要途径，产业多样化比单一的产业结构更能促进经济增长和技术创新，如果某一区域只有单一的产业结构，那么企业信息和技术的交流也就局限于某一产业，使知识创新和技术进步缺乏动力。强调不同产业间的知识溢出才能更好地推动区域创新活动，促进区域经济发展，而城市作为最大的知识差异化和商品多样化的集中地，才是创新基地。这种强调区域经济多元化为经济总量带来的好处被称为雅各布斯外部性，即 Jacobs 外部性。

（3）Porter 外部性。Porter（1998）研究发现，相同或相似产业集聚到某一区域有利于建立稠密的要素市场，使企业可以在低成本的条件下使用巨额投资的专业化设备和经过专业化培训的技能职工，在专业化分工不断加深的同时，形成一些专业产品检测实验室和专利代理人等商业服务业务，而这些都将极大地降低集聚企业的创新成本，为创新活动节省更多资源，从而提升创新绩效。Porter 在一定程度上肯定了 MAR 外部性，认为知识溢出来源于相同或相似产业的集聚，并且认为区域竞争比区域垄断更有利于促进知识溢出和经济发展，这种不同产业间通过相互竞争创造的外部性为波特外部性，即 Porter 外部性。

二、文献回顾

（一）静态外部性研究

1. 概念与内涵

20 世纪 90 年代以前的实证研究基本上沿着 Marshall（1890）的研究路径，主要集中在静态外部性上。有两种静态外部性：地域化经济（Locailzation）指在一个给定区域，企业能从本地同行业的其他企业经济活动中受益，进而形成同一产业的企业在某地的集中，促进该产业在这个地区的增长；如果某个产业的增长主要得利于地区工业格局的多样化，这种效应就被称为城市化经济（Urbanization），也称产业间集聚外部性（多样化外部性），来自城市规模和多样性的外部利益。

2. 研究现状

从静态外部性来看，一部分学者认为，产业集聚带来的外部性对地区经济增长有正向影响。Ciccone 和 Hall（1996）以美国为例，用各州就业密度表示地区产业集聚度，用劳动生产率表示地区经济发展水平，研究产业集聚与经济增长的关系，结果表明产业集聚促进了各州劳动生产率的提升。另一部分学者认为，产业集聚带来的外部性对地区经济增长有负向影响。Henderson（2003）指出，产业集聚对地区经济增长并不总是起积极的促进作用，当城市规模扩大到一定程度，产业集聚效益便会下降。还有一部分学者认为，产业集聚带来的外部性对经济增长影响有门槛效应。Futagami 和 Ohkusa（2003）通过构建 CES 生产函数模型，分别从横向和纵向上包含了产品差异化，并实证分析了市场规模与经济增长率的关系，"U"形特征表示适当的市场规模才有利于提升经济增长率。

（二）动态外部性研究

1. 概念与内涵

动态外部性（Dynamic Externality）的概念由 Glaser 等（1992）首次提出，可细分为 MAR 外部性、Jacobs 外部性和 Porter 外部性。MAR 外部性指相同或相似行业集聚到一个地方，由此带来了技术交流、投入品共享和劳动力池的效应。Jacobs 外部性指不同行业集聚在一起产生的经济现象，这种多元化的经济能促进各生产企业提升经济效益。Porter 外部性指不同产业或同一产业的不同企业间产生的竞争对地区经济发展的积极影响。动态外部性可涵盖静态外部性，而且产业集聚的动态效应远比静态效应重要（Camagni 等，2016），所以动态外部性逐渐成为研究的重点。

动态外部性的相关文献大致可以梳理出以下两条线索：第一条线索是根据外部性引发集聚的不同作用机理展开的。Fujita 和 Thisse（1996）提出了金融外部性（Pecuniary Externality）与技术外部性（Technological Externality）的概念，用以解释不同程度及范围的集聚现象。Fujita、Mori（2005）更加明确地把外部性强调为通过经济关联（Economic–Linkage）与知识关联（knowledge–Linkage）的叠加作用来解释集聚。梁琦和钱学锋（2007）在此基础上，将集聚外部性明确区分为：由价格机制引发集聚的金融外部性以及由技术扩散及外溢引发集聚的技术外部性。集聚的发生是金融外部性、技术外部性共同作用的结果。研究集聚外部性的第二条线索更为主流，由集聚的不同类型展开。首先，Marshall（1920）将经济活动的空间聚集现象背后的经济动因归为三类：

中间投入品共享、劳动力池效应和知识技术外溢。后来 Arrow（1962）、Romer（1986）以内生化增长理论为基础，强调内生经济增长模型的"干中学""报酬递增"，并由此解释相同产业企业集中布局所能实现的专业化集聚外部性，Glaeser 等（1992）将这些理论归纳整理，并称为 Marshall－Arrow－Romer 外部性，由此形成了以解释相同产业集聚的 MAR 外部性。其次，Jacobs（1969）解释了不同产业、上下游产业协同集聚的根源。如果某一区域只有单一的产业结构，那么企业信息和技术的交流也就局限于某一产业，使得知识创新和技术进步缺乏动力。不同产业间的知识溢出才能更好地推动区域创新活动，促进区域经济发展，而城市作为最大的知识差异化和商品多样化的集中地，才是创新基地。这一观点被总结为 Jacobs 外部性。此外，集聚外部性的理论研究同样为管理学所关注。Porter（1990）在竞争优势理论框架下，将集群强化竞争优势的机理归结于企业之间的竞争。行业内、行业间的产业集聚都能够增强企业的竞争力，从而深化产业集群效应。后续研究将这一思想脉络描述为 Porter 外部性。

2. 研究现状

动态外部性理论在前人的推动下在不断丰富，可以从区域尺度、研究方法、研究目标、研究结论等多个角度对研究现状进行总结：

从研究的区域尺度来看，动态外部性的研究通常以地级市为基本单元（王清蓉，2013），针对单个城市（徐弼昉，2015）或更小尺度（陆立军，2009）的研究较少。城市是创新活动的主体，在技术外溢上要优于县级层面；由于基础设施的便捷和劳动力黏性存在，在匹配、共享效应上不一定比省的层面差，综合来看，地级市是测量外部性差异的最优尺度，以地级市作为基本单元有其合理性。陶锋等（2018）用我国制造业企业微观数据证实了这一观点。但是较小尺度的动态外部性研究也出现一些新的方向，一是基于单个城市的内部网络的城市网络外部性（Burger，Meijers，2016），二是利用单个城市微观层面的企业和工人数据，关注城市内部动态外部性影响的时空变化（Groot 等，2016），有望进一步拓展外部性的空间范围研究。

从研究方法来看，动态外部性的计量分析使用的模型较为多样，既有以技术中性的柯布—道格拉斯生产函数作为模型基础的（李雯轩，2017），也有以知识生产函数（Knowledge Production Function，KPF）为模型基础的（李健、余悦，2018），还有直接构建动态经济权重模型（何天祥、陈晓红，2017）等手段。在动态外部性的效应评估上，既有使用多指标测度体系的（张先锋等，2016），也有运用 Heckman 两步法检验和分析的（陈旭等，2018）。动态外部性研究方法逐渐扩展，随着地理探测器（王劲峰、徐成东，2017）等模型跨学科使用，其研究也将继续深化。

从研究目标来看，动态外部性的关联研究主要集中在区域产业、区域经济、创新与竞争等主题上。例如，赵霄伟和姚永玲（2014）验证了服务业的专业化与多样化对城市就业增长的动态效应；沈能和赵增耀（2014）检验了集聚动态外部性对不同规模的企业创新能力的影响；孙根紧和丁志帆（2015）实证了外部性与区域产业发展之间的非线性关系；Galliano 等（2015）分析了企业在不同区位条件下，其动态外部性对创新绩效的影响；刘子琳（2015）提出了专业化外部性与产业增长间存在非线性关系；Bara 等（2016）实证评估了动态外部性对南非发展共同体（SADC）的金融发展影响；Sharma（2017）检验了动态集聚外部性与印度区域制造业增长的关系；Basile 等（2017）实证了动态外部性对意大利新兴企业生存发展的影响。在创新与竞争的关联研究中，技术外部性作为动态外部性的核心，被认为是竞争优势的主要来源（Otsuka，2017），技术外部性与社会网络的联结是集群绩效增长的依赖渠道（Runiewicz - Wardyn，2017）。从最近的文献来看，技术外部性的讨论已经成为动态外部性研究的重点，创新网络中知识流动和技术外部性的多层面和复合现象值得深入研究（Quatraro，Usai，2017）。

主要有以下三种研究结论：

（1）MAR 外部性有利于地区经济增长和技术创新。Henderson（1986）研究了美国和巴西制造业在中小地区的集聚，发现这些地区产业集聚产生的专业化外部性比多样化外部性对地区经济增长的影响更为显著。Henderson（1995）同样以美国为例，但是把资本密集型产业作为研究样本，实证分析了产业外部性与产业发展的关系，结果表明，MAR 外部性在产业增长中较为明显，而 Jacobs 较为弱化。Mukkala K.（2004）运用 1995 年和 1999 年芬兰制造业行业面板数据，通过构建产业集聚与地区生产率的关系模型，检验了二者的关系，指出产业集聚产生的 MAR 外部性促进了小企业发展，比 Jacobs 外部性产生的集聚经济更明显。Martin 等（2008）以法国为研究对象，用 1996 ~ 2004 年个体企业面板数据构建模型，实证分析了产业的空间集聚与企业生产率的关系，发现 MAR 外部性对提升企业生产率具有显著的正向作用，而 Jacobs 外部性和 Porter 外部性则不明显。Panne 和 Beers（2006）使用荷兰 43 种贸易新产品数据构建了三种动态外部性指数，通过计量分析得出的结论是：MAR 外部性促进新产品的发布，而 Jacobs 外部性不显著，Porter 外部性甚至起明显的阻碍作用。范剑勇等（2014）将研究放在了我国县级层面，收集了 1998～2007 年 3 个高科技产业的数据，对产业集聚与全要素生产率的关系做了实证分析，结果显示专业化外部性对 TFP 的增长率有显著的正向作用，多样化外部性则不明显。刘乃全（2016）基于 2003～2012 年我国省级面板数据，实证分析了空间外部性对区域创新效率的影响，发现 MAR 外部性提升了区域创新效率和规模效率，而 Jacobs 外部性则无显著影响。

（2）Jacobs 外部性有利于地区经济增长和技术创新。与 Marshall（1890）不同的是，Jacobs（1969）更支持产业多样化，认为多样化的产业集聚充分发挥了知识溢出效应，其带来的外部性有利于提升地区生产率，发挥集聚经济优势。Ellison 和 Glaeser（1997）通过对美国制造业的研究，肯定了 Jacobs 外部性对地区经济增长的促进作用。Batisse（2002）研究了我国制造业集聚与地区经济增长的关系，通过实证分析发现，由多样化产业集聚带来的 Jacobs 外部性和一定程度的市场竞争促进了地区产业增长，但由专业化产业集聚带来的 MAR 外部性却抑制了地区经济增长。程中华和于斌斌（2014）研究了专业化产业集聚和多样化产业集聚对我国地区工资水平的影响，认为产业多样化比产业专业化更有利于提升工资水平。Glaeser（1992）关于产业集聚外部性与工业创新产出做了实证研究，发现本地竞争和城市多样化比地区专业化更有利于工业创新产出，即 Jacobs 外部性比 MAR 外部性积极作用更强。Feldman 和 Audretsch（1999）通过研究产业专业化、多样化与产业创新的关系，指出多样化的产业结构比专业化更能促进美国的产业结构和产品创新。赖永剑（2012）通过 2005～2007 年我国工业企业微观数据，构建集聚外部性与企业创新绩效的计量模型，发现 MAR 外部性与企业创新绩效呈倒"U"形非线性关系，而 Jacobs 外部性则始终表现为单调递增的线性关系。

（3）一定条件下产业集聚动态外部性均会对地区经济增长和区域创新起正向作用。Forni 等（2002）使用意大利 3 位数行业的就业数据构建了产业专业化和多样化指标，指出产业专业化、多样化带来的外部性对制造业有显著的正向作用，产业集聚促进了地区经济增长。Frank Neffke（2011）将集聚外部性对创新产出的影响放入产业生命周期中考察，发现 MAR 外部性随着产业发展阶段的成熟其积极作用逐步增强，而 Jacobs 外部性却随之减弱，甚至达到负值。彭向和蒋传海（2011）运用 1999～2007 年我国 30 个省（区、市）21 个工业行业的面板数据，构建了产业集聚带来的知识外溢和市场竞争与区域创新的实证模型，模型检验结果显示：MAR 外部性和 Jacobs 外部性促进了区域产业创新，但随着竞争程度的增加所带来的 Porter 外部性却阻碍了区域产业创新。王春晖和赵伟（2014）在区域开放的视角下研究外部性与地区产业升级的关系，通过构建一个两区域两产业模型，发现三种动态外部性均与产业升级有关且为非线性关系。

三、文献述评

综上所述，结合空间外部性的研究，可以总结以下三点：一是关于空间外部性与地区经济增长和区域创新的研究多是以制造业为例，缺少对服务业集聚效应的探索；二是在产业集聚外部性创新效应研究中，缺乏从静态外部性视角的探索，多是研究动态外部性对技术创新的影响；三是对于产业集聚外部性的 MAR 外部性和 Jacobs 外部性研究较多，对 Porter 外部性的研究不足。由于研究对象和研究方法的不同，会造成研究结果的差异，不同的行业集聚会产生不同的空间外部性，需要分地区、分行业进行深入研究。

第二节　企业再地方化下的空间外部性维度

企业再地方化的过程，是迁入企业在承接地再集聚的过程。这一过程中，相同或相似企业聚集在一起产生产业内集聚外部性（专业化外部性），对应动态外部性中的马歇尔外部性（MAR 外部性）和波特外部性（Porter 外部性），不同企业聚集在一起产生产业间集聚外部性（多样化外部性），对应动态外部性中的雅各布斯外部性（Jacobs 外部性）。事实上，无论是静态外部性还是动态外部性，都是企业再地方化效应的重要表现，它们共同作用于地区经济发展和区域创新，最终影响地区转型发展。因此，探究企业再地方化效应可以从静态外部性和动态外部性两个维度进行分析。

一、静态外部性作用于地区转型发展的机理

静态外部性来自当前产业环境的影响。从静态外部性视角来看，产业集聚外部性可以分为产业内集聚外部性（专业化外部性）和产业间集聚外部性（多样化外部性）。产业内集聚外部性指在一个给定区域，企业能从本地同行业的其他企业经济活动中受益，进而形成同一产业的企业在某地的集中，促进该产业在这个地区的增长。如果某个产业的增长主要得益于地区工业格局的多样化，即单个企业主要从区域内其他行业的企业的经济活动中受益，这种效应为产业间集聚外部性。

产业内集聚外部性有利于促进产业内知识外溢。同行业的企业集聚，会产生较大数量的熟练劳动力和特定研究方向的技术研发人才。这些基础劳动力和技术研发人才在不同企业间的合理流动，能够自发带动技术知识的流动，共享前沿的技术研究方向和着力点，使得企业主体研发创新的能力增强，加快产业集群发展，从而促进地区经济发展。

产业间集聚外部性有利于协同创新。不同产业的多样化集聚，加速了不同行业的知识交流和跨行业人才的流动，有利于跨界思维方式的融合，突破同行业间的"技术固化"现象，形成新的创意、开拓新的研发方向，使得企业主体研发创新的能力增强。跨行业企业的集聚，促成了企业的多元化经营和跨行业发展，企业间的竞争进一步强化了技术创新的动力。另外，产业集聚也可能导致集群内部某些企业出现"搭便车"行为或是模仿创新，都会降低企业科技创新的积极性，尤其是当产业发展不协调时，将出现严重的挤出效应。静态外部性的作用机理如图4.1所示。

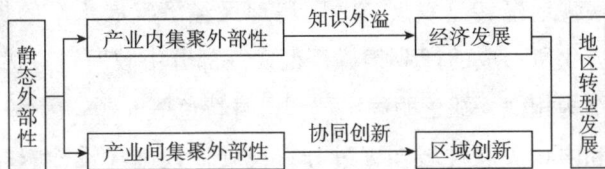

图4.1　静态外部性作用于地区转型发展的机理

二、动态外部性作用于地区转型发展的机理

动态外部性不仅来自当前产业环境（静态外部性）的影响，还受之前的产业环境的影响。动态外部性包括马歇尔外部性（MAR 外部性）、雅各布斯外部性（Jacobs 外部性）和波特外部性（Porter 外部性）。

MAR 外部性主要通过以下两个方面影响地区经济发展水平和区域创新：①促进地区经济发展水平提高和区域创新。相同或相似产业在某一特定区域集中起来且程度日益加深，加快了知识和信息在同一产业内所有企业间的传播和扩散速度，大大降低了相同或相似产业从业人员的交流成本和交通成本，由此带来了企业间更多的相互交流、相互学习的机会，集群区域内的一些企业可以以极低的成本甚至免费获得某些技术和知识，产业内的知识溢出则加快了产业集群的发展速度，从而提升地区经济发展水平，促进区域创新，使区域实现转型发展。②阻碍地区经济发展水平的提升和区域创新。子行业高度类似、生产技术通用度较高是相同产业集群内存在的普遍现象，这就使创新"搭便车"行为出现，当某一企业进行科技研发时，周边其他企业便会以较低的成本来享受这一技术溢出的成果，导致创新主体企业的平均资金回报率低于它的创新生产效率，企业无法从技术创新中获利，这就从根本上抑制了企业进行知识创新的积极性，如此恶性循环，使产业集群内缺乏创新氛围，技术难以进步，抑制了整个产业群的发展，从而阻碍了地区经济发展水平的提升和区域创新。

Jacobs 外部性主要通过以下两个方面影响地区经济发展水平和区域创新：①促进地区经济发展水平提高和区域创新。对于相似产业而言，知识和技术更容易在互补产业间溢出，多样化的企业和经济行为人之间通过交换互补知识实现创新实践活动，不同产业集群间也能够实现知识的交流、学习、消化和吸收等溢出效应，从而实现所有产业集群的共同发展，提升地区经济发展水平，促进区域创新，实现地区转型发展。②阻碍地区经济发展水平的提升和区域创新。企业再地方化所形成的产业集群，很大一部分由政府通过优惠政策促成，通常具有产业结构相似，缺乏明确定位和自身特色等问题。因此，这类集群内部的自主机制和内在关联性较弱，过分重视硬件设施建设而忽略技术环境构建，各技术开发者之间联系较浅，信息扩散渠道不畅，产业集群内难以实现创新和发展。

Porter 外部性主要通过以下两个方面影响地区经济发展水平和区域创新：①促进地区经济发展水平提高和区域创新。产业集群内某一企业的科技创新成功会给其他企业造成压力，其他同行业企业为避免淘汰而加大科研开发力度。这种由竞争带来的压力会促使各产业集群加快技术创新的步伐，从而实现整个区域的创新和经济水平的提高，促进地区转型发展。②阻碍地区经济发展水平的提升和区域创新。当产业集群内出现过度竞争时，会造成研发费用的过度投入与浪费，降低研发效率和资源配置效率。同时，企业出于自身利益的考虑，为防止技术、知识等外泄，会对其他企业严密设防，甚至可能散布虚假消息，导致产业集群成为知识和信息流动的障碍。

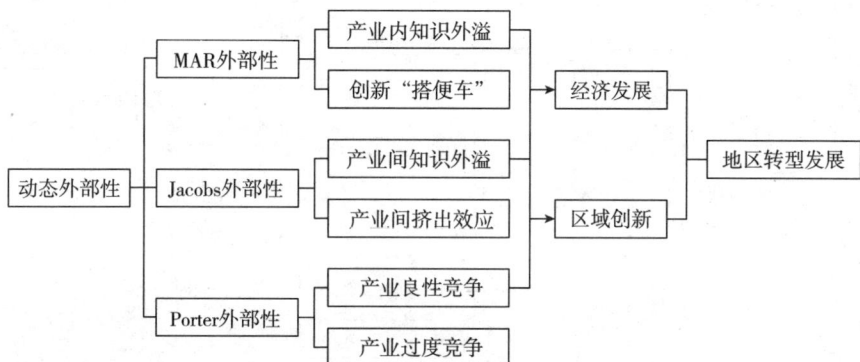

图 4.2 动态外部性作用于地区转型发展的机理

三、空间外部性作用机理的综合视角

如前所述，企业再地方化的空间效应表现在空间外部性上。静态外部性的产业内集聚外部性（专业化外部性）和产业间集聚外部性（多样化外部性）分别对应动态外部性中的 MAR 外部性和 Jacobs 外部性。MAR 外部性、Jacobs 外部性和 Porter 外部性在作用与地区转型发展时，具有三种相同的作用机制：中间品投入共享、劳动力共享和知识技术溢出。同时也存在一些差异：如专业化的产业集聚带来的中间品投入、人力资源共享等，使得 MAR 外部性通过降低贸易成本来提升地区经济发展水平；不同产业集聚带来的 Jacobs 外部性则强

调多样化人才与技术的交流，促进知识、技术的广泛传播并产生知识溢出效应，从而加快地区创新速度；Porter外部性产业间的良性竞争带来创新的压力，促使企业加大科研投入力度，为区域创新带来更强的动力。静态外部性和动态外部性的共同作用，形成了"集聚外部性—经济发展水平提升与区域创新—地区转型发展"的传导机制。如图4.3所示。

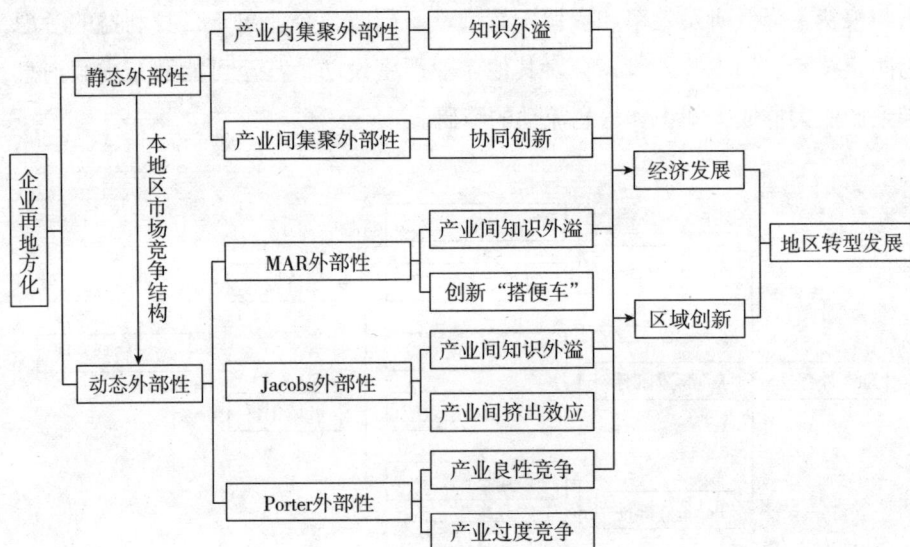

图4.3 企业再地方化的作用机理

第三节 企业再地方化下的空间外部性实证

一、皖江示范区企业再地方化现状

（一）研究对象

1. 设立背景

2010年1月12日，国务院正式批复《皖江城市带承接产业转移示范区规划》（国函〔2010〕5号，以下简称《规划》），标志着皖江[①]城市带承接产业转移示范区（以下简称皖江示范区）建设上升为国家战略，是党中央、国务院为促进中西部地区承接国内外产业转移而制定的第一个规划。皖江城市带[②]包括合肥、芜湖、马鞍山、铜陵、安庆、池州、滁州、宣城以及六安市的金安区和舒城县，共计59个县（市、区），辐射安徽全省，对接长三角的上海、江苏、浙江，两省一市，是最靠近东部地区的人口密集、消费需求旺盛的地区。2017年，皖江示范区地区生产总值为18339.9亿元，占安徽省的66.6%，增幅与全省持平。

皖江示范区是在一定背景下设立的，主要体现在以下三个方面：①经济格局。一方面，长三角、珠三角等沿海地区的传统产业发展受到不断上升的要素成本的制约，产业链难以延伸，加之受国际金融危机的冲击，使转变经济发展方式、调整优化产业结构成为必然；另一方面，中西部日益完善的基础设施、低成本的生产要素和广阔的市场潜力，都是吸引东部沿海地区产业转移和外资的有利因素。在这一经济格局下，有序推进产业转移势在必行。②政策支持。早在2008年初，胡锦涛同志来皖视察时就指示安徽要充分发挥自身区位、资源、劳动力等优势，积极参与泛长三角区域分工合作，主动承接沿海地区产业转移，加强与兄弟省份的经济联动和合作。由此，安徽省政府为落实胡锦涛同志指示精神而采取了一系列行动，皖江示范区的工作得以推进，2010年1月最终经国务院批复设立。③自身条件。皖江城市带产业基础好、要素成本低、配套能力强，这使其被建设为承接产业转移示范区的重点选择区域，加上在招商引资、提高土地集约利用水平、创新与长三角区域合作机制等方面拥有大量成功经验，这些明显的区位优势，使皖江城市带成为长三角向中西部产业转移和辐射的最佳区域。

2. 设立意义

皖江示范区作为第一个被设立的国家级承接产业转移示范区，具有重大意

---

① 皖江即为长江安徽段。

② 《皖江城市带承接产业转移示范区规划》中的皖江城市带包括合肥、芜湖、马鞍山、铜陵、安庆、池州、巢湖、滁州、宣城以及六安市的金安区和舒城县，共59个县（市、区）。但2011年8月22日，安徽省撤销地级巢湖市，将原地级巢湖市所辖的一区四县分别划归合肥、芜湖、马鞍山三市管辖。因此，本书中的皖江示范区未包含巢湖市。

义。首先，示范区的设立顺应了国内外产业转移新趋势，加快了承接产业转移新模式建立的步伐。改革开放以来，中西部地区虽然在招商引资、承接产业转移方面取得了重大突破，但随着产业承接规模的扩大，问题日益凸显。重视量而忽视质的产业承接模式造成资源浪费、环境污染等问题，使区域比较优势不能得到充分发挥。这就迫切需要国家层面的引导，探索承接产业转移的新模式。其次，中部崛起战略推动了区域协调发展。一方面，科学承接产业转移有利于发挥中部地区的资源优势。通过产业转移引导要素合理流动与集中，加快促进中部地区快速发展。另一方面，东部地区的产业结构得以调整优化。在提升地区综合竞争力的同时，更好地辐射和带动中西部地区发展，形成东中西良性互动、优势互补、相互促进、协同发展的新格局。再次，对于推动安徽实现又好又快发展具有重大意义。皖江城市带科学合理地承接产业转移，积极融入长三角区域分工网络，发挥资源优势和区位优势，有利于安徽省调整产业结构，实现跨越式发展。最后，皖江示范区的设立也是应对国际形势，保持经济平稳运行的重要举措。中部地区承接国内外产业转移有利于优化产业布局，增加就业，扩大内需，激发市场潜力。

3. 产业布局特征

为了充分发挥皖江城市带的区位优势和资源优势，提高资源利用效率，深化生产分工，优化产业结构，推进产业集聚，发挥中心城市的支撑、辐射、带动作用。《规划》依托现有产业基础，将皖江示范区划分为"一轴双核两翼"的产业分布格局，即以沿长江一线为发展轴，合肥和芜湖为双核，滁州和宣城为两翼。

沿江发展轴由安庆、池州、铜陵、芜湖、马鞍山沿江五市构成。其中，安庆市石化产业基础好，重点承接发展轻纺、汽车零部件加工等产业，努力建设成为全国重要的石化和轻纺产业基地；铜陵市和池州市在铜、铅、锌等资源方面具有明显优势，重点承接发展有色金属冶炼及深加工、旅游等产业，积极建设成为世界级有色金属产业基地和著名佛教文化旅游胜地；马鞍山市和芜湖市拥有沿江港口优势和深水岸线资源，重点承接发展装备制造、汽车等产业，大力推进全国自主品牌汽车基地和精品钢基地建设。

合肥、芜湖双核包括合肥核、芜湖核。合肥市作为省会城市，是国家科技创新试点市，同时也是全国性的综合交通枢纽，重点承接发展装备制造、电子信息、家电等产业，大力建设成为全国重要的先进制造业基地、高技术产业基地和现代服务业基地；芜湖市是重要的沿江港口城市，拥有完善的交通体系和配套产业，重点承接发展汽车、现代服务等产业，努力构建全国重要的制造业基地、现代物流中心和创新型城市。

滁州、宣城两翼是皖江示范区承接转移的前沿，滁州和宣城两市毗邻苏浙，要素资源丰富，发展空间广阔。滁州市重点承接发展现代化工、装备制造等产业，建设成为重要的盐化工和硅基材料产业基地；宣城市重点承接发展机械设备、农产品加工等产业，形成重要的机械制造和畜禽产品生产加工基地。

皖江示范区内各城市利用自身特点和优势，发展主导产业和优势产业，具体产业布局如表4.1所示。

表4.1　皖江城市带承接产业转移示范区产业布局

产业布局		行政划分	发展优势	承接产业	建设目标
一轴	安庆产业组团	安庆市东至县（池州市）	石化产业基础好	轻纺、汽车零部件及船用设备加工、文化旅游等产业	全国重要的石化和轻纺产业基地
	铜池产业组团	铜陵市池州市	铜、铅锌、非金属矿产资源	有色金属冶炼及深加工、非金属材料、机械、化工、旅游等产业	世界级有色金属产业基地和著名佛教文化旅游胜地
	马芜产业组团	马鞍山市芜湖市	沿江港口优势和深水岸线资源	装备制造、生物医药、电子信息、汽车、家电、化工、建材、文化创意等产业	全国自主品牌汽车基地和精品钢基地
两核	合肥核	合肥市金安区和舒城县（六安市）	省会城市，全国性综合交通枢纽	装备制造、电子信息、家电、生物医药、绿色食品、现代服务业等产业	全国重要的先进制造业基地、高新技术产业基地和现代服务业基地
	芜湖核	芜湖市	沿江重要港口城市，交通体系完善，产业创新和配套能力较强	汽车、新材料、电子电器、装备制造、现代服务等产业	全国重要的制造业基地、现代物流中心和创新型城市

产业布局		行政划分	发展优势	承接产业	建设目标
两翼	滁州翼	滁州市	毗邻苏浙，民营经济活跃，矿产储量大，特色农产品资源丰富，开发空间广阔	装备制造、汽车、家电、农产品加工、现代化工等产业	重要的盐化工和硅基材料产业基地
	宣城翼	宣城市		基础零部件、机械设备、农产品加工、旅游等产业	重要的机械制造和畜禽产品生产加工基地

资料来源：根据《皖江城市带承接产业转移示范区产业发展规划》整理。

4. 经济发展现状

自《规划》实施以来，皖江示范区取得显著成效，阶段性目标基本完成。为进一步实现经济发展新常态下的科学发展和转型升级，发挥对中西部地区更好地承接产业转移的辐射和示范作用，努力构建东中西协调互动、共同发展的新格局。2016 年 10 月 21 日，安徽省政府出台了《皖江城市带承接产业转移示范区规划（修订）》，以期推动皖江示范区更加科学合理地发展。主要规划目标如表 4.2 所示。

表 4.2　2020 年皖江城市带承接产业转移示范区主要规划目标

指标	单位	2015 年	2020 年
地区生产总值	亿元	14985	24500
财政收入	亿元	2616	3800
城镇化率	%	57.5	63.5
非农产业增加值占地区生产总值比重	%	92.2	93
规模以上工业增加值中开发区所占比重	%	72.6	77
亿元以上省外投资项目到位资金	亿元	5892	8200.0
实际利用外商直接投资	亿美元	95.2	135.0
进出口总额	亿美元	417.7	500.0
研发经费占地区生产总值比重	%	2.4	2.6
高新技术产业增加值占地区生产总值比重	%	20.5	21

指标	单位	2015 年	2020 年
城镇常住居民人均可支配收入	元	29898	43000
农村常住居民人均可支配收入	元	12486	20000
每年城镇新增就业人数	万人	38	44
城镇职工基本养老保险参保人数	万人	520	560
职业教育在校学生规模	万人	84.5	90
单位地区生产总值能耗下降	%	6.7	完成国家下达目标任务
万元工业增加值用水量	吨	35.6	28
城市污水处理率	%	90.5	98
细颗粒物（PM2.5）	微克/立方米	55.1	完成国家下达目标任务

资料来源：《皖江城市带承接产业转移示范区规划（修订）》。

从各经济指标上来看，皖江示范区各市表现良好。如表4.3所示，2011～2016 年，皖江示范区地区生产总值由 10348 亿元增长到 16371 亿元，增幅为 58.20%；地方财政收入由 881.1 亿元增长到 1668 亿元，增幅为 89.31%，全省占比提高了两个百分点；规模以上工业增加值由 4750 亿元增长到 6946 亿元，增幅为 46.23%，全省占比有所下降；固定资产投资由 8637 亿元增长到 18392 亿元，增幅为 112.94%，全省占比下降一个百分点；社会消费品零售总额由 2958 亿元增长到 6162 亿元，增幅为 108.32%，全省占比提高了六个百分点。从分市来看，无论是地区生产总值、地方财政收入，还是规模以上工业增加值，合肥和芜湖两市的表现都最为抢眼，发挥了两核的带动和辐射作用。

表4.3 2011～2016 年皖江示范区各市主要经济指标 单位：亿元

指标	地区	2011 年	2012 年	2013 年	2014 年	2015 年	2016 年
地区生产总值	合肥市	3637	4164	4673	5181	5660	6274
	滁州市	850.5	970.7	1086	1214	1306	1423
	马鞍山市	1144	1232	1293	1333	1365	1494
	芜湖市	1658	1874	2100	2310	2457	2699
	宣城市	671.4	757.5	842.8	917.6	971.5	1058
	铜陵市	579.4	621.3	680.6	716.3	911.6	957.3

续表

指标	地区	2011 年	2012 年	2013 年	2014 年	2015 年	2016 年
地区生产总值	池州市	372.5	417.5	462.3	517.2	544.7	589
	安庆市	1216	1360	1418	1544	1417	1531
	金安区	105.6	121.7	132.5	144.7	155.6	173
	舒城县	113.7	127.4	140.5	149.5	158.5	172.6
地方财政收入	合肥市	338.5	389.5	438.6	500.3	571.5	614.9
	滁州市	73.86	96.94	114.4	1234	143.7	167.3
	马鞍山市	91.44	127.8	146.2	121.1	130.8	140.3
	芜湖市	140	178.9	214	233.5	263.5	298.7
	宣城市	68.36	86.94	107.7	120.2	131.6	139.3
	铜陵市	45.36	63.6	64.18	66.27	66.81	80.7
	池州市	40.99	52.37	65.14	68.44	71.3	71.5
	安庆市	72.39	85.62	98.46	105.7	106.6	128
	金安区	4.83	5.98	7.36	8.5	9.02	10.5
	舒城县	5.36	6.34	7.54	9	10.66	16.6
规模以上工业增加值	合肥市	1490	1654	1907	2074	2192	2269
	滁州市	381.2	401.3	490.9	558.8	610.5	670.4
	马鞍山市	532.5	538.2	560	598.8	577.2	627.7
	芜湖市	983.1	1080	1256	1346	1383	1479
	宣城市	346.1	297.5	353.3	394.9	411.5	430.7
	铜陵市	402	408.7	455.9	423.6	494.3	516.2
	池州市	94.98	118.5	140.1	165.6	177.2	183.4
	安庆市	455.1	476.4	580.9	695.9	640.5	670.8
	金安区	30	32.77	40.47	44.8	47.6	45.5
	舒城县	35.33	37.28	42.35	45.92	49.64	54
固定资产投资	合肥市	1490	1654	1907	2074	2192	2269
	滁州市	381.2	401.3	490.9	558.8	610.5	670.4
	马鞍山市	532.5	538.2	560	598.8	577.2	627.7
	芜湖市	983.1	1080	1256	1346	1383	1479
	宣城市	346.1	297.5	353.3	394.9	411.5	430.7
	铜陵市	402	408.7	455.9	423.6	494.3	516.2
	池州市	94.98	118.5	140.1	165.6	177.2	183.4

指标	地区	2011 年	2012 年	2013 年	2014 年	2015 年	2016 年
固定资产投资	安庆市	455.1	476.4	580.9	695.9	640.5	670.8
	金安区	30	32.77	40.47	44.8	47.6	45.5
	舒城县	52.5	71.17	87.79	108.2	131	157.6
社会消费品零售总额	合肥市	1111	1294	1481	1950	2184	2446
	滁州市	254.5	296.8	338.5	406.4	457	515.2
	马鞍山市	226.1	262.9	301.3	373.5	418.6	470.6
	芜湖市	421	265.8	560	653.6	733	828.2
	宣城市	228.9	265.8	303.6	375.4	433.5	475.8
	铜陵市	117.8	137.2	155.6	189.2	272.3	305.7
	池州市	107.1	124.3	142.5	176.4	198	222.1
	安庆市	397.5	460.6	523.6	600.2	608.4	681.7
	金安区	52.2	57.92	66.3	76	124	138.6
	舒城县	42.15	44.88	51.74	62.65	70.23	78.5

资料来源：各市统计年鉴。

　　从承接产业数量和规模上来看，皖江示范区的项目数量和质量均有提升。由图 4.4 可知，皖江示范区设立第一年（2011 年）的亿元以上项目实际到位资金和外商直接投资比 2010 年分别增长了 51.4% 和 27.7%，且呈逐年上升趋势。2016 年皖江示范区亿元以上项目实际到位资金 6405 亿元，同比增长 8.7%，

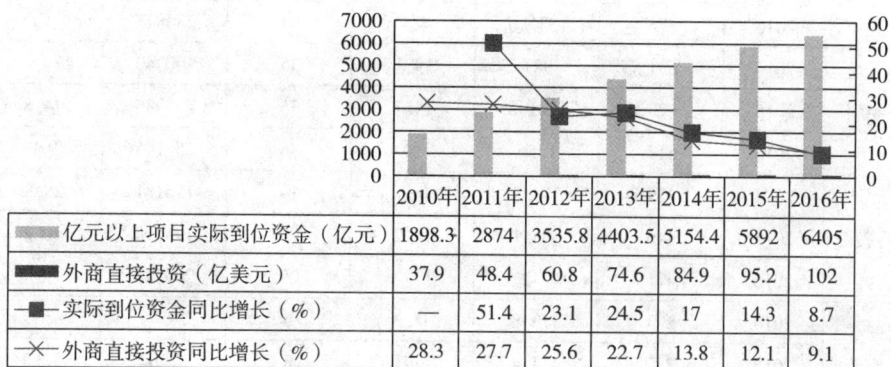

	2010年	2011年	2012年	2013年	2014年	2015年	2016年
亿元以上项目实际到位资金（亿元）	1898.3	2874	3535.8	4403.5	5154.4	5892	6405
外商直接投资（亿美元）	37.9	48.4	60.8	74.6	84.9	95.2	102
实际到位资金同比增长（%）	—	51.4	23.1	24.5	17	14.3	8.7
外商直接投资同比增长（%）	28.3	27.7	25.6	22.7	13.8	12.1	9.1

图 4.4　2010～2016 年皖江示范区承接产业情况

增幅比 2015 年回落 5.6 个百分点；外商直接投资 102 亿美元，同比增长
9.1%，增幅比 2015 年回落 3 个百分点。说明皖江示范区的设立对产业转移和
外商投资具有很强的吸引力。

（二）皖江示范区再地方化现状

1. 企业再地方化过程

皖江示范区建设以来，各市在招商引资方面做出了重要努力，使得招商引
资规模不断扩大。各市依托本地区优势产业，大力发展战略性新兴产业。各产
业企业转移到皖江示范区进行重新建设和集聚，形成企业再地方化。

（1）企业进入示范区。从表4.4中可以看出，2014~2016 年各市省外资
金和境外资金呈现出平稳增长态势。2016 年皖江示范区在建亿元以上项目实
际到位资金六千多亿元，增幅超过8%，其中合肥市和芜湖市两地到位资金约
占示范区的1/6。示范区内引进战略性新兴产业到位资金超 3 亿元，占全省
70% 以上，实际利用外商直接投资超百亿美元，增幅超过9%。这是企业与地
方产生联系的初级阶段，也是企业再地方化过程的初始阶段。

表4.4　2014~2016 年皖江示范区各市招商引资情况

地区	年份	省外资金（亿元以上项目）			境外资金		
		项目个数（个）	到位资金（亿元）	比上年增长（%）	项目个数（个）	外商直接投资（万美元）	比上年增长（%）
合肥	2014	657	1146.1	18.9	85	225877	19.5
	2015	612	1269.4	10.8	90	250752	11
	2016	595	1331.6	4.9	94	280843	12
芜湖	2014	631	987	19.1	35	200340	24.8
	2015	620	1141.8	15.7	35	229986	14.8
	2016	617	1256	10	36	251145	9.2
马鞍山	2014	429	563.3	9.5	14	176131	19.1
	2015	446	666.1	18.2	20	194010	10.2
	2016	471	742	11.4	29	209531	8
铜陵	2014	293	373.8	36.3	6	19577	-51.4
	2015	280	437.4	17	8	22502	14.9
	2016	269	472	7.9	10	24303	8

地区	年份	省外资金（亿元以上项目）			境外资金		
		项目个数（个）	到位资金（亿元）	比上年增长（%）	项目个数（个）	外商直接投资（万美元）	比上年增长（%）
安庆	2014	415	564.7	32.3	13	26666	-41
	2015	410	566.3	0.3	10	18074	-32.2
	2016	405	581.6	2.7	10	18074	0
池州	2014	285	296.9	19.9	8	30260	15.5
	2015	282	332	11.8	10	34709	14.7
	2016	403	377.2	13.6	11	36132	4.1
滁州	2014	422	563.6	14.7	16	92353	27.2
	2015	408	666.1	18.2	15	105894	14.7
	2016	400	743.4	11.6	13	114366	8
宣城	2014	470	600.3	0.4	14	69002	20.4
	2015	450	704.7	17.4	13	79606	15.4
	2016	394	770.2	9.3	14	85975	8

资料来源：根据安徽省发展和改革委员会皖江经济发展处产业发展板块整理。

（2）企业重新集聚。产业园区是承接产业转移的重要载体。为更好地实现要素集中利用，安徽省政府依据《规划》批准设立了一批承接产业转移集中示范园区，包括江北产业集中区、江南产业集中区、安庆市集中示范园区、铜陵市集中示范园区、六安市集中示范园区、合肥市集中示范园区、滁州市集中示范园区等。各园区根据自身情况，严格做好园区规划、加强基础设施建设、拓展融资渠道、优化投资环境，形成了自身发展特点，推进主导产业更好地发展。

江北产业集中区在"省市共建、以市为主"的管理体制下高效运转，园区基础设施日益完善，产业项目建设初见成效。截至2015年，累计入园产业项目62个，总投资规模达637.62亿元。江北产业集中区以汽车及高端装备制造、新能源新材料、电子信息、健康、现代服务等产业为主导产业，着力打造新材料产业基地、生命健康产业基地和新能源汽车产业基地。

江南产业集中区的发展呈现出"招商提速、发展提效、信心提振"的态势，产业项目加速集聚。截至 2015 年，累计签约项目 241 个，协议总投资额 1088 亿元，其中亿元以上项目 59 个、10 亿元以上项目 12 个，开工建设项目 91 个，竣工投产 66 个，招商引资到位资金 150 亿元。江南产业集中区重点发展电子信息、高端装备制造、新材料三大战略性新兴产业，协调推进现代服务业发展，努力构建产业高端、结构合理、集聚发展的现代产业体系。

马鞍山集中示范园区推动战略性新兴产业集聚区、现代农业示范区和饮马湖科创服务区三大功能板块同步发展。截至 2015 年，园区累计投产企业 68 家，新增规上工业企业 47 家，累计"四上"企业达 58 家，以智能装备制造、电子信息消费、新能源节能环保等为主导产业，拥有太阳能电池、半导体芯片等产业基础。

铜陵集中示范园区以临港物流业、铜基新材料、先进装备制造业为主，积极发展现代服务业。该示范园园区始终坚持科学发展理念，按照产城一体、功能齐全、环境优美、宜居宜业的总原则，努力将园区建设成一个交通完备、环境优美、经济繁荣、产城一体的"精品园区"。

安庆集中示范园区是全国重要的石油化工基地，也是安徽省三大新型化工基地之一。园区产业特色鲜明，以油化煤化一体化为基础，主攻工程塑料、合成树脂、合成纤维等化工新材料，形成了全国首个液化碳四深加工产业链、亚洲最大的氰化物产业链。截至 2015 年，石油化工、煤化工等主导产业占比 96.3%，工业总产值占地区生产总值的 52.4%。独特的区位优势、畅达的交通运输，使园区拥有良好的发展态势。

随着各产业园区建设不断完善，各企业与地方的经济社会联系日益紧密，吸引更多相同或相关产业企业来此集聚并形成产业集群，企业再地方化不断增强。

（3）产业政策不断加强。在产业转移到皖江示范区并重新集聚起来的过程中，政策在很大程度上起了推动作用。皖江示范区享受产业发展指导目录内的投资项目国家鼓励类的优惠政策，并定期调整产业发展指导目录。同时，对于那些重大基础建设和重大产业项目投资，享受国家在产业布局、审批核准、资金补助、贷款贴息等方面的支持。整合财政资源，支持示范区产业支撑体系建设，以及骨干企业自主创新能力培育和跨区域兼并重组。建立健全税收优惠政策落实保障机制，充分发挥价格政策效应，吸引海内外机构、企业在安徽省落户。鼓励沿海地区企业参与我省区域性公共创新体系建设。支持示范区各市培育出口基地和加工贸易转移承接地，承接制造和物流外包，推进海关特殊监管区建设。鼓励江北、江南产业集中区和具备条件的开发区采取合作共建方式，以资源整合、异地托管、项目共建、税收分成等途径，积极承接发达地区的链式或集群式产业转移。表 4.5 列举了皖江示范区建设以来出台的相关政策。

表 4.5　皖江城市带承接产业转移示范区相关政策

政策	单位
《皖江城市带承接产业转移示范区环境保护规划（2011—2015）》	安徽省人民政府 2012 年 2 月 17 日
《皖江城市带承接产业转移示范区职业技术教育发展规划（2010—2015）》	安徽省人民政府 2011 年 4 月 14 日
《关于保障服务皖江城市带承接产业转移示范区建设的若干政策意见》	安徽省国土资源厅 2010 年 9 月 10 日
《关于推进皖江城市带承接产业转移示范区自主创新的若干政策措施》	安徽省科技厅等 2010 年 7 月 5 日
《关于支持皖江城市带承接产业转移示范区企业上市融资的实施意见》	安徽省金融办等 2010 年 6 月 18 日
《关于银行业支持皖江城市带承接产业转移示范区发展的意见》	中国人民银行合肥中心支行 2010 年 7 月 21 日

资料来源：根据安徽省发展和改革委员会皖江经济发展处规划政策板块整理。

（4）产业环境优化。良好的产业环境是企业与政府联系的纽带，是企业再地方化不可或缺的因素。皖江示范区进一步转变政府职能，简化办事程序，提高服务效率，完善政务服务体系，推进行政许可跨区域互认机制实现。另外，加大中小企业扶持力度，拓宽企业融资渠道，完善信用担保体系。实施税收优惠政策，为企业尤其是中小企业实现技术提升和结构升级提供政策支持。积极支持新型社会组织发展，鼓励各类企业通过公平竞争、自愿联合的原则，维护公平竞争市场环境，充分发挥社会组织桥梁和纽带作用。

2. 皖江示范区产业转移情况

参考范剑勇（2006）关于产业转移的测量方法，对皖江示范区进行产业承接测量。该方法的原理为：存在 A、B 两个地区，和 t_1、t_2 年，且 $t_1 < t_2$，如 M 产业在 A 地区的 t_1 年和 t_2 年的产值占全国的比重分别为 p_1 和 p_2，若 $p_1 > p_2$，则表明 A 地的 M 产业从 t_1 到 t_2 年占全国的比重有所下降，M 产业存在部分转出；反之，则表明 M 产业存在部分转入。考虑到一个地区产业产值的增加可能仅是由区域经济的快速发展，自身产业规模的扩大所引起的。因此，为了全面反映地区产业承接的情况，这里同时考察了 B 地区的 t_1 年和 t_2 年的产值占全国的比重分别为 p_3 和 p_4，若 $p_1 > p_2$，且 $p_3 < p_4$，则能充分说明 A 地的 M 产业增加是由 B 地转出，虽然有一定缺陷，但能在一定程度上衡量皖江示范区的产业承接状况。如表 4.6 所示。

表 4.6　东部地区和皖江示范区各行业产值占比及产业相对转移情况

行业分类	东部地区				皖江示范区			
	2006 年	2011 年	2016 年	趋势	2006 年	2011 年	2016 年	趋势
煤炭开采和洗选业	30.6	25.4	25.0	↓ ↓	3.47	2.53	0.84	↓ ↓
黑色金属矿采选业	63.3	65.6	58.0	↑ ↓	2.11	2.48	3.01	↑ ↑
有色金属矿采选业	38.0	31.4	29.4	↓ ↓	0.75	0.98	1.13	↑ ↑
非金属矿采选业	69.0	57.9	51.0	↓ ↓	1.30	2.59	3.94	↑ ↑
农副食品加工业	66.1	56.5	51.0	↓ ↓	1.51	2.94	6.38	↑ ↑
食品制造业	63.4	55.8	53.2	↓ ↓	1.98	1.72	3.27	↓ ↑
酒、饮料和精制茶制造业	57.9	46.1	39.8	↓ ↓	2.10	2.39	3.00	↑ ↑
烟草制品业	37.5	40.3	39.4	↑ ↓	2.91	2.63	1.89	↓ ↓
纺织业	85.9	80.7	74.5	↓ ↓	0.87	1.49	2.87	↑ ↑
纺织服装、服饰业	93.1	85.6	73.8	↓ ↓	0.49	2.24	5.61	↑ ↑
皮革毛皮羽毛（绒）及其制品业	82.6	80.1	78.2	↓ ↓	0.84	1.79	4.45	↑ ↑
木材加工及木竹藤棕草制品业	79.6	75.3	71.2	↓ ↓	1.88	3.18	7.61	↑ ↑
家具制造业	84.8	81.7	79.5	↓ ↓	0.30	1.66	4.80	↑ ↑
造纸和纸制品业	78.7	72.4	69.6	↓ ↓	0.84	1.50	2.02	↑ ↑
印刷和记录媒介复制业	60.3	59.1	58.2	↓ ↓	1.39	2.97	5.22	↑ ↑
文教、工美、体育和娱乐用品制造业	68.5	65.6	64.2	↓ ↓	0.68	1.64	3.82	↑ ↑
石油加工、炼焦和核燃料加工业	42.8	41.2	39.6	↓ ↓	0.88	0.75	0.97	↓ ↑
化学原料和化学制品制造业	72.9	70.0	68.2	↓ ↓	1.22	1.76	2.18	↑ ↑

续表

行业分类	东部地区				皖江示范区			
	2006 年	2011 年	2016 年	趋势	2006 年	2011 年	2016 年	趋势
医药制造业	63.6	58.8	56.0	↓ ↓	0.88	1.63	2.02	↑ ↑
化学纤维制造业	87.3	87.9	89.7	↑ ↑	0.56	0.84	0.91	↑ ↑
橡胶和塑料制品业	30.5	29.8	28.7	↓ ↓	1.82	2.56	5.05	↑ ↑
非金属矿物制品业	42.0	39.8	36.5	↓ ↓	1.57	2.48	3.43	↑ ↑
黑色金属冶炼和压延加工业	69.0	66.8	66.0	↓ ↓	1.44	1.92	1.98	↑ ↑
有色金属冶炼和压延加工业	50.9	47.0	45.8	↓ ↓	2.78	3.04	3.79	↑ ↑
金属制品业	37.4	35.2	33.6	↓ ↓	0.96	2.13	3.64	↑ ↑
通用设备制造业	81.3	76.8	73.1	↓ ↓	1.09	2.14	3.66	↑ ↑
专用设备制造业	73.5	67.0	66.1	↓ ↓	1.15	1.93	2.99	↑ ↑
汽车制造业	—		76.6		—		3.02	
铁路、船舶、航空航天和其他运输设备制造业	64.6	64.7	66.4	↑ ↓	1.93	2.35	0.95	↑ ↓
电气机械和器材制造业	86.5	79.8	73.9	↓ ↓	2.26	4.17	5.61	↑ ↑
计算机、通信和其他电子设备制造业	95.4	92.4	79.6	↓ ↓	0.24	0.64	2.01	↑ ↑
仪器仪表制造业	90.0	84.8	81.1	↓ ↓	0.56	1.09	1.77	↑ ↑
废弃资源综合利用业	42.2	38.6	36.5	↓ ↓	0.77	6.86	16.75	↑ ↑
金属制品、机械和设备修理业	—	—	41.1		—	—	1.16	
电力、热力生产和供应业	62.6	59.2	58.7	↓ ↓	1.55	2.67	0.76	↑ ↓
燃气生产和供应业	39.6	60.0	50.7	↑ ↓	1.09	1.38	1.16	↑ ↓
水的生产和供应业	42.7	38.0	35.9	↓ ↓	1.24	1.36	0.30	↑ ↓
现代服务业	63.4	65.2	60.7	↑ ↓	1.72	1.66	1.75	↓ ↑

注：①表中数据根据 2007 年、2012 年、2017 年《中国工业统计年鉴》《中国统计年鉴》《安徽省统计年鉴》计算整理所得；②根据国民经济行业分类，工业分为 39 大类，其中"汽车制造业"和"金属制品、机械和设备修理业"为 2012 年新增分类；符号"↑"和"↓"分别表示在 2006～2011 年、2011～2016 年两个时间段内相应地区该行业存在转入或转出。

由表 4.6 可以看出，2011～2016 年皖江示范区承接的产业有黑色金属矿采选业，有色金属矿采选业，非金属矿采选业，农副食品加工业，食品制造业，酒、饮料和精制茶制造业，纺织业，纺织服装、服饰业，家具制造业，造纸和纸制品业，印刷和记录媒介复制业，文教、工美、体育和娱乐用品制造业，石油加工、炼焦和核燃料加工业，化学原料和化学制品制造业，医药制造业，化学纤维制造业，橡胶和塑料制品业，金属制品业，通用设备制造业，专用设备制造业，电气机械和器材制造业，计算机、通信和其他电子设备制造业，仪器仪表制造业，现代服务业等30个产业，约占总样本的78.9%。

如表4.7所示，与2006～2011年相比，皖江示范区增加了食品制造业和现代服务业2个产业的转入，减少了铁路、船舶、航空航天和其他运输设备制造业、电力、热力生产和供应业、燃气生产和供应业和水的生产和供应业4个产业。其中，产业承接增幅达到2%以上的有9个产业，占总样本的30%，余下的21个产业中，有8个产业增幅在1%以上，包括纺织业、通用设备制造业、专用设备制造业、计算机、通信和其他电子设备制造业等产业。由此可见，皖江示范区对于农副食品加工业、纺织业、纺织服装、服饰业、家具制造业、橡胶和塑料制品业、专用设备制造业、计算机、通信和其他电子设备制造业等产业的承接增幅明显加快，这与示范区内产业政策相契合，如《皖江城市带承接产业转移示范区产业发展规划》指出要加快培育战略性新兴产业，做大做强优势产业，大力发展现代服务业，具有代表性的有合肥的电子信息产业、家电产业、装备制造业，芜湖的汽车产业、机械设备制造业、纺织服装业以及示范区内农副产品深加工业等。

表4.7 皖江示范区承接产业规模变化

2006～2011年产业承接		2011～2016年产业承接	
产业名称	比重（%）	产业名称	比重（%）
黑色金属矿采选业	0.37	黑色金属矿采选业	0.53
有色金属矿采选业	0.23	有色金属矿采选业	0.14
非金属矿采选业	1.29	非金属矿采选业	1.34
农副食品加工业	1.42	农副食品加工业	3.44
酒、饮料和精制茶制造业	0.30	食品制造业	1.55
纺织业	0.61	酒、饮料和精制茶制造业	0.61
纺织服装、服饰业	1.75	纺织业	1.38
皮革毛皮羽毛（绒）及其制品业	0.95	纺织服装、服饰业	3.37

2006～2011 年产业承接		2011～2016 年产业承接	
产业名称	比重（%）	产业名称	比重（%）
木材加工及木竹藤棕草制品业	1.29	皮革毛皮羽毛（绒）及其制品业	2.66
家具制造业	1.36	木材加工及木竹藤棕草制品业	4.43
造纸和纸制品业	0.66	家具制造业	3.14
印刷和记录媒介复制业	1.58	造纸和纸制品业	0.52
文教、工美、体育和娱乐用品制造业	0.96	印刷和记录媒介复制业	2.25
化学原料和化学制品制造业	0.54	文教、工美、体育和娱乐用品制造业	2.18
医药制造业	0.75	石油加工、炼焦和核燃料加工业	0.22
化学纤维制造业	0.28	化学原料和化学制品制造业	0.42
橡胶和塑料制品业	0.74	医药制造业	0.39
非金属矿物制品业	0.91	化学纤维制造业	0.08
黑色金属冶炼和压延加工业	0.48	橡胶和塑料制品业	2.49
有色金属冶炼和压延加工业	0.27	非金属矿物制品业	0.95
金属制品业	1.17	黑色金属冶炼和压延加工业	0.06
通用设备制造业	1.06	有色金属冶炼和压延加工业	0.74
专用设备制造业	0.78	金属制品业	1.51
铁路、船舶、航空航天和其他运输设备制造业	0.42	通用设备制造业	1.52
电气机械和器材制造业	1.90	专用设备制造业	1.06
计算机、通信和其他电子设备制造业	0.39	电气机械和器材制造业	1.44
仪器仪表制造业	0.53	计算机、通信和其他电子设备制造业	1.37
废弃资源综合利用业	6.09	仪器仪表制造业	0.68
电力、热力生产和供应业	1.12	废弃资源综合利用业	9.89
燃气生产和供应业	0.29	现代服务业	0.10
水的生产和供应业	0.11		
总数（个）	31	总数（个）	30

资料来源：根据表 4.6 计算整理所得。

　　综上所述，皖江示范区的设立加快承接了战略性新兴产业，如电子信息产业、高端装备制造业、生物医药等。这些产业转入皖江示范区后重新集聚，形成再地方化效应。与此同时，汽车产业、纺织服装业、农副食品加工业等传统优势产业得到持续发展，从产业集聚向集群演变。另外，皖江示范区内的现代服务业承接并不显著，产业多样性具有发展的空间。

二、企业再地方化的测度及变化特征

综上可知，皖江示范区承接而来的企业已形成再地方化，且再地方化效应表现为静态外部性和动态外部性，并影响地区经济发展和区域创新，最终作用于地区转型发展。本部分通过测度静态外部性和动态外部性，分析皖江示范区企业再地方化效应的变化特征。

（一）测度方法

1. 静态外部性测度

产业内集聚外部性（intra_ aggl）又称专业化外部性，这里参照 Glaeser（1992）关于地区专业化指数的测度方法，将其表示为：

$$intra\_\ aggl_i = Max_j\ (s_{ji}/s_j) \tag{4.1}$$

其中，s_{ji} 为 j 产业在 i 地区的就业人数占 i 地区总就业人数的比重，s_j 为所有地区 j 产业的就业人数占所有地级市全部就业人数的比重。因为一个地区有很多行业，不同行业会产生不同的产业内集聚外部性，这里选用最大的行业产业内集聚外部性来表示一个地区整体的专业化程度。

产业间集聚外部性（inter_ aggl）又称多样化外部性，这里参照 Duranton 和 Puga（1999）研究美国城市产业结构时使用的测度方法，将其表示为：

$$inter\_\ aggl_i = \frac{1}{\sum_j |s_{ji} - s_i|} \tag{4.2}$$

其中，s_{ji} 和 s_j 含义与上述相同。

2. 动态外部性测度

静态外部性对地区经济发展水平和区域创新的影响推导是在未考虑产业集聚外部性发挥作用所需条件时的理论模型。事实上，产业内（间）集聚外部性作用发挥机制与本地区市场竞争结构密切相关。在此基础上，形成了三种不同的集聚外部性来源：MAR 外部性、Jacobs 外部性和 Porter 外部性，三者被合称为产业集聚动态外部性。

其中，MAR 外部性认为外部性主要来自产业内集聚，一个地区的产业内集聚（专业化）程度越高，越有利于正的外部性产生，并且当市场结构处于垄断时更有利于促进经济发展水平提升和区域创新。Jacobs 外部性则认为外部性来源于产业间集聚（多样化），产业结构多样化比产业结构单一化更有利于地区经济发展水平提升和区域创新，且认为竞争的市场结构才有利于加速这一进程。Porter 外部性与 MAR 外部性相同的是支持产业内集聚外部性的作用，但与之不同的是其认为竞争市场结构比垄断市场结构更有利于地区经济发展水平提升和区域创新。因此，基于 MAR 外部性、Jacobs 外部性和 Porter 外部性发挥作用的条件，定义如下：

$$\text{mar}_{it} = \text{intra\_ aggl}_{it} / \text{comp}_{it} \tag{4.3}$$

$$\text{jacobs}_{it} = \text{inter\_ aggl}_{it} \times \text{comp}_{it} \tag{4.4}$$

$$\text{porter}_{it} = \text{intra\_ aggl}_{it} \times \text{comp}_{it} \tag{4.5}$$

其中，i 表示各地级市，t 表示时间，intra_ aggl 和 inter_ aggl 分别表示产业内集聚外部性（专业化外部性）和产业间集聚外部性（多样化外部性），其定义和测度方法与上文相同；comp 为产业竞争程度，参照 Feldman 和 Audretsch（1999）、彭向和蒋传海（2011）等学者的处理方法，采用以下公式进行测度：

$$\text{comp}_{it} = \frac{\text{i 地区 k 产业企业数量/i 地区 k 产业增加值}}{\text{全国 k 产业企业数量/全国 k 产业增加值}} \tag{4.6}$$

从式（4.6）可以看出，comp 越大，表明该地区产业竞争程度越高。基于数据的可获得性，采用地区规模以上工业企业数代表地区工业企业数，用规模以上工业增加值代表工业增加值进行计算。

（二）再地方化效应的变化特征

为了更好地分析皖江示范区企业再地方化效应的变化，对皖江示范区内各市（区、县）2011～2016 年静态外部性（专业化外部性和多样化外部性）、动态外部性（MAR 外部性、Jacobs 外部性和 Porter 外部性）的变化量和变化趋势进行分析。

1. 外部性变化

2011～2016 年皖江示范区外部性变化量如表 4.8 所示。从静态外部性来看，2011～2016 年合肥市和芜湖市的专业化外部性的变化量相似，除 2011 年和 2013 年出现负值以外，其他年份为正值，但对于多样化外部性变化量来说，两地表现出明显的差异，合肥市在前三年为负值，后三年为正值，而芜湖市波动较大，在 2012 年和 2013 年分别出现了极大值和极小值。从动态外部性来看，两市的 MAR 外部性和 Jacobs 外部性的变化量都表现为正负相交替变化，且 Jacobs 外部性变化量在芜湖市中同样表现出不稳定的变化趋势，Porter 外部性的变化量在两个地区中都表现得较为稳定。这表明合肥市在企业再地方化过程中所受专业化外部性和多样化外部性更为显著，这与合肥市的核心经济地位和地区经济发展水平有关。而芜湖市的经济总量较大，同时作为皖江示范区的两核之一，吸引了较多产业集聚于此，但由于招商引资项目的变化较大，可能造成产业布局不合理，信息交流平台建设跟不上，出现短暂的"挤出效应"，使企业再地方化的效应不能稳定地发挥出来。

安庆、铜陵、池州和马鞍山四市在外部性的变化量上具有异同点。从静态外部性来看，四个城市的专业化外部性变化量多数年份为负值，除安庆市的多样化外部性变化量较多为正值外，其余三个城市则多数表现为负值。从动态外部性来看，安庆市和池州市的 MAR 外部性变化量多数为正值，铜陵市仅在 2011 年为正值，而马鞍山市的 MAR 外部性变化量则全部为负值。四个地区的 Jacobs 外部性变化量则表现为正负交替，且正数较多。马鞍山市和铜陵市的 Porter 外部性变化量全部为正，其余两个地区既有正值又有负值。以上分析中可以看出企业再地方化效应在安庆市和池州市较为显著，这与两地的产业基础较好有关。虽然马鞍山市和铜陵市的专业化外部性效应不强，但其 Porter 外部性则表现出较好态势，表明两市在发展本地区优势产业的同时，应积极承接多样化产业，更好地发挥企业再地方化效应。

作为皖江示范区的两翼，滁州市和宣城市在外部性的变化量上有不同的表现。从静态外部性来看，滁州市的专业化外部性的变化量多数为负值，而宣城市多数为正值，而多样化外部性的变化量在两地则表现出相反的结果。从动态外部性来看，两市的 MAR 外部性和 Jacobs 外部性的变化量分别与专业化外部性和多样化外部性的变化量呈现出相同的特点，滁州市和宣城市的 Porter 外部性的变化量表现为正负交替，且宣城市多数为正值。之所以出现上述情况，可能是因为滁州和宣城两市的产业发展定位不同。前者注重产业多样化承接，而后者则更加注重专业化产业的发展，如利用本地资源优势发展的农产品加工业。金安区和舒城县的外部性变化量呈现出统一态势，五种外部性变化量都呈正负交替，且在多样化外部性中表现得更为明显，专业化外部性的变化量中正数居多，说明集聚两地的企业发挥了再地方化正效应。

表 4.8　2011～2016 年皖江示范区外部性变化量

年份		合肥	滁州	马鞍山	芜湖	宣城	铜陵	池州	安庆	金安区	舒城县
专业化外部性	2011	− 0.032	0.124	− 0.151	− 0.264	− 0.160	1.044	− 0.049	− 0.087	− 0.039	− 0.037
	2012	0.002	− 0.010	− 0.081	0.143	0.0108	− 0.08	− 0.003	− 0.015	0.001	0.001
	2013	− 0.018	0.143	− 0.060	− 0.025	0.048	− 0.06	− 0.017	− 0.039	0.007	0.006
	2014	0.025	− 0.014	− 0.057	0.003	0.085	− 0.06	0.004	− 0.021	0.023	0.027
	2015	0.001	− 0.093	− 0.015	− 0.007	0.050	− 0.01	− 0.001	0.121	− 0.037	− 0.032
	2016	0.135	0.041	0.119	0.127	0.184	0.119	0.134	0.255	0.097	0.099
多样化外部性	2011	− 14.56	− 134.4	55.21	− 7.014	7.276	74.26	− 2.581	5.293	− 2.130	− 2.127
	2012	− 0.046	5.444	177.79	1190.8	− 1.118	178.3	− 0.221	1.377	− 0.126	− 0.128
	2013	− 5.462	− 36.92	− 198.01	− 1004.5	− 3.687	− 198	− 0.864	4.656	− 0.220	− 0.214
	2014	5.5887	1.165	− 25.350	37.335	− 3.567	− 25.3	0.0102	3.963	0.6013	0.6001
	2015	0.2281	16.97	− 3.4926	− 72.015	− 1.417	− 3.49	− 0.026	− 14.94	− 1.062	− 1.066
	2016	0.2916	17.03	− 3.4291	− 71.952	− 1.353	− 3.42	0.0365	− 14.88	− 1.004	− 1.003
MAR外部性	2011	− 0.521	0.731	− 3.1236	− 1.1017	0.4257	16.23	0.0859	− 0.752	− 1.113	− 0.597
	2012	0.2991	− 0.063	− 1.3149	0.5654	− 1.252	− 3.56	− 0.013	− 0.213	− 0.416	− 0.042
	2013	0.0845	− 0.047	− 0.8043	0.4599	0.1346	− 1.54	0.0746	0.125	− 0.089	0.0194
	2014	0.4692	− 0.020	− 0.5937	− 0.1133	0.0386	− 2.27	0.0311	0.186	0.0591	0.0797
	2015	− 0.013	− 0.196	− 0.4437	− 0.1312	0.0998	− 3.49	− 0.014	0.304	− 0.071	− 0.076
	2016	0.1060	− 0.076	− 0.3237	− 0.0112	0.2198	− 3.37	0.1058	0.424	0.0485	0.0434
Jacobs外部性	2011	− 2.182	− 53.30	11.0125	− 1.6293	1.2134	4.690	− 2.857	3.542	0.5956	0.8650
	2012	− 0.495	2.007	40.4293	301.20	3.0639	14.48	− 0.067	1.353	0.7877	0.1455
	2013	− 1.284	− 11.35	− 40.306	− 261.19	− 2.018	− 14.7	− 1.049	1.142	0.2032	− 0.131
	2014	0.5823	0.409	− 5.1875	9.948	− 1.493	− 1.56	− 0.110	0.558	0.2346	0.1467
	2015	0.0643	6.273	0.2324	− 15.354	− 0.762	1.450	0.0500	− 5.969	− 0.472	− 0.514
	2016	1.1269	7.335	1.2950	− 14.292	0.3003	2.513	1.1126	− 4.906	0.5901	0.5484
Porter外部性	2011	0.0076	− 0.003	0.0275	− 0.0628	− 0.183	0.067	− 0.089	0.052	0.0416	0.0642
	2012	− 0.011	0.001	0.0181	0.0361	0.2250	0.005	0.0012	0.031	0.0408	0.0104
	2013	− 0.009	0.109	0.0139	− 0.0377	0.0142	9.865	− 0.038	− 0.061	0.0167	0.0022
	2014	− 0.006	− 0.007	0.0094	0.0071	0.0780	0.007	− 0.004	− 0.049	0.0092	0.0040
	2015	0.0007	− 0.042	0.0278	0.0037	0.0250	0.047	0.0031	0.048	− 0.017	− 0.015
	2016	0.0030	− 0.040	0.0300	0.0060	0.0272	0.049	0.0054	0.050	− 0.015	− 0.017

资料来源：表中数据根据各市统计年鉴计算所得。

2. 外部性变化趋势

2011～2016 年皖江示范区外部性变化趋势如表 4.9 所示。2011 年的外部性总体呈减弱趋势，对于专业化外部性来说只有滁州市和宣城市是增强的，而 MAR 外部性除了在上述两市出现增强态势，在铜陵市和池州市也呈上升之势；多样化外部性在一些地区增强，如马鞍山市和安庆市，而在另外一些地区出现减弱的情况，如合肥市和芜湖市，与之相对应的 Jacobs 外部性表现也与之相似，除了金安区和舒城县出现了加强的相反情况，Porter 外部性在合肥市、马鞍山市有所加强，但在芜湖市和滁州市却出现了减弱的状态，分析出现上述情况的原因可能是此时示范区刚刚设立，很多基础设施正在建设，产业布局正在调整，使企业集聚的外部性较弱，没能很好地发挥企业再地方化效应。

表 4.9　2011～2016 年皖江示范区外部性变化趋势

外部性	年份	合肥	滁州	马鞍山	芜湖	宣城	铜陵	池州	安庆	金安区	舒城县
专业化外部性	2011	↓	↑	↓	↓	↓	↑	↓	↓	↓	↓
	2012	↑	↓	↓	↑	↑	↓	↓	↓	↑	↑
	2013	↓	↑	↓	↓	↓	↓	↓	↓	↑	↑
	2014	↑	↓	↓	↑	↑	↑	↓	↓	↑	↑
	2015	↓	↑	↑	↓	↓	↑	↑	↑	↓	↓
	2016	↑	↑	↑	↓	↑	↑	↑	↑	↑	↓
多样化外部性	2011	↓	↑	↑	↓	↑	↑	↑	↑	↓	↓
	2012	↓	↑	↑	↓	↓	↑	↑	↑	↓	↓
	2013	↓	↓	↑	↓	↑	↑	↑	↑	↓	↓
	2014	↑	↑	↓	↓	↓	↓	↑	↑	↑	↑
	2015	↓	↑	↑	↓	↓	↑	↑	↑	↓	↓
	2016	↑	↑	↑	↑	↑	↑	↑	↑	↑	↑
MAR外部性	2011	↓	↑	↑	↓	↓	↑	↑	↑	↓	↓
	2012	↑	↓	↓	↑	↓	↑	↑	↑	↓	↓
	2013	↑	↑	↓	↑	↑	↑	↑	↑	↑	↑
	2014	↑	↓	↓	↑	↑	↑	↑	↑	↑	↑
	2015	↑	↑	↑	↑	↓	↑	↑	↑	↓	↓
	2016	↑	↑	↑	↓	↑	↑	↑	↑	↑	↓
Jacobs外部性	2011	↓	↑	↑	↑	↑	↑	↑	↑	↓	↓
	2012	↓	↑	↑	↑	↑	↑	↑	↑	↓	↓
	2013	↓	↑	↓	↓	↓	↓	↓	↓	↓	↓
	2014	↑	↑	↓	↑	↑	↓	↑	↑	↑	↑
	2015	↑	↑	↑	↑	↑	↓	↓	↑	↓	↓
	2016	↑	↑	↑	↓	↑	↑	↑	↓	↑	↑

外部性	年份	合肥	滁州	马鞍山	芜湖	宣城	铜陵	池州	安庆	金安区	舒城县
Porter 外部性	2011	↑	↓	↑	↑	↓	↑	↓	↑	↑	↑
	2012	↓	↑	↑	↑	↑	↑	↑	↑	↑	↑
	2013	↓	↑	↑	↑	↑	↓	↓	↓	↑	↑
	2014	↓	↓	↑	↑	↑	↑	↓	↓	↑	↑
	2015	↑	↓	↑	↑	↑	↑	↑	↑	↓	↑
	2016		↓	↑	↑	↑	↑	↑	↑	↓	↓

注：根据各市统计年鉴计算所得。

相较于 2011 年，2012 年皖江示范区外部性呈现波动上升趋势。许多地区的专业化外部性在这一年出现了增强趋势，如合肥、芜湖和宣城等市，但一些地区的 MAR 外部性则出现了减弱的情况，如铜陵市和池州市。多样化外部性出现强弱交替的现象，虽然在合肥市依然是减弱的状态，但在芜湖市却出现了增强，Jacobs 外部性则表现得更为强劲，除个别地区外，多数地区都出现了强化的情况，Porter 外部性也如 Jacobs 外部性一样，在绝大多数地区是增强的，由此说明示范区设立以后，随着企业的转入，逐渐显现了再集聚产生的再地方化效应。

2013～2015 年，外部性既有增强也有减弱。有的地区出现持续增强的态势，如宣城市的专业化外部性和安庆市的 MAR 外部性。但多数地区出现强弱交替的现象，如合肥市和芜湖市的多样化外部性在 2013 年出现了减弱，但在 2014 年又有所加强，专业化外部性和 MAR 外部性的强弱变化在些许地区存在不一致的情况，而多样化外部性与 Jacobs 外部性强弱变化表现出了一致性，特别是 Porter 外部性在多数地区都表现出加强的状态，这一阶段正是示范区设立发展的阶段，招商引资规模逐渐扩大，基础设施建设不断完善，产业布局较为合理，如此促进了企业再地方化正效应的发挥。

数据表明，截至 2016 年，无论是专业化外部性还是多样化外部性都表现得尤为强劲，只在个别地区出现减弱的情况。这说明示范区的设立吸引着相同产业和不同产业集聚于此，逐渐形成产业集群。示范区内的企业受益于集聚经济，强化了企业再地方化的正效应。

3. 各城市的外部性变化

各主要城市的外部性变化特征不同，表明企业在再地方化过程中的效应也不同。由前文分析可以看出，静态外部性变化与动态外部性变化具有相似性。因此，对各城市的三种动态外部性进行具体分析，如表4.10所示。

表 4.10 皖江示范区各城市的外部性变化特征及再地方化效应

	MAR 外部性	Jacobs 外部性	Porter 外部性
合肥市	特征：上升—下降—上升 效应：产业内集聚效应变化起伏	特征：上升—下降—上升 效应：产业间集聚效应波动增强	特征：逐年缓慢上升，由负变正 效应：产业竞争程度逐年增强
滁州市	特征：负外部性，平稳变化 效应：产业内集聚效应弱	特征：逐年上升，由负变正 效应：产业间集聚效应强，且逐年增加	特征：负外部性，平稳变化 效应：产业竞争程度持续变弱
马鞍山市	特征：负外部性，且逐年下降 效应：产业内集聚效应弱，且持续下降	特征：大幅下降—小幅上升 效应：产业间集聚效应显著减弱	特征：正外部性，平稳变化 效应：产业竞争程度一般
芜湖市	特征：由正变负，较平稳 效应：产业内集聚效应弱，且平稳下降	特征：由正变负，大幅下降 效应：产业间集聚效应严重减弱	特征：正外部性，平稳变化 效应：产业竞争程度一般
宣城市	特征：正外部性，小幅上升 效应：产业内集聚效应小幅增强	特征：下降—上升，总体下降 效应：产业间集聚效应减弱	特征：正外部性，平稳 效应：产业竞争程度一般
铜陵市	特征：负外部性，逐年下降 效应：产业内集聚效应小且逐年减弱	特征：上升—下降—上升，总体下降 效应：产业间集聚效应显著减弱	特征：正外部性，平稳变化 效应：产业竞争程度较弱
池州市	特征：下降—上升—下降—上升 效应：产业内集聚效应变化大，较弱	特征：上升—下降—上升 效应：产业间集聚效应增强	特征：由负变正，幅度小 效应：产业竞争程度一般
安庆市	特征：逐年上升 效应：产业内集聚效应增强	特征：下降，由正变负 效应：产业间集聚效应持续减弱	特征：下降—上升 效应：产业竞争程度持续上升
金安区及舒城县	特征：上升—下降—上升 效应：产业内集聚效应增强	特征：下降—上升 效应：产业间集聚效应波动增强	特征：负外部性，持续下降 效应：产业竞争程度弱，呈减弱态势

由表4.10看出，各城市的企业再地方化效应的时间演化特征均不同，如合肥市集聚效应总体上呈增强的态势；芜湖市产业内集聚效应和产业间集聚效应均减弱，地区产业竞争效应一般；宣城市产业内集聚效应小幅增强，产业间集聚效应减弱，地区产业竞争效应一般。企业再地方化效应变化的原因，可能与各城市的产业承接政策和转入的产业类型有关。以上述三个城市为例，合肥市引进了大量与电器产业、机器设备产业、汽车零部件等相关或相似产业，因此三种外部性呈整体增强的态势。芜湖市重点发展汽车产业、机械设备产业等，同时也发展现代物流业和金融服务业，这样就形成了市场的多样化竞争和发展，但由于产业配套能力不足，导致三种外部性均不强，甚至有减弱的状况。宣城市大力发展战略性新兴产业，同时依借其"文房四宝之乡"品牌发展文化产品贸易和旅游，因此呈现出MAR的正外部性，但由于还在发展期内，多样化的产业竞争造成了Jacobs外部性的不稳定性。

三、静态外部性对皖江示范区转型发展的影响

（一）模型构建

新经济地理学和新增长经济学理论认为，产业集聚外部性通过技术溢出效应对地区经济发展水平和区域创新产生影响，而从静态的角度来看，产业集聚外部性可以分为产业内集聚外部性（专业化外部性）和产业间集聚外部性（多样化外部性）。理论上，产业内集聚外部性可以促进企业深化分工，加强协作，形成规模经济；产业间集聚外部性有助于知识多样化，促进产业间协同创新。然而，产业内集聚也可能引发"搭便车"行为，造成过度竞争的局面；产业间集聚也可能因产业发展不协调，而产生强大的挤出效应。因此，产业集聚外部性对地区经济发展水平和区域创新可能存在正负两种影响。因此，设定地区经济发展水平和区域创新为产业内集聚外部性和产业间集聚外部性的函数：

$$\text{rpgdp}_{it}(\text{inv}_{it}) = e^{\beta_1 \text{intra\_aggl}_{it} + \beta_2 \text{inter\_aggl}_{it}} \tag{4.7}$$

对模型两边取对数，可得：

$$\ln\text{rpgdp}_{it}(\ln\text{inv}_{it}) = \beta_0 + \beta_1 \text{intra\_aggl}_{it} + \beta_2 \text{inter\_aggl}_{it} \tag{4.8}$$

通过加入一系列与产业集聚相关且理论上对地区经济发展水平和区域创新有显著影响的控制变量，建立如下计量模型：

$$\ln\text{rpgdp}_{it}(\ln\text{inv}_{it}) = \beta_0 + \beta_1 \ln(\text{intra\_aggl}_{it}) + \beta_2 \ln(\text{inter\_aggl}_{it}) + \beta_n \ln X_{it} +$$

$$\delta_i + \mu_t + \varepsilon_{it}$$

$$X_{it} \in \{ wage_{it},\ edu_{it},\ fdi_{it},\ fds_{it},\ gov_{it} \} \qquad (4.9)$$

考虑到产业内集聚外部性和产业间集聚外部性对地区经济发展水平和区域创新可能存在非线性影响，为了更好地捕获产业集聚静态外部性及相关控制变量对地区经济发展水平和区域创新的异质性影响，在模型（4.9）的基础上加入核心变量及控制变量的二次项，修正后的计量模型如下：

$$lnrpgdp_{it}(lninv_{it}) = \beta_0 + \beta_1 \ln(intra\_aggl_{it}) + \beta_2 \big[\ln(intra\_aggl_{it}) \big]^2 +$$
$$\beta_3 \ln(inter_{aggl\,it}) + \beta_4 \big[\ln(inter\_aggl_{it}) \big]^2 +$$
$$\beta_n \ln X_{it} + \beta_k (\ln X_{it})^2 + \delta_i + \mu_t + \varepsilon_{it}$$

$$X_{it} \in \{ wage_{it},\ edu_{it},\ fdi_{it},\ fds_{it},\ gov_{it} \} \qquad (4.10)$$

其中，rpgdp 和 inv 是被解释变量，代表地区经济发展水平和区域创新；核心解释变量 intra_ aggl 和 inter_ aggl 分别代表产业内集聚外部性和产业间集聚外部性；X 是一系列控制变量集合，包括 wage（工资水平）、edu（人力资本）、fdi（利用外资水平）、fds（金融发展水平）和 gov（政府干预）；下标 i 和 t 分别表示地区和时间；ε_{it} 为残差项；同时，考虑到地区不随时间变化的固定效应引发的内生性，以及共同时间趋势引致的"伪回归"问题，模型拟采用双向固定效应模型，其中 δ_i 代表地区固定效应，μ_t 代表时间固定效应。

（二）变量说明

1. 被解释变量与核心解释变量

考虑到一个地区的人均 GDP 能够快速直接地反映该地区的经济增长状况，因此参照张艳和刘亮（2007）的处理方法，将人均 GDP 作为能够反映地区经济发展水平的被解释变量。通过梳理国内外文献发现，目前并不存在公认的可以准确度量区域创新的指标，Hagedoorn 和 Cloodt（2003）通过对多个衡量创新的指标进行综合比较后，认为专利是最可靠的衡量指标，鉴于此，考虑到不同地区自身的异质性，研究采用每十万人发明专利申请受理量为区域创新的代理变量。产业内集聚外部性（intra_ aggl）和产业间集聚外部性（inter_ aggl）作为核心解释变量，前文已做说明，这里不再赘述。

2. 控制变量

（1）工资水平（wage）：一般来说，一个地区的工资水平越高，越有利于吸引各类人才前往此地居住和就业，从而促进地区经济发展水平提升和区域创新。采用各城市历年城镇非私营单位就业人员工资作为工资水平的代理变量，预计其对地区经济发展水平和区域创新具有显著正向影响。

（2）人力资本（edu）：人才是一个地区可持续发展的重要因素，为地区经济发展和区域创新增添源源不断的动力。采用各城市每万人在校大学生数作为人力资本的代理变量，预计其对地区经济发展水平和区域创新具有正向影响。

（3）利用外资水平（fdi）：外商直接投资不仅可以增加城市的资本存量，还通过产业关联、技术转移和知识外溢等途径促进地区经济发展和区域创新，因此利用外资水平的高低会对地区经济和创新产生影响。考虑到各个城市自身经济规模的差异，采用各城市实际利用外商投资额占城市 GDP 比重来表示利用外资水平，其中外商投资额用当年美元兑人民币汇率均价折算成人民币。

（4）金融发展水平（fds）：已有研究表明，地区金融发展水平对地区经济发展水平和区域创新具有重要影响（周立，2002；武志，2010）。鉴于此，采用地区年末金融机构贷款余额占 GDP 的比重作为金融发展水平的代理变量。

（5）政府干预（gov）：在市场发挥主导作用的市场经济中，政府干预同样具有重要作用，对地区经济发展水平和区域创新产生重要影响。采用各城市地区财政支出占 GDP 比重作为政府干预的代理变量。

（三）计量分析

在回归过程中，针对采用不同估计方法的模型回归结果一次进行了 LR 检验、BP 检验以及 Hausman 检验，最终检验结果支持选用面板固定效应（FE）模型。进一步检验还发现模型存在显著的时期效应，且扰动项之间存在截面相关、截面异方差和序列相关等问题，最终建立了双向固定效应模型，并采用 OLS 方法进行模型估计。表 4. 11 和表 4. 12 分别呈现了产业内集聚外部性和产业间集聚外部性对地区经济发展水平和区域创新的影响。

表 4. 11　静态外部性对地区经济发展水平的影响

解释变量	被解释变量 Lnrpgdp					
	模型（1）	模型（2）	模型（3）	模型（4）	模型（5）	模型（6）
lnintra	0. 0002		− 0. 0143	0. 1117		0. 1393
	(0. 0139)		(− 1. 1162)	(0. 8276)		(1. 1229)

解释变量	被解释变量 Lnrpgdp					
	模型（1）	模型（2）	模型（3）	模型（4）	模型（5）	模型（6）
lninter		0.0218**	0.0264***		0.0263	0.0450
		(2.438)	(2.6889)		(0.6723)	(1.3723)
lnintra²				0.0289		0.1175**
				(0.8300)		(2.0328)
lninter²					−0.0005	−0.0097
					(−0.1188)	(−1.5960)
lnwage	0.1993	0.2188	0.2211	0.1289	0.2192	0.1224
	(1.0149)	(1.2013)	(1.2178)	(0.6004)	(1.1868)	(0.6299)
lnedu	−0.0125	−0.009	−0.0103	−0.0097	−0.0090	−0.0092
	(−0.7639)	(−0.5915)	(−0.6805)	(−0.5773)	(−0.5877)	(−0.6053)
lnfdi	−0.0634	0.0569	−0.0097	−0.0861	0.0603	−0.0757
	(−0.2792)	(0.2811)	(−0.0462)	(−0.3747)	(0.2907)	(−0.3614)
lnfdi²	−0.0108	0.004	−0.0039	−0.0138	0.0044	−0.0123
	(−0.3672)	(0.1512)	(−0.1424)	(−0.4651)	(0.1623)	(−0.4553)
lnfds	0.008	0.0511	0.0576	0.0236	0.0514	0.0961
	(0.0573)	(0.3938)	(0.4448)	(0.1674)	(0.3903)	(0.7465)
lnfds²	0.0329	0.0501	0.0577	0.0301	0.0510	0.0800
	(0.3414)	(0.5592)	(0.6449)	(0.3110)	(0.5591)	(0.8970)
lngov	1.1617**	1.418***	1.4578***	1.1083**	1.4194***	1.4583***
	(2.1397)	(2.76)	(2.8403)	(2.0183)	(2.7239)	(2.8743)
lngov²	0.3242**	0.4064***	0.4175***	0.3029**	0.4067***	0.4067***
	(2.3612)	(3.0903)	(3.1762)	(2.1597)	(3.0495)	(3.1053)
c	9.2651***	9.4067***	9.2714***	9.9519***	9.4019***	10.0635***
	(4.036)	(4.4303)	(4.3743)	(4.0627)	(4.3662)	(4.5589)
R^2	0.9976	0.9979	0.9980	0.9977	0.9979	0.9982
N	60	60	60	60	60	60

注：***、**、*分别表示在1%、5%、10%的水平上显著，括号内为系数估计值的t值。

表 4.12　静态外部性对区域创新的影响

解释变量	被解释变量 Lninv					
	模型（1）	模型（2）	模型（3）	模型（4）	模型（5）	模型（6）
lnintra	−0.0476		−0.0667	−0.9530		−0.9663
	（−0.5447）		（−0.6842）	（−1.0231）		（−0.9900）
lninter		0.0132	0.0347		−0.0615	−0.2330
		（0.1969）	（0.4649）		（−0.2090）	（−0.9033）
lnintra^2				−0.2346		0.0370
				（−0.9763）		（0.0813）
lninter^2					0.0086	−0.0003
					（0.2611）	（−0.0066）
lnwage	1.2517	1.2696	1.2802	1.8235	1.2628	1.8480
	（0.9196）	（0.9286）	（0.9293）	（1.2299）	（0.9115）	（1.2088）
lnedu	−0.0213	−0.0121	−0.0184	−0.0441	−0.0108	−0.0413
	（−0.1870）	（−0.1061）	（−0.1595）	（−0.3802）	（−0.0939）	（−0.3446）
lnfdi	3.6291**	4.0097***	3.6995**	3.8132**	3.9552**	3.8800**
	（2.3067）	（2.6365）	（2.3153）	（2.4050）	（2.5435）	（2.3535）
lnfdi^2	0.4890**	0.5347***	0.4981**	0.5137**	0.5283**	0.5223**
	（2.4034）	（2.6988）	（2.4104）	（2.5038）	（2.6130）	（2.4498）
lnfds	0.4805	0.5155	0.5456	0.3537	0.5111	0.4188
	（0.4992）	（0.5287）	（0.5550）	（0.3640）	（0.5174）	（0.4131）
lnfds^2	0.7569	0.7538	0.7894	0.7795	0.7298	0.8121
	（1.1323）	（1.1211）	（1.1619）	（1.1647）	（1.0826）	（1.1573）
lngov	8.2989**	8.5018**	8.6873**	8.7331**	8.4781**	9.1136**
	（2.2056）	（2.2044）	（2.2304）	（2.3035）	（2.1691）	（2.2828）
lngov^2	2.3268**	2.3975**	2.4491**	2.4995**	2.3918**	2.6190**
	（2.4453）	（2.4286）	（2.4554）	（2.5809）	（2.3907）	（2.5412）
c	4.0054	4.6429	4.0138	−1.5723	4.7222	−1.5359
	（0.2518）	（0.2913）	（0.2496）	（−0.0930）	（0.2924）	（−0.0884）
R^2	0.9780	0.9779	0.9782	0.9787	0.9780	0.9788
N	60	60	60	60	60	60

注：***、**、*分别表示在1%、5%、10%的水平上显著，括号内为系数估计值的t值。

　　由表4.11看出，模型（1）、模型（2）、模型（3）是对产业内（间）集聚外部性一次项的回归结果，结果表明，产业间集聚外部性对地区经济发展水平存在稳健的正向影响，而产业内集聚外部性却呈现出微弱的负向影响。这说明产业间集聚较好地发挥了正向外部性，不同行业间集聚产生多样化的互补性知识。在此过程中不仅降低了企业边际生产成本，使地区经济发展水平得以提升，也为地区创新注入新动力。而产业内集聚外部性之所以对地区经济发展水平的正效应不明显，甚至出现了负效应，可能是因为当前产业内集聚过程中内部企业研发创新活动出现"搭便车"行为，以及因模仿创新可能导致的恶性竞争，对地区经济发展水平产生负向作用。

　　模型（4）至模型（6）为加入了产业内（间）集聚外部性二次项的回归结果。与前面三个模型的回归结果不同，产业间集聚外部性的二次项为负且不显著，与地区经济发展水平之间呈现出倒"U"形关系，这表明皖江示范区内部分城市产业间集聚过程中负的外部性影响超过了正的外部性影响，导致了集聚不经济结果的出现。此外，产业内集聚外部性的二次项显著且为正，这表明皖江示范区内的产业正在走向合作化、专业化道路，有着良好竞争的发展态势，对地区经济发展水平起推动作用。

　　控制变量中，工资水平（wage）始终对地区经济发展水平起正向作用，但并不显著，这表明皖江示范区内的工资水平还较低，没有为地区经济发展吸引足够的人才，特别是高端人才，从而推动力不强；人力资本（edu）的正向作用不明显，表明人力资本未能发挥较强的推动作用；利用外资水平（fdi）正值与负值交替出现，且都不明显，表明皖江示范区内外商可能较多投资于劳动密集型产业，对于经济发展水平的提升作用不明显；金融发展水平（fds）始终表现出正效应，但不显著，表明金融发展有利于提升地区经济发展水平，但效果并不显著；政府干预（gov）表现为显著的正向作用，说明地方政府的政策引导和市场监管对于地区经济发展水平的提高具有强有力的推动作用。

　　由表4.12看出，模型（1）～模型（3）为未加入产业内（间）集聚外部性二次项的回归结果，其中产业内集聚外部性为负值且不显著，说明其对区域创新具有微弱的负效应。而产业间集聚外部性为正值且不显著，这在一定程度上表明皖江示范区的区域创新整体更依赖于产业间集聚外部性，这可能与皖江示范区内产业内集聚发展尚不充分、企业间的交流积极性不强有关。

模型（4）、模型（5）、模型（6）中加入产业内（间）集聚外部性二次项。从回归结果来看，仅包含产业内集聚外部性的模型（4）中，产业内集聚外部性一次项、二次项均为负值，但在加入了产业间集聚外部性的模型（6）中，产业内集聚外部性二次项变为正值，说明相同产业和不同产业共同集聚时，产业内集聚外部性对区域创新发生正效应。而产业间集聚外部性在加入其二次项后，二次项为正值，一次项由正值变为负值，且在产业内集聚外部性共同发生作用时，产业间集聚外部性二次项也变为负值，这表明产业间集聚外部性对区域创新呈现出倒"U"形影响，且正效应比负效应明显。从整体上来看，产业内集聚外部性与区域创新呈现出"U"形关系，皖江示范区内产业结构较为单一，存在较少其他领域的创新思想，导致技术创新的"低端锁定"现象；产业间集聚外部性与区域创新呈现出倒"U"形影响，且正向作用较为明显，表明皖江示范区内不同产业企业间互补性的知识溢出效应大于挤出效应。

控制变量中，工资水平（wage）对区域创新呈现出单一的正向作用，但不明显，这与上文中分析皖江示范区内工资水平较低有关，导致创新缺乏动力；人力资本（edu）出现负值，表明皖江示范区内的人力资本未能很好地促进区域创新；利用外资水平（fdi）和政府干预（gov）都能显著地促进区域创新，表明皖江示范区的外商投资在资金储备、技术交流上具有显著成效，政府财政的支持也成为区域创新必不可少的推动力；金融发展水平（fds）为正值，意味着金融发展水平的提高有利于区域创新。

四、动态外部性对皖江示范区转型发展的影响

（一）模型构建

设定地区经济发展水平和区域创新为产业内集聚外部性和产业间集聚外部性的函数：

$$\text{rpgdp}_{it}\ (\text{inv}_{it})\ = e^{\beta_1 \text{mar}_{it} + \beta_2 \text{jacobs}_{it} + \beta_3 \text{porter}_{it}} \tag{4.11}$$

对模型两边取对数，可得：

$$\ln\text{rpgdp}_i\ (\ln\text{inv}_i)\ = \beta_0 + \beta_1 \text{mar}_{it} + \beta_2 \text{jacobs}_{it} + \beta_3 \text{porter}_{it} \tag{4.12}$$

通过加入一系列与产业集聚相关且理论上对地区经济发展水平和区域创新有显著影响的控制变量，建立如下计量模型：

$$\text{lnrpgdp}_{it} \ (\text{lninv}_{it}) \ = \beta_0 + \beta_1 \text{lnmar}_{it} + \beta_2 \text{lnjacobs}_{it} + \beta_3 \text{lnporter}_{it} +$$
$$\beta_n \text{lnX}_{it} + \delta_i + \mu_t + \varepsilon_{it}$$

$$X_{it} \in \{ \text{wage}_{it}, \ \text{edu}_{it}, \ \text{fdi}_{it}, \ \text{fds}_{it}, \ \text{gov}_{it} \} \tag{4.13}$$

同样，考虑到 MAR 外部性、Jacobs 外部性和 Porter 外部性对地区经济发展水平和区域创新可能存在非线性影响，为了更好地捕获产业集聚三种动态外部性及相关控制变量对地区经济发展水平和区域创新的异质性影响，在模型(4.13) 的基础上加入核心变量及控制变量的二次项，修正后的计量模型如下：

$$\text{lnrpgdp}_{it} \ (\text{lninv}_{it}) \ = \beta_0 + \beta_1 \text{lnmar}_{it} + \beta_2 (\text{lnmar}_{it})^2 + \beta_3 \text{lnjacobs}_{it} +$$
$$\beta_4 (\text{lnjacobs}_{it})^2 + \beta_1 \text{lnporter}_{it} + \beta_2 (\text{lnporter}_{it})^2 +$$
$$\beta_n \text{lnX}_{it} + \beta_k \ (\text{lnX}_{it})^2 + \delta_i + \mu_t + \varepsilon_{it}$$

$$X_{it} \in \{ \text{wage}_{it}, \ \text{edu}_{it}, \ \text{fdi}_{it}, \ \text{fds}_{it}, \ \text{gov}_{it} \} \tag{4.14}$$

其中，各字母所表示的含义和代理变量，如上文所述，这里不再赘述。

（二）计量分析

上文中讨论了产业集聚静态外部性（产业内集聚外部性和产业间集聚外部性），对地区经济发展水平和区域创新的关系，得出了较丰富的结论。然而，由于结论是在未充分考虑集聚外部性发挥作用所需条件的前提下得出的，因此研究结果并不充分。鉴于此，接下来在考虑产业集聚外部性发挥作用所需条件的前提下，考察产业集聚动态外部性（MAR 外部性、Jacobs 外部性和 Porter 外部性）对地区经济发展水平和区域创新的影响。同样建立双向固定效应模型，并采用 OLS 方法进行模型估计。

由表 4.13 可知，MAR 外部性和 Jacobs 外部性对地区经济发展水平都起正向作用，但二者均不显著，可能的原因是皖江示范区内的集群企业多为加工制造业，无法充分从相同地区的产业多样化中受益，产业集聚动态外部性的正效应未得到完全发挥。Porter 外部性则起负向作用，同样也不显著，原因可能是市场专业化程度较高，垄断市场比竞争市场更有利于经济增长。控制变量中工资水平（wage）和人力资本（edu）的作用与前文结论一致，而利用外资水平(fdi) 则发挥正效应，金融发展水平（fds）和政府干预（gov）发挥负效应，可能的原因是只考虑了产业集聚动态外部性对地区经济发展水平的线性影响，因此下文将对其非线性影响进行分析。

表 4.13　动态外部性对经济发展水平的线性影响

解释变量	被解释变量 lnrpgdp			
	模型（1）	模型（2）	模型（3）	模型（4）
Lnmar	0.0048			0.0225
	(0.4194)			(1.0994)
Lnjacobs		0.0127		0.0153
		(1.3151)		(1.4186)
Lnporter			−0.0049	−0.0327
			(−0.4071)	(−1.5320)
Lnwage	0.3233*	0.3812**	0.3261*	0.2969
	(1.6828)	(2.0011)	(1.7029)	(1.4571)
Lnedu	−0.0061	−0.0059	−0.0064	−0.0008
	(−0.4348)	(−0.4277)	(−0.4579)	(−0.0554)
Lnfdi	0.0196	0.0193	0.0139	0.0190
	(0.8293)	(0.8779)	(0.6013)	(0.8224)
Lnfds	−0.0633	−0.0609	−0.0642	−0.0627
	(−1.2526)	(−1.2275)	(−1.2699)	(−1.2707)
Lngov	−0.1132	−0.1416	−0.1195	−0.1338
	(−1.0796)	(−1.3651)	(−1.1462)	(−1.2647)
C	6.8279***	6.1377***	6.7661***	6.9479***
	(3.3307)	(3.0112)	(3.3241)	(3.1911)
R^2	0.9972	0.9973	0.9972	0.9975
N	60	60	60	60

注：***、**、*分别表示在1%、5%、10%的水平上显著，括号内为系数估计值的 t 值。

表 4.14 为加入核心解释变量和控制变量二次项后的回归结果。模型（1）为动态外部性变量一次项的回归结果，模型（2）、模型（4）分别依次加入了三种动态外部性的二次项，模型（5）包括了所有表征动态外部性变量的回归结果。加入 MAR 外部性二次项的模型（2）和模型（5）中，该变量的回归系数依然为负，其二次项的回归系数在 10% 的显著性水平上显著为正，表明

MAR 外部性与地区经济发展水平呈"U"形关系，即当产业专业化程度较低时，专业化不利于经济增长，而当产业专业化程度较高时，专业化才会促进经济增长，计算可得临界值在 MAR = 0.939 处；从加入 Jacobs 外部性二次项的模型（3）和模型（5）中可以看出，该变量的二次项回归系数为正，且在 5% 的显著性水平上显著，说明 Jacobs 外部性与地区经济发展水平呈现倒"U"形关系，即当产业专业化程度较低时，多样化有利于促进经济增长，而当产业多样化程度较高时，多样化会阻碍经济发展，计算可得临界值在 Jacobs = 5.08 处，这与产业间集聚外部性的回归结果相似，表明皖江示范区内不同产业间集聚及融合发展有利于经济发展水平的提升；在模型（4）和模型（5）中 Porter 外部性的一次项和二次项系数都表现为正数，说明开放的市场竞争比市场垄断更有利于地区经济发展。

表 4.14　动态外部性对经济发展水平的非线性影响

解释变量	被解释变量 lnrpgdp				
	模型（1）	模型（2）	模型（3）	模型（4）	模型（5）
lnmar	-0.0047	-0.0836	-0.0256	0.0354	-0.0303
	(-0.2251)	(-1.6384)	(-1.2314)	(0.6004)	(-0.3243)
$lnmar^2$		0.0445*			0.0223
		(1.6853)			(0.7615)
lnjacobs	0.0398***	0.0343**	0.1330***	0.0381***	0.1234***
	(3.0945)	(2.6466)	(3.5580)	(2.8865)	(3.0657)
$lnjacobs^2$			-0.0131**		-0.0124**
			(-2.6284)		(-2.3273)
lnporter	-0.0210	0.0108	-0.0514**	0.0629	0.0367
	(-1.0302)	(0.3941)	(-2.3272)	(0.5371)	(0.3266)
$lnporter^2$				0.0142	0.0120
				(0.7274)	(0.5833)
lnwage	0.0598	-0.1396	0.0547	-0.0287	-0.1192
	(0.2839)	(-0.5897)	(0.2815)	(-0.1174)	(-0.5041)
lnedu	-0.0071	-0.0090	-0.0099	-0.0053	-0.0092
	(-0.4784)	(-0.6239)	(-0.7230)	(-0.3488)	(-0.6525)

解释变量	被解释变量 lnrpgdp				
	模型（1）	模型（2）	模型（3）	模型（4）	模型（5）
lnfdi	−0.0883	−0.2652	−0.1638	−0.1494	−0.2995
	（−0.4229）	（−1.1585）	（−0.8406）	（−0.6599）	（−1.3508）
lnfdi^2	−0.0126	−0.0348	−0.0204	−0.0205	−0.0377
	（−0.4678）	（−1.1879）	（−0.8151）	（−0.7012）	（−1.3270）
lnfds	−0.0263	0.0542	−0.0118	0.0014	0.0509
	（−0.2098）	（0.4134）	（−0.1021）	（0.0110）	（0.4046）
lnfds^2	−0.0160	0.0241	−0.0086	−0.0085	0.0173
	（−0.1722）	（0.2586）	（−0.1009）	（−0.0909）	（0.1944）
lngov	1.7093 ***	1.9338 ***	2.0919 ***	1.7775 ***	2.2399 ***
	（3.2867）	（3.6921）	（4.1704）	（3.3410）	（4.3349）
lngov^2	0.4886 ***	0.5073 ***	0.6024 ***	0.4967 ***	0.6121 ***
	（3.5997）	（3.8242）	（4.5446）	（3.6221）	（4.5618）
c	11.0151 ***	13.2244 ***	11.0833 ***	11.9826 ***	12.9988 ***
	（4.7343）	（5.0513）	（5.1606）	（4.4476）	（4.9810）
R^2	0.9982	0.9983	0.9985	0.9982	0.9986
N	60	60	60	60	60

注：***、**、*分别表示在1%、5%、10%的水平上显著，括号内为系数估计值的t值。

表4.15为产业集聚动态外部性对区域创新影响估计结果。从模型（2）～模型（4）回归结果中可以发现，分别考虑MAR外部性、Jacobs外部性或Porter外部性时，其对区域创新的非线性影响均不明显，但在综合考虑三种动态外部性的模型（5）中可以看到，MAR外部性、Jacobs外部性和Porter外部性对区域创新分别呈现出倒"U"形、"U"形和负向影响。当市场处于不同发展阶段时，产业集聚动态外部性发挥不同的效应。当相同产业集聚到同一地区产生MAR外部性时，此时该地区的产业和市场结构较为单一，企业的创新活动很容易实现内部消化吸收，从而有利于区域创新。后期随着垄断程度的加强，垄断企业由于缺乏竞争而逐渐变得保守，则阻碍区域创新；与之相反的是Jacobs外部性，前期由于产业结构单一，产业间集聚程度不强，多样化的知识技术溢出效应没能得到很好的发挥。后期随着产业结构的多元化以及市场竞争

程度加深，各企业为获取市场竞争力而加大技术创新投入，由此促进区域创新；Porter 外部性始终表现出负的外部性，可能由于皖江示范区产业内集聚程度高，且个别产业实现垄断，使 Porter 外部性对区域创新产生微弱的负效应。控制变量中，利用外资水平（fdi）的回归结果发生明显变化，即对区域创新产生显著的正效应。事实上，外商在皖江地区投资带来了一定的管理知识和专业技术，使企业的创新能力得以提升，从而推动了区域创新；其他变量回归结果与前文大致相当，此处不再赘述。

表 4.15　动态外部性对区域创新的影响

解释变量	被解释变量 lninv				
	模型（1）	模型（2）	模型（3）	模型（4）	模型（5）
lnmar	-0.0180	0.0026			-2.1812***
	(-0.1121)	(0.0445)			(-3.2062)
$lnmar^2$		0.0003			0.5702**
		(0.2609)			(2.5757)
lnjacobs	0.0633		-0.0194		-0.2291
	(0.6373)		(-0.1335)		(-0.7975)
$lnjacobs^2$			0.0058		0.0263
			(0.2558)		(0.6622)
lnporter	-0.0720			-0.4204	-2.2124***
	(-0.4588)			(-0.9405)	(-2.8418)
$lnporter^2$				-0.0439	-0.4447***
				(-0.8417)	(-3.0972)
lnwage	0.8798	1.2497	1.2832	0.9958	1.6890
	(0.5421)	(0.8672)	(0.9182)	(0.7167)	(1.1290)
lnedu	-0.0353	-0.0115	-0.0125	-0.0146	-0.1056
	(-0.3096)	(-0.0996)	(-0.1087)	(-0.1283)	(-0.9699)
lnfdi	3.5960**	3.9946**	3.9375**	3.8079**	3.5836**
	(2.2337)	(2.6212)	(2.5024)	(2.3819)	(2.2763)
$lnfdi^2$	0.4865	0.5327***	0.5260**	0.5072**	0.4772**
	(2.3453)	(2.6867)	(2.5698)	(2.4578)	(2.3523)

解释变量	被解释变量 lninv				
	模型（1）	模型（2）	模型（3）	模型（4）	模型（5）
lnfds	0.0552	0.4805	0.4911	0.6339	1.0167
	(0.0572)	(0.4739)	(0.4989)	(0.6491)	(1.0399)
lnfds^2	0.6287	0.7274	0.7369	0.9401	1.3369 *
	(0.8802)	(1.0381)	(1.0834)	(1.3471)	(1.9708)
lngov	6.2623	8.3996 **	8.4692 **	7.5203 *	8.4184 **
	(1.5620)	(2.1906)	(2.1311)	(1.9466)	(2.2012)
lngov^2	1.8812	2.3664 **	2.3852 **	2.1331 **	2.0799 **
	(1.7980)	(2.4320)	(2.3288)	(2.1837)	(2.0686)
c	5.4609	4.7734	4.3867	5.8853	0.5332
	(0.3045)	(0.2839)	(0.2715)	(0.3680)	(0.0320)
R^2	0.9792	0.9779	0.9779	0.9785	0.9840
N	60	60	60	60	60

注：***、**、*分别表示在 1%、5%、10%的水平上显著，括号内为系数估计值的 t 值。

五、企业再地方化效应的比较

（一）皖江示范区设立前后的外部性效应比较

为了更加全面地分析皖江示范区再地方化企业带来的效应，比较了皖江示范区设立之前和设立之后的空间外部性效应，结果如表 4.16 所示。从时间维度上看，空间外部性对地区经济发展水平（rpgdp）和区域创新水平（inv）的影响表现出明显的差别。具体分析如下：

（1）地区经济发展水平。皖江示范区设立之前（2006～2011 年），静态外部性中的专业化外部性（intra）和多样化外部性（inter）前期对地区经济发展水平起负向作用；动态外部性中的 MAR 外部性与地区经济发展水平呈"U"形关系，Jacobs 外部性呈倒"U"形，Porter 外部性与地区经济发展水平则呈负相关，表明这一时期市场垄断比市场竞争更有利于促进地区经济发展水平提升；工资水平（wage）、人力资本（edu）、利用外资水平（fdi）、金融发展水平（fds）和政府干预程度（gov）对地区经济发展水平都发挥正效应。皖江示范区设立之后（2011～2016 年），静态外部性中的专业化外部性和多样化外部性由前期的负效应均转为微弱的正效应；动态外部性中的 MAR 外部性与地区经济发展水平仍呈"U"形关系，Jacobs 外部性与地区经济发展水平仍呈倒"U"形关系，Porter 外部性则由原来的负相应转变为正效应，说明这一时期市场经济比市场垄断更有利于促进地区经济水平提升；除金融发展水平和政府干预程度与前期相同，工资水平、人力资本和利用外资水平则起负向作用，前文已对此现象做了分析，此处不再赘述。

（2）区域创新水平。2006～2011 年，静态外部性中的专业化外部性对区域创新水平起微弱的负向作用，多样化外部性起微弱的正向促进作用；动态外部性中的 MAR 外部性、Porter 外部性与区域创新水平呈负相关关系，Jacobs 外部性与区域创新水平则为倒"U"形的曲线关系；控制变量中金融发展水平呈现显著的正向促进作用，工资水平、利用外资水平和政府干预程度均有微弱的负效应。2011～2016 年，静态外部性中的专业化外部性与区域创新水平由原来的线性转为非线性关系，呈现"U"形关系，多样化外部性则表现出微弱的负效应；动态外部性中的 MAR 外部性由原来的负效应转为显著的"U"形关系，Jacobs 外部性与区域创新水平也呈"U"形，Porter 外部性仍起负向作用；控制变量中工资水平、利用外资水平、金融发展水平、政府干预程度与区域创新水平均表现出显著的正相关关系，但人力资本却表现出了微弱的负效应，这与皖江示范区内人力资本发展水平不高、发展速度相对缓慢有关。

表 4.16　皖江示范区设立之前和设立之后的外部性效应分析

时间	2006～2011 年				2011～2016 年			
被解释变量	lnrpgdp		lninv		lnrpgdp		lninv	
解释变量	模型（1）	模型（2）	模型（3）	模型（4）	模型（5）	模型（6）	模型（7）	模型（8）
lnintra	-0.301 ** (-2.3432)		-0.3656 (-0.581)		0.1393 (1.1229)		-0.9663 (-0.990)	
$lnintra^2$	-0.072 ** (-2.1939)		-0.1168 (-0.728)		0.1175 ** (2.0328)		0.0370 (0.0813)	
lninter	-0.0411 (-0.2934)		0.7769 (1.1314)		0.0450 (1.3723)		-0.2330 (-0.903)	

续表

时间	2006~2011 年				2011~2016 年			
被解释变量	lnrpgdp		lninv		lnrpgdp		lninv	
解释变量	模型 (1)	模型 (2)	模型 (3)	模型 (4)	模型 (5)	模型 (6)	模型 (7)	模型 (8)
$lninter^2$	0.0159 (0.6598)		−0.1810 (−1.535)		−0.0097 (−1.5960)		−0.0003 (−0.007)	
lnmar		−0.0842 (−1.156)		−0.4668 (−1.482)		−0.0303 (−0.3243)		−2.18*** (−3.2062)
$lnmar^2$		0.0005 (0.0238)		−0.0064 (−0.066)		0.0223 (0.7615)		0.5702** (2.5757)
lnjacobs		0.0968 (0.6446)		0.0435 (0.0669)		0.123*** (3.0657)		−0.2291 (−0.7975)
$lnjacobs^2$		−0.0094 (0.6446)		−0.1469 (−0.793)		−0.0124** (−2.327)		0.0263 (0.6622)
lnporter		−0.0594 (−0.653)		−0.8454** (−2.149)		0.0367 (0.3266)		−2.21*** (−2.8418)
$lnporter^2$		−0.0117 (−0.740)		−0.1451** (−2.126)		0.0120 (0.583)		−0.44*** (−3.0972)
lnwage	0.1015 (0.9948)	0.0587 (0.5357)	−0.7393 (−1.479)	−0.8230* (−1.736)	0.1224 (0.6299)	−0.1192 (−0.5041)	1.8480 (1.2088)	1.6890 (1.1290)
lnedu	0.0109 (0.3326)	0.0154 (0.4200)	−0.0122 (−0.076)	0.1555 (0.9810)	−0.0092 (−0.6053)	−0.0092 (−0.6525)	−0.0413 (−0.345)	−0.1056 (−0.9699)
lnfdi	0.4361** (2.4238)	0.2552 (1.3703)	−1.3627 (−1.546)	−1.1871 (−1.474)	−0.0757 (−0.3614)	−0.2995 (−1.3508)	3.880** (2.354)	3.5836** (2.2763)
$lnfdi^2$	0.0502** (2.3988)	0.0320 (1.4553)	−0.1404 (−1.370)	−0.1287 (−1.353)	−0.0123 (−0.4553)	−0.0377 (−1.3270)	0.522** (2.4498)	0.4772** (2.3523)
lnfds	0.230*** (3.1595)	0.2057** (2.3334)	0.5107 (1.4302)	0.7220* (1.8946)	0.0961 (0.7465)	0.0509 (0.4046)	0.4188 (0.4131)	1.0167 (1.0399)
$lnfds^2$	0.2163** (2.4060)	0.2016** (2.1660)	0.5958 (1.3530)	0.8365** (2.0783)	0.0800 (0.8970)	0.0173 (0.1944)	0.8121 (1.1573)	1.3369* (1.9708)
lngov	0.6111 (1.6157)	0.6505 (1.6176)	−2.7968 (−1.509)	−1.0838 (−0.623)	1.458*** (2.8743)	2.240*** (4.3349)	9.114** (2.2828)	8.4184** (2.2012)

时间	2006～2011 年				2011～2016 年			
被解释变量	lnrpgdp		lninv		lnrpgdp		lninv	
解释变量	模型（1）	模型（2）	模型（3）	模型（4）	模型（5）	模型（6）	模型（7）	模型（8）
lngov^2	0.273 ***	0.2546 **	−0.6591	−0.2109	0.407 ***	0.612 ***	2.6190 **	2.0799 **
	(2.8906)	(2.611)	(−1.425)	(−0.500)	(3.1053)	(4.5618)	(2.5412)	(2.0686)
c	9.742 ***	9.867 ***	2.7936	5.5808	10.06 ***	12.99 ***	−1.5359	0.5332
	(8.3398)	(7.8608)	(0.4881)	(1.0282)	(4.5589)	(4.9810)	(−0.0884)	(0.0320)
R^2	0.9979	0.9978	0.9859	0.9883	0.9982	0.9986	0.9788	0.9840
N	60	60	60	60	60	60	60	60

注：***、**、*分别表示在1%、5%、10%的水平上显著，括号内为系数估计值的 t 值。

（二）静态和动态外部性效应的比较

为了更清晰地分析静态外部性和动态外部性的异同，表4.17 给出了 2011～2016 年皖江示范区内静态外部性和动态外部性的回归结果分析。通过比较发现，静态外部性与动态外部性对地区经济发展水平和区域创新水平效应的影响存在异同点。具体如下：

（1）相同点。对比对地区经济发展水平的影响，静态外部性中的专业化外部性系数为负，加入二次项后则变为正数，说明其与地区经济发展水平呈"U"形关系，MAR 外部性的回归分析结果亦如此；多样化外部性系数为正，加入二次项后，二次项系数为负，说明在产业多样化发展的初始阶段，多样化有利于经济增长，但后期则会产生负向作用，Jacobs 外部性同样表现出倒"U"形的非线性关系，且负效应显著。对比对区域创新的影响，静态外部性中的专业化外部性系数在加入二次项后由负转正，说明其对区域创新的影响呈"U"形，MAR 外部性与区域创新的关系也同样表现为这种非线性关系。

（2）不同点。对比对区域创新的影响，静态外部性中的多样化外部性系数为正，加入二次项的系数后为负，说明其对区域创新的影响呈倒"U"形。而 Jacobs 外部性的系数由正转负，二次项系数为正，说明其对区域创新的影响为"U"形的非线性关系。Porter 外部性对地区经济发展水平有显著的正向作用，但对区域创新的影响却显著为负，说明竞争的市场结构比市场垄断更有利于促进经济发展，但在一定程度上阻碍了区域创新。

结合上述分析可知，皖江示范区设立以后，承接而来的企业所产生的再地方化效应对地区经济发展水平和区域创新水平作用比设立之前更为突出。

表 4.17　皖江示范区静态外部性与动态外部性回归结果比较分析

被解释变量 解释变量	地区经济发展水平				区域创新			
	模型（1）	模型（2）	模型（3）	模型（4）	模型（5）	模型（6）	模型（7）	模型（8）
lnintra	-0.0143 (-1.1162)	0.1393 (1.1229)			-0.0667 (-0.6842)	-0.9663 (-0.9900)		
lninter	0.026 *** (2.6889)	0.0450 (1.3723)			0.0347 (0.4649)	-0.2330 (-0.9033)		
$lnintra^2$		0.1175 ** (2.0328)				0.0370 (0.0813)		
$lninter^2$		-0.0097 (-1.5960)				-0.0003 (-0.0066)		
lnmar			-0.0047 (-0.2251)	-0.0303 (-0.3243)			-0.0180 (-0.112)	-2.18 *** (-3.206)
lnjacobs			0.040 *** (3.0945)	0.123 *** (3.0657)			0.0633 (0.637)	-0.2291 (-0.7975)
lnporter			-0.0210 (-1.03)	0.0367 (0.3266)			-0.0720 (-0.46)	-2.21 *** (-2.8418)
$lnmar^2$				0.0223 (0.7615)				0.5702 ** (2.5757)
$lnjacobs^2$				-0.012 ** (-2.33)				0.0263 (0.6622)
$lnporter^2$				0.0120 (0.583)				-0.45 *** (-3.0972)
观测值	60	60	60	60	60	60	60	60
R^2	0.9980	0.9982	0.9982	0.9986	0.9782	0.9788	0.9792	0.9840

注：①***、**、*分别表示在1%、5%、10%的水平上显著，括号内为系数估计值的 t 值；②控制变量的回归结果，因篇幅所限未列出。

六、研究结论

通过上述实证分析可知，皖江示范区的企业再地方化对地区转型发展的影响表现为：①产业内集聚外部性对地区经济发展水平和区域创新的影响都呈"U"形。②产业间集聚外部性对地区经济发展水平的影响呈倒"U"形，与区域创新关系也呈倒"U"形。③MAR 外部性对地区经济发展水平和区域创新的影响呈"U"形。④在竞争的市场条件下，Porter 外部性对地区经济发展水平主要起正向促进作用，但对区域创新有显著的负向作用。⑤Jacobs 外部性对地区经济发展水平有显著的正效应，与区域创新的关系呈"U"形。⑥各解释变量的作用不一，其中工资水平对地区经济发展水平和区域创新呈正向作用，但不显著；人力资本对地区经济发展水平和区域创新具有微弱的负效应；利用外资水平对地区经济发展水平的正效应不明显，但对区域创新具有显著的正向促进作用；金融发展水平有利于地区经济发展水平和区域创新；政府干预无论是对地区经济发展水平还是区域创新都有显著的推动作用。

第四节　结论与政策建议

一、主要结论

第一，企业再地方化是企业从一个地区转移到另一个地区，在该地区重新集聚并产生集聚效应的过程。企业再地方化效应可以用空间外部性来表示。空间外部性有静态和动态之分，其中静态外部性包括产业内集聚外部性（专业化外部性）和产业间集聚外部性（多样化外部性）；动态外部性包括马歇尔外部性（MAR 外部性）、雅各布斯外部性（Jacobs 外部性）和波特外部性（Porter 外部性）。

第二，皖江示范区在加快劳动密集型产业如农副食品加工业，纺织业，纺织服装、服饰业、家具制造业，橡胶和塑料制品业等产业承接的同时，对于技术和知识密集型产业如专用设备制造业，计算机、通信和其他电子设备制造业等产业的承接增幅明显加快，这与皖江示范区"要加快培育战略性新兴产业，做大做强优势产业，大力发展现代服务业"的产业政策相契合。

第三，皖江示范区的外部性整体变化不大，但不同类型外部性存在明显的空间分异特征。MAR 外部性在有些城市逐年增强，有些城市变化不明显。Jacobs

外部性总体呈现增强与减弱的交替变化，Porter 外部性呈增强态势。各主要城市的外部性变化特征不同，原因可能是各城市的产业承接政策和转入的产业类型不同。

第四，皖江示范区的企业再地方化对地区转型发展的影响表现为：产业内集聚外部性对地区经济发展水平和区域创新的影响都呈"U"形；产业间集聚外部性对地区经济发展水平的影响呈倒"U"形，与区域创新关系也呈倒"U"形；MAR 外部性对地区经济发展水平和区域创新的影响呈"U"形；Jacobs 外部性对地区经济发展水平有显著的正效应，与区域创新的关系呈"U"形；Porter 外部性对地区经济发展水平主要起正向作用，对区域创新有显著的负向作用。

二、政策建议

首先，要认识到企业再地方化企业、政府和产业环境协同演化的过程。其演化特征与企业特征和企业行为、政府行为（包括产业政策及相关规章制度等）以及转入地的产业环境等有关，包括现实和潜在的市场空间、资源禀赋、区域经济发展水平、开放程度、商业氛围、创业文化等。因此，在充分发挥政府对企业诱导的同时，要加深企业对地方政府的认同感，加深企业与本地的经济、制度、社会和文化联系。形成"政府—企业—产业环境"协同发展的良性循环系统。

其次，根据企业再地方化效应，要因地制宜处理好产业承接与优势产业培育的关系。一方面，各城市应利用自身的资源优势、区位优势等，在承接产业的同时，大力发展地方的主导产业和优势产业，培育战略性新兴产业。另一方面，考虑到不同城市的企业再地方化效应的不同，应合理承接产业类型，处理好产业集聚的专业化和多样化的关系，形成合理的产业结构，提升地区产业竞争力。

再次，正确处理好企业再地方化对地区转型发展的影响。考虑到动态外部性对地区转型发展（地区经济发展和区域创新）的倒"U"形特征，地方政府在引导和鼓励产业集聚的同时，应积极引导企业转型升级，增强企业自主创新能力。要注重对知识产权的保护，鼓励集聚企业的差异化发展模式，把握好政策干预的尺度，维护好市场秩序，疏导恶性竞争行为。要鼓励相互之间的良性竞争，促进知识技术在产业间的充分溢出。

最后，充分发挥人力资本、外资对地区经济转型发展的推动作用。要注重工资水平与经济发展水平的匹配度，积极引进高端人才，同时注重本地人才的培养，加大对高校的支持力度和人才市场的推广作用，以充分发挥工资和人才对经济和创新的正向作用。要坚持扩大开放，降低外资准入门槛，激发市场活力，发挥外资对地区经济转型发展的正效应。

第五章 企业再地方化下的跨地区网络分工与产业升级

第一节 跨地区网络分工

一、相关理论基础

（一）产业承接相关理论基础

产业承接建立在产业转移基础之上。产业转移是指发生在不同经济发展状况的区域之间，以大型企业为主体，以跨区域直接投资的形式，将发达地区的部分产业转移到欠发达地区的经济现象。总体来看，这种转移的形成是因为某国或地区的市场需求或资源供给发生了不利变化，使追求自身利益最大化的某企业或产业，将不再具有相对比较优势的产业或生产环节转移到另一国或地区。产业转移对平衡地区间的经济发展有重大意义，是实现地区间产业结构调整和优化升级的必要途径（韩晶晶，2015）。产业承接则是指在产业转移的过程中，主动利用承东启西、承接南北的区位优势，利用自然资源、人力资源等相对优势，大力建设综合改革试验区，抓住历史性重要机遇推进产业聚集，提升经济总量，优化经济质量，推动新型工业化建设（叶琪，2014a）。

产业转移的主要理论分析如下：

（1）比较优势理论。20世纪初，瑞典学者赫克希尔（Heckscher）和俄林（B. Ohlin）开创性地提出了要素资源禀赋理论，他们认为各国间生产要素的相对稀缺是引起比较成本差异的首要条件，生产要素（资本和劳动力）相对丰富程度决定了商品生产的成本。各国根据自身生产要素的丰富程度进行专业化生产，出口商品一般是本国按相对丰富要素所生产的产品，但进口商品则是自身相对稀缺要素所生产的商品或半成品，从而形成国家或地区间专业化分工，并从对外贸易中获得比较利益。

（2）技术差距分析理论。美国经济学家波斯纳（1961）在《国际贸易和技术变化》一文中提出了技术差距分析理论，该理论认为，技术是区别于劳动和资本的重要生产要素，各个国家因科技发展水平不一而形成的技术差距是国家或地区间进行贸易的重要原因。一国或地区一种新产品成功后，在其他国家或地区掌握这种技术之前，具有技术领先优势。但新技术通常会随专利权转让、技术合作、对外贸易等途径流传到别国，技术创新的一方会逐渐失去该产品的出口市场份额，比较优势逐渐消失，以技术差距为基础的贸易也随之消失。

（3）劳动密集型产业转移理论。自 20 世纪 60 年代起，发达国家逐步转移部分劳动密集型产业至其他国家或地区，再从产业承接的国家或地区进口所需的相关产品。经济学家阿瑟·刘易斯（1955）观察到了这一现象并探究了劳动密集型产业转移发生的内在机理，最后提出了劳动密集型产业转移理论。他认为，发达国家向发展中国家转移劳动密集型产业和生产环节的根本原因在于发达国家人口自然增长率的下降、劳动力资源不足和劳动力成本提高，使发达国家的比较优势逐渐丧失。

（4）边际产业转移理论。日本经济学家小岛清（1987）根据日本对外直接投资形势变化，重点探究了国与国之间、地区之间的产业转移次序，提出了边际产业转移理论。这一理论的核心在于，一国一般会选择处于比较劣势的产业或生产环节进行转移，而产业承接地区通常选择承接与自身拥有的技术差距最小的产业——边际产业，从而通过产业空间移动来回避产业劣势，以便扩张边际产业。而对于产业承接国或地区来说，可以得到相应的先进技术，进一步发挥国内潜在比较优势。

（5）国际生产折衷理论。这一理论是邓宁（1988）在现代产业组织理论、工业等区位理论、投资理论的基础上进行研究并综合形成的。该理论总结为：跨国公司之所以能够实现全球扩张，首先，企业必须拥有超过他国或地区的企业的所有权优势；其次，跨国公司可以通过生产内部化，达到节约或消除交易成本的目的。折中理论通过对前面各学派的理论进行折中和兼容，将直接投资、国际贸易、区位选择等综合起来，对拥有垄断优势的跨国企业进行国际投资、产业转移等问题具有较强的解释力。

（二）生产网络相关理论研究

对于生产网络的研究，早期的国外研究主要是以欧美发达国家的高新技术区域网络为案例，演化经济地理学作为理论基础来解释老工业区衰落以及新兴产业区的形成以及地方生产网络演变（Ter Wal，2010；Cassi L. 等，2009）。全球生产网络是在经济全球化的背景下提出，在价值链和产品网络等理论的基础上形成的用来解释经济全球化的理论框架。全球生产网络的研究主要分为两类学派：以 Peter Dicken 为代表的曼彻斯特学派和以 Dieter Ernst 为代表的夏威夷学派。其中，曼彻斯特学派的观点认为，全球生产网络是一种由企业和非企业机构组成的拥有功能和运营联系能力的全球生产组织网络。通过这一网络，产品得以生产并分配，服务也得以产生。这一网络不仅通过产权和非产权的联系使得企业或企业的一部分整合在一起，也使传统的组织间的界限越来越模糊，同时还将各区域和各国的经济整合到不同的网络中，影响着各国和各地区的经济发展。夏威夷学派则更加关注全球生产网络中的权力关系，他们认为全球生产网络包含企业间与企业内的交易与合作，并将旗舰企业的附属机构、合资企业与其下级分包商、供应商、服务商及战略联盟合作者联系起来。

根据发起者的类型，全球生产网络可分为生产者驱动型和购买者驱动型。在生产者驱动型的全球跨地区生产网络中，大型跨国企业成为网络的领导厂商，它们协调网络中各个节点的关系以及前后项的联系，向前控制原材料供给和配件的生产，向后与销售商建立密切关系。这些领导厂商具有资本、技术等先天优势，更加注重技术研发、生产工艺改进和产品更新换代，具有代表性的行业有重型机械、汽车、飞机、计算机制造等。生产者驱动型的全球跨地区生产网络的组织结构如图5.1所示。

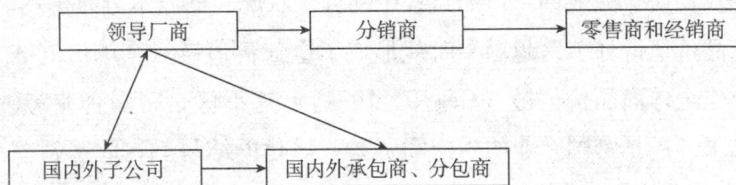

图5.1 生产者驱动型全球跨地区生产网络组织结构

资料来源：Gereffi Gary（1999），笔者对原图稍作修改。

购买者驱动型的全球跨地区生产网络中的领导厂商为行业中的品牌运营商、零售商，它们在全球范围建立自己的生产网络，组织有比较优势的发展中国家的分包商按自己的要求生产产品。这些领导厂商具有设计、营销等方面的先天优势，因而可以控制整个生产网络。它们始终处在价值链的高端，利用各种手段将发展中国家的供应商锁定在低端，从而获得较高的附加值。具有代表性的行业有服装鞋帽、玩具制造等。购买者驱动型的全球跨地区生产网络的组织结构如图5.2所示。

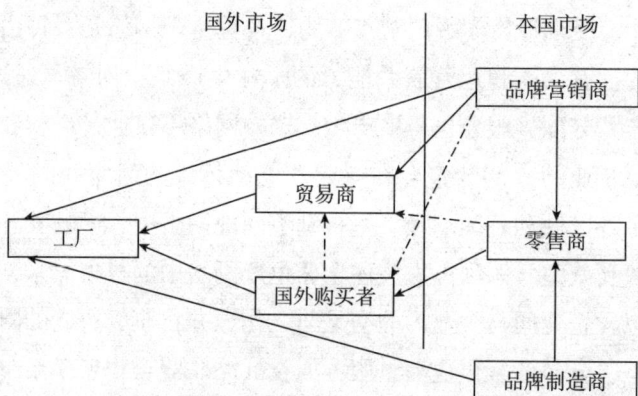

图5.2 购买者驱动型全球跨地区生产网络组织结构

资料来源：Gereffi Gary（1999），笔者对原图稍作修改。

（三）价值链相关理论研究

美国经济学家迈克尔·波特（2002）最早观察到产业内部和企业之间的价值链分工现象，并提出了价值链理论。波特早期的研究中只注意到一国内部的不同企业在协作完成同一产品过程中的分工状况，而原本分布于一国或地区内部的产品价值链环节跨越国界时就形成了全球价值链。全球价值链（GVC）最初被称作全球商品价值链（Gereffi，1994），这不仅是跨国企业跨国生产与经营的结果，还是跨国企业的生产和贸易一体化的结果。在此基础上，Gereffi（1999）进一步完善了GVC的分析框架，将GVC分为生产者驱动及购买者驱动两种类型。对于全球价值链分工这种新型国际分工形式，不同的学者进行了不同的表述。Kaplinsky（2001）将其称为产业链，提出各国和各地区的企业在参与产品各个价值链环节的分工中，能够将各国自身比较优势发挥得更为充分。国内学者卢锋（2004）称 GVC 为产品内分工，徐毅（2007）、张二震等（2004）称 GVC 为要素分工，曾铮（2009）称 GVC 为工序分工。2002 年，联合国工业发展组织（UNIDO）综合多学科学者研究的成果，再次界定了"全球价值链"的概念：为实现商品和服务的价值而连接生产、营销、回收处理等过程的全球化企业网络，涉及了从原材料采集和运输、产成品和半成品的生产及储运、产成品的生产和营销的过程，直至最终的消费和回收处理。

价值链理论通常被用于研究全球不同企业在价值链中的分工与产业升级问题。如 Humphrey 和 Schmitz（2000）认为，处在价值链低端的发展中国家，在试图向高附加值的价值链环节攀升时，定会受到发达国家的阻碍和控制。Amsden 和 Wan－wen Chu（2003）以"亚洲四小龙"国际品牌的创建为例，认为后进的发展经济体很难在发达国家控制的全球价值链分工中实现价值链升级。Schmitz（2004）认为，价值链分工助推了发展中国家的经济起飞和初始阶段的工业化进程，但当进行到高级工业化进程时，普遍出现了被"俘获"的现象。Lemoine 和 Unal－Kesenei（2004）在对中国的研究中发现，加工贸易促进了中国工业的技术升级，但过分依赖技术进口和外资企业，这种外向型且有高度竞争性的产业发展严重限制了中国国内的产业技术进步和扩散。刘志彪、张杰（2007）分析了全球价值链体系下发展中国家本土企业被俘获的原因，认为俘获型网络的产生源自发达国家的跨国公司所具有的技术势力和国际大购买商所具有的市场势力。

（四）分工理论相关研究

分工可以有效提高劳动效率，是促进经济增长的源泉。经济学家对分工问题的研究，最早可以追溯到 200 多年前。亚当·斯密在《国富论》中关于分工的研究可以总结为三点：分工能提高劳动效率是因为分工能增加劳动的熟练程度、节约工序之间转换的时间并能促进新机器的发明；分工的发起是因为人性中有物品交易的倾向，而分工使人与人之间的劳动能力差异变得有用；分工受到市场范围的限制，市场范围则与运输成本密切相关。亚当·斯密（1776）提出的"绝对优势"的概念很好地解释了国际贸易产生的原因。但因为这一理论无法解释一个所有环节都处在成本劣势的国家和地区的分工问题，所以大卫·李嘉图（1817）在亚当·斯密的研究基础上，提出了比较优势理论，认为两个国家和地区生产商品的相对劳动成本决定了国际贸易。

国内一些学者扩展了分工理论的内涵，并尝试用这一理论分析和解决中国发展问题。如郝寿义和安虎森（1999）认为，跨地区分工是经济活动按照一定的规则在地理空间上的有机组合，其中劳动分工最先表现在部门分工上，部门分工随后落实到地理空间上，形成跨地区产业分工。张敦富（2000）提出，各地区在充分利用自身优势的基础上实现了地区专业化生产，并利用区际间的交换实现了商品、资源互换，由此形成的地区产业分工增强了地区生产能力。孟庆民和杨开忠（2001）从分工主导机制着手，探究了行业间和行业内不同的分工模式，并发现比较优势理论是指导地区间分工的利益机制。俞国琴（2005）探究了产业转移的动力机制以及产业转移和产业承接在我国东部、中部、西部地区间协调发展中的表现，从理论意义和实际意义上对我国地区间产业转移和承接的优化提出了具体的建议。许德友和梁琦（2012）认为，我国国内地区间的竞争引发的地区分割将损害规模经济的效益，进而加剧区域发展不平衡。

（五）产业升级相关理论基础

产业升级是一个国家和地区资本、技术禀赋优于自然资源、劳动力、土地等资源禀赋时，要素比较优势推动资本、技术密集型产业发展的过程。20世纪60年代以前，由于国际产业合作较少，产业链多局限于一国内部，各国的产业升级主要体现为三次产业产值比重的变化（卢福财、罗瑞荣，2010）。库兹涅茨（1966）收集了20多个发达国家的大量历史数据，将各产业国民收入的相对比重和劳动力的相对比重进行比较，系统研究和揭示了三次产业在国民生产总值中所占份额随经济增长所发生变化的规律。但有学者认为，库兹涅茨的三次产业结构演化理论仅适用于拥有完整而又相对独立的国民经济体系，如发达国家或大都市区等。对发展中国家而言，工业比重较高，服务业比重较低是工业化快速发展阶段的必然现象。因此，第三产业比重较低是中国工业相对发达地区的通病（苏明、刘志彪，2014）。

关于产业升级路径的研究有两条路径：一是产业结构升级，即三次产业间的增加值比重变化；二是产业内部升级，即在一个产业内（如工业）由低技术水平向高技术水平，由价值链低端的加工制造环节向高端的研发、设计等环节攀升（张明志、李敏，2011a）。李钢等（2011）的研究表明，目前我国使用的产业结构核算方法会导致第二产业占比被严重高估，认为我国工业化进程还将持续很久。关于产业升级模式的研究，朱卫平等（2011）以广东省为研究对象，归纳出广东产业升级模式为产业结构高度化、加工程度高度化、价值链高度化，并认为加工程度高度化是今后广东产业升级的主导方向。关于产业升级的动力机制，国内外许多学者的研究都指向技术创新。技术创新是早期传统产业升级理论和现代实证研究都涉及的重要因素之一（唐晓云，2012）。但就目前而言，我国经济增长的巨大成就仍然表现在对生产要素的巨大动员能力上，并体现在把这种动员能力转化为巨大产出的结果上，技术要素在经济增长中的贡献非常有限。中国产业升级的关键在于企业形成创新能力，加快实现技术创新（徐康宁、冯伟，2010）。

我国部分学者从具体的产业和地区入手，为我国产业升级提供了可行路径及参考。如文嫣和曾刚（2004）以建筑陶瓷产业集群为例，分析了全球建陶地方产业集群在价值链上的互动，认为产业集群不仅需要挖掘集群的内部联系，更需要在全球价值链中与区域外的经济行为主体积极互动、不断调整自身嵌入全球产业价值链的方式，创造、保持和捕捉价值。贾生华和吴晓冰（2006）研究了浙江省产业集群的结构特点以及各自嵌入全球价值链的程度差异，提出了基于价值链的有效升级模式。谭文柱等（2006）探讨了在全球制鞋业转移的大背景下我国制鞋产业集群升级的路径。

二、文献综述

（一）产业承接与产业升级的相关文献综述

国外学者较早对产业承接与产业升级之间的关系进行研究，大多认为产业转移对产业承接地的产业结构升级具有正向促进作用。弗农（1966）的研究表明，产品生命周期的演变引起产业在不同国家和地区之间转移，客观上促进了产业转出国和产业承接国的产业结构优化升级。Markusen 和 Venables（1999）提出，跨国公司和发展中国家的企业间具有较强的"关联效应"，极大地促进了发展中国家和地区的产业发展，对产业承接地的产业结构优化升级具有重大意义。Blomstom 和 Kokko（1998）认为，示范和模仿、竞争、FDI 对产业承接东道国的技术溢出效应、相互联系和人力资本的流动等，都是在发生技术外溢效应的情况下，具有促进产业承接东道国产业结构优化升级的效果。

Feenstra 和 Hanson （1999） 认为，在同一产业价值链内，发达国家将技术含量较高的工序保留在国内，而将技术含量较低的生产环节外包给发展中国家，双方各负责价值链中的某一部分，结果扩大了产业承接国家熟练劳动及非熟练劳动的相对工资和就业差距，最终同时推动发达国家及发展中国家产业升级。

目前来看，国内学者对于产业承接与产业升级之间关系的研究形成了以下两种观点：

一是承接产业转移对产业升级具有促进作用。罗建华和邱先裕（2005）认为，承接发达国家产业转移对我国区域经济发展不平衡和产业结构调整产生了重大影响。由于产业转移主要集中于我国东部沿海城市，产业集聚得以加快形成；同时带动了国内企业进行技术创新和制度变革，极大地促进了我国产业结构调整和升级。郑吉昌和夏晴（2005）认为，服务业的大规模转出是发达国家和地区调整产业结构和实现全球化战略的主要手段，也是发展中国家和地区调整产业结构、实现技术进步的主要途径。白洁（2006）指出，由于承接的产业总是比国内同行业的技术水平高，从而在有效产业承接的条件下，会推动国内同行业的技术进步，尤其是部分生产型服务业，还会形成推动本国制造业进一步发展的增长极，最终引发产业结构优化升级的效应。余慧倩（2007）认为，产业转移能使产业转出地调整产业结构，也会给承接地带来投资转移、扩大就业、优化产业结构等方面的有利影响。朱华友和王缉慈（2014b）在对我国沿海外贸加工集群去地方化问题的研究中发现，集群企业迁移的多为制造加工环节，一些高端环节如销售、物流、研发等仍然留在本地，这种制造环节的去地方化，便于"腾笼换鸟"发展高端服务业和高端制造业，有利于领导企业的转型升级。

二是承接产业转移并未有效推动产业升级。余慧倩（2004）认为，在垂直型价值链的国际分工格局中，产业转移普遍不能自然"推动技术进步"，反而会因产业分工而拉大产业转出地和承接地之间的技术差距。此外，地区间为争夺产业承接的机会而形成内耗，从而限制技术开发，应当审慎对待产业承接。刘友金和吕政（2012）认为，中西部地区想要跨越产业转移梯度陷阱和产业结构升级阻滞，必须创新产业承接模式。关爱萍等（2014）对我国西部省际面板数据检验发现，国内区际产业转移对西部地区存在技术溢出效应，但技术溢出效果受到承接地经济发展水平、人力资本、技术差距和金融发展程度限制。危文朝（2015）以中部地区为研究对象，其研究结论同样证实了"产业转移过程中所产生的技术溢出效果受到承接地吸收能力的制约"这一观点，其中国外产业转移对其技术溢出则表现为负向阻碍作用。陈凡等（2020）对我国产业承接示范区的产业转型升级效应进行定量分析，结果表明示范区并未显著推动产业结构转型升级，且对产业结构转型升级的影响表现出复杂性。

（二）网络分工与产业升级的相关文献综述

1. 基于价值链及网络分工视角的产业升级

20世纪90年代中期，格里芬等开始结合全球价值链相关理论，对东亚地区的服装纺织产业展开研究，认为其产业升级的过程为"OEA – OEM – ODM – OBM"。Kaplinsky 和 Morris（2002）将价值链升级分为四种类型，即工艺升级、产品升级、功能升级和链条升级。价值链的升级一般遵循从工艺升级到产品升级，到功能升级，再到链条升级的演变轨迹。基于价值链与分工视角，产业升级可以表现为企业由全球价值链中向"微笑曲线"两端高附加值较高的环节攀升，国内多数学者的研究也基本上沿袭了这样的思路（马云俊，2010）。刘志彪等（2009a）通过对中国产业升级的研究，认为国外跨国公司通过控制价值链中的研发、设计、营销、售后等环节，控制我国组装、制造、加工等环节，使我国产业集群长期被"锁定"于价值链的低端。张明志和李敏（2011b）指出，在全球价值链分工中，制造业的产业升级通常包含两个部分：一是制造业产业结构的优化升级，称为产业间升级；二是制造业部门生产加工效率的提升，称为产业内升级。朱华友和王缉慈等（2015）研究了东亚和欧洲的企业去地方化和三角制造网络，认为我国东部沿海地区是国际产业转移的获益方，面临产业转型升级的契机，中西部地区则具有"俘获型"特征，可通过关系突破谋求升级，以此建立我国国内三角网络，获得整体产业升级。

2. 基于价值链及网络分工视角的企业升级

企业升级是产业升级的基础，国内外众多学者对企业升级做了深入研究。在全球生产网络分工中，企业通过与地区外的其他经济行为主体灵活互动，进而嵌入全球生产网络的某一个或某几个战略性环节，并通过自身转变提升在生产网络中的分工地位，以此来实现产业结构的优化升级。史特金和李（2001）

通过研究"亚洲四小龙"的发展历程，发现其共同点都是通过成为发达国家和地区跨国公司的全球供应商，以贸易加工的形式进入国际市场，然后逐渐转变为"制造 + 设计"模式，形成自主品牌设计新产品，最终实现技术创新和产业结构优化升级。Humphrey 和 Schmitz（2002）提出了三种不同的升级模式：一是通过对加工工艺的改进以提高加工生产效率的工艺流程升级；二是引进新产品、改造旧产品从而提高产品更新换代能力的产品升级；三是进入产业链的设计、研发和营销等高附加值环节的功能升级，其中功能升级的路径可以总结为 OEM – ODM – OBM。

国内学者的研究同样从价值链和生产网络的视角来探究我国的企业升级。刘志彪和张杰（2009b）提出，在国内价值链（NVC）条件下，基于国内本土市场需求发育而成的企业或产业在国内乃至国际市场上，有希望完整地实现从工艺升级到产品升级，到功能升级，再到链条跨部门升级的连续升级过程，而且有可能表现出拥有可持续的国际竞争优势。王树祥等（2014）研究表明，网络分工地位较低的节点企业想要突破价值链低端锁定并实现产业结构升级，应当选择正确的升级方向和升级路径。

三、文献述评

综上所述，结合产业承接、网络分工与产业升级的相关研究，可以总结以下三点：一是国内关于产业承接与产业升级的研究多是以东部沿海地区、中西部地区为两大主体，集中于产业转移或承接对其资本及要素供给、经济增长、技术外溢和产业结构等的影响研究；二是关于网络分工与产业升级的研究，文献多基于价值链和生产网络的视角；三是产业承接对产业升级的影响、分工对产业升级的影响研究较多，但是将产业承接与网络分工结合，分析在产业转移与产业承接基础上形成的跨地区网络分工对产业升级的影响方面的研究较少，更缺乏对产业承接、网络分工与产业升级三者共同演化机理的探索。

第二节　企业再地方化下的跨地区网络分工 与产业升级的演化与机理

一、跨地区网络分工对我国产业升级的影响机理

（一）国际生产网络分工对我国产业升级的影响

20 世纪 60 年代后，国际分工逐渐演变为产品内国际分工，全球生产网络的产生是这一阶段的重要特征。随着经济一体化程度的加深和互联网技术的进步，全球范围的生产界限变得模糊。发达国家跨国公司把大量相对非核心的生产和服务环节转移到发展中国家完成，充分利用不同国家的优势资源将生产成本降至最低。在这一阶段，新兴工业化地区（中国香港、新加坡等）和发展中国家（中国、印度等）成了世界工厂，主要从事产品价值链上低端环节的加工制造和组装等，发达国家则牢牢握住设计、研发和营销等高端环节。产品内国际分工的出现并逐渐主导了国际生产与贸易的形态，这一新型的国际分工模式促使发达国家成为生产网络的中心，新兴工业化地区和发展中国家以生产制造环节为主。

由于中华人民共和国成立以来的偏向重工业的产业政策以及经济制度等原因，我国没能跟上西方发达国家的经济发展步伐，无法依靠自身的力量完成产业升级。1978 年，中国开启了改革开放的征程，凭借丰富的自然资源和廉价的劳动力逐步承接来自美国、日本及"亚洲四小龙"的劳动密集型产业，也包括一些高污染、高耗能产业，中国企业和劳动者在"干中学"中不断提高技术水平、积累资本，提升国际生产网络分工中的地位。同时，由于产品内分工不断深化，由分工带来的技术外溢效应使中国的生产技术逐步提高。近年来，在产业结构转型、用工成本上升等宏观背景下，我国传统制造业，特别是劳动密集型产业，开始向印度尼西亚、马来西亚、越南、泰国等东南亚国家转移，产业结构得到进一步优化和升级。但值得注意的是，随着东南亚国家生产网络逐渐完善，中国面临的竞争也越来越激烈。同越南、缅甸等欠发达国家相比，我国廉价劳动力优势不再，制造业大而不强的问题始终没有得到解决，仍

长期处于全球价值链的中低端，产业升级迫在眉睫。

（二）我国国内区域分工格局的演变与我国产业升级

新中国成立初期，为了尽快恢复国民经济的发展，我国建立了中央政府高度集权的计划经济体制，在这一体制的支配下，我国形成了独特的分工体系。直到改革开放，我国开始实行市场经济体制，打破了之前由中央政府在全国范围统一调配资源、安排生产的局面，逐渐融入国际生产网络，参与全球价值链分工，加快产业升级的步伐。

改革开放以前，在计划经济体制背景下，我国的经济建设可以分为如下两个阶段：第一阶段为1953～1957年的"一五"建设时期，第二阶段为1964～1978年的"大三线建设"时期。第一阶段主要是重工业建设，以接近原材料产地、燃料产地和市场为原则，在我国西部建设了大量重工业基地，有效缓解了民国以来我国东西部经济发展的巨大差距。"大三线建设"是基于国家安全的考虑，选择内陆地区及以四川为中心的广大西南地区，投资建设了大批航天、军工、能源、钢铁等大型重工业工程项目。这些建设极大地增强了中部、西南部地区的经济实力，使我国分工格局的中心由东部沿海地区逐步转移到中部、西南部地区。与此同时，地方政府纷纷加速布局重工业，形成了各自独立而又相对完整的独特工业体系。两阶段的大规模建设使我国从极度贫穷落后的农业国转变为具有一定工业基础的国家，工业总产值所占比重越来越高，但由于各地区同一产业链的不同环节相对独立，自给自足的单一垂直化地区间分工体系并不利于我国产业升级（魏后凯，1991）。

改革开放后，我国成功地实现了从高度集中的计划经济体制向社会主义市场经济体制的根本性转变，也是新中国经济腾飞的起点和制度基础。随着市场化改革的深入及城市化进程的推进，国家统一调配资源的格局被打破。东部沿海地区率先承接国外企业转移，积极参与国际分工的同时获得技术进步、提升分工地位，产业结构升级和经济增长均得以实现。随着东部沿海地区生产成本上升，土地承载趋于饱和，部分外资企业和合资企业开始向中西部地区转移，总部和研发基地仍保留在东部地区，逐渐形成了我国国内的跨地区网络分工模式。这样的分工格局既使东部和中西部地区获得经济增长，又极大地推动了各地区的产业升级。近年来，国内一些学者尝试在理论上构建以本土发达地区企业为链主的国家价值链，发达地区掌控价值链上游的研发、设计与下游的营销，按产品内分工原则，逐步把自己的某些失去比较优势的产业，通过国内价值链的治理机制向欠发达地区转移（刘志彪，2017）。从目前我国的技术水平和研发能力来看，会有越来越多的地区和企业有能力建立国内价值链，做国内价值链的总部地区或链主。

二、产业承接、跨地区网络分工的共同演化及影响机制

综合产业升级理论、产业转移理论以及网络分工理论，构建产业承接、网络分工与产业升级的理论模型，如图 5.3 所示。

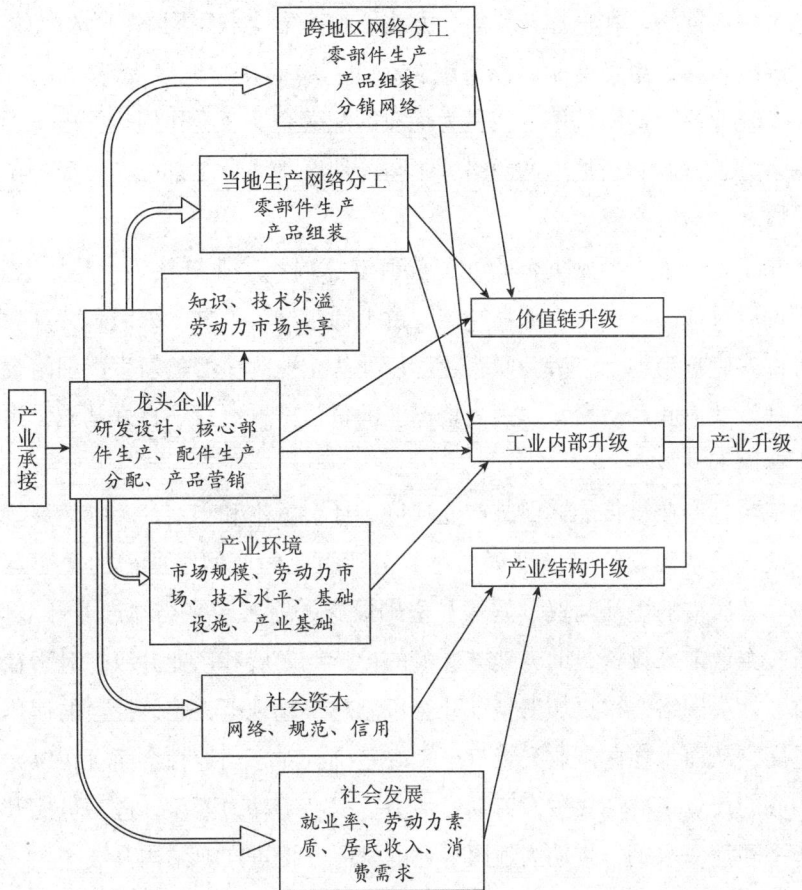

图 5.3　产业承接、网络分工与产业升级的机理

　　基于政府政策吸引、产业环境筛选、企业和企业家自我价值实现和身份认同等因素，选择转移的企业转移到某地区。在社会网络、企业家和地方政府的共同参与下，新的产业集聚形成、发展过程中便会产生根植性、外部性，有利于形成新的地方产业链以及企业集群的发展壮大，从而优化产业承接地及周边地区的分工和产业布局。

　　大型龙头企业转移到新的地区后，第一步是投资新的社会资本并建立新的生产网络。一是组建当地生产网络。龙头企业在新的地区落户后会再造新的生产网络或积极融入当地原有的生产网络，因此需要当地或周边地区的众多中小企业为其配套生产。这些配套企业主要从事零部件生产、产品组装等。二是组建跨地区生产网络。在选择转移后，龙头企业可能会利用网络权力迫使优质配套企业跟随转移，也可能摒弃原有配套企业，转而在当地寻找新的配套企业。某些龙头企业甚至会跨区域寻找更为优质的配套企业及合作伙伴，逐步形成跨地区网络分工格局。当地生产网络分工与跨地区网络分工都极大地促进了工业内部升级和价值链升级。

　　第二步是由于大型龙头企业处于价值链高端和产业链核心，其技术研发、生产管理以及产品营销能力都在一定程度上通过知识、技术外溢和劳动力市场共享等方式影响当地上下游关联企业。以龙头企业为中心的新生产网络会给当地带来规模效应和经济增长，为当地产业的价值链升级打下良好基础，进一步促进工业内部升级。

　　第三步是产业承接能够促进产业环境、社会资本和当地社会的发展。产业承接促使当地基础设施建设投资加速，包括组建生产网络所需的交通运输设施、劳动者所需的生活消费设施等。基础设施的完善带来当地产业环境优化，吸引更多企业前来投资，助力地方经济的可持续发展和产业升级。对于社会资本而言，社会网络变得更加密集，社会机制越来越规范，整体社会的信用水平越来越高，从而为地区产业升级打下良好基础。对于当地社会而言，以龙头企业为中心的产业集群能够激发劳动力活力，提高劳动力素质，进一步提升居民收入水平和消费水平，带动当地服务业的发展，促进产业结构升级。

第三节 长三角产业承接、跨地区网络分工 与产业升级的实证研究

一、长三角制造业产业转移与区域分工现状

(一) 数据说明

采用长三角 26 个地级市[①]2006～2015 年的面板数据,以各地级市的制造业分行业规模以上工业总产值等数据为各指数测算的样本,测算产业转移、产业承接及网络分工的状况。数据均来源于各省市的统计年鉴和统计公报,个别缺失数据使用中值插值处理。制造业分类标准参照《国民经济行业分类标准(GB/T 4754—2017)》,对其 31 个制造业行业进行统计分析。其中,将 2011 年后的汽车制造业和铁路、船舶、航空航天和其他运输设备制造业数据合并为汽车、铁路等交通运输设备制造业,将金属制品、机械和设备修理业剔除。经筛选,长三角制造业共分为 29 个行业。为了消除因物价变动造成的统计误差,本书采用工业生产者出厂价格分类指数,以上年为 100 的生产总值发展指数等对制造业各行业产值、GDP 等数据进行价格平减,长三角数据基期为 2006 年(其中制造业产值以 2005 年为基期)。

需要特别说明的是,2011 年 7 月国务院批准撤销地级巢湖市,将原地级巢湖市管辖的一区四县分别划归合肥市、芜湖市和马鞍山市,因此将 2006～2011 年这些地区的地级市和县级数据做合并处理。由于 2015 年,枞阳县的行政区划由安庆市划出,划入铜陵市,因此在《2015 年安庆市统计年鉴》中分为"含枞阳"与不含枞阳两个部分,为了统一口径,采用"含枞阳"数据。

(二) 长三角制造业产业转移的测度与分析

1. 产业转移量的测度与分析

借鉴冯南平等 (2012) 提出的产业转移量测算公式:

---

① 根据《长江三角洲城市群发展规划》,长三角城市群包括:上海市;江苏省的南京、无锡、常州、苏州、南通、盐城、扬州、镇江、泰州;浙江省的杭州、宁波、嘉兴、湖州、绍兴、金华、舟山、台州;安徽省的合肥、芜湖、马鞍山、铜陵、安庆、滁州、池州、宣城,共 26 市。

$$IR_{i,t} = \left(\frac{IAV_{i,t}}{IAV_t} - \frac{IAV_{i,t-1}}{IAV_{t-1}} \right) \times IAV_t \qquad (5.1)$$

其中，$IR_{i,t}$ 为 i 地区 t 时期的产业转移量，$IAV_{i,t}$ 为 i 地区 t 时期的制造业工业总产值，IAV_t 为 t 时期长三角地区制造业工业总产值，$IAV_{i,t-1}$ 为 i 地区 t-1 时期的制造业工业总产值，IAV_{t-1} 为 t-1 时期长三角地区制造业工业总产值。$IR_{i,t} > 0$ 则表示产业转入量，$IR_{i,t} < 0$ 则表示产业转出量。产业转移量的变化可以很好地反映地区产业转入与产业转出的变化程度和趋势。

2006～2015 年长三角安徽 8 市、上海、江苏 9 市、浙江 8 市四个地区的制造业产业转移量如表 5.1 所示。可以看出，安徽 8 市的产业转移量在十年间全部为正值，表明安徽的制造业整体呈转入状态，2006～2011 年，制造业转入量呈逐年上升趋势，从 46.4 亿元上升到 2757.8 亿元，其中 2011 年同比增长 193%。但在 2012 年之后，制造业转入量较为稳定，保持在每年 1100 亿左右；上海的产业转移量仅 2010 年为正值，其余九年均为负值，且于 2012 年达到最大转出量 3066.4 亿元；江苏 9 市的产业转移量在 2010 年、2011 年和 2014 年为负值，且相对数值较小，其余年份均为正值；浙江 8 市仅 2012 年和 2014 年的产业转移量较小，2015 年达到最大转出量 2175.9 亿元。

表 5.1　长三角四个地区制造业产业转移量　　　　　　　单位：亿元

年份	2006	2007	2008	2009	2010	2011	2012	2013	2014	2015
安徽 8 市	46.4	193.1	601.8	837.1	941.6	2757.8	1034.3	1090.4	1275.1	1005.6
上海	-681.8	-752.4	-891.9	-2183.1	1114.5	-958.5	-3066.4	-1979.2	-1419.6	-2961.8
江苏 9 市	709.1	565.2	1511.6	3106.2	-1753.2	-147.7	2000.8	1674.0	-215.0	4132.2
浙江 8 市	-73.7	-5.9	-1221.5	-1760.3	-302.9	-1651.6	31.3	-785.2	359.5	-2175.9

资料来源：笔者测算整理而得。

表 5.2 为长三角 26 个地级市的制造业产业转移量。2006～2015 年，安徽 8 市总体呈现产业转入的态势，其中合肥和芜湖产业转入数值较大，其余 6 市仅少数年份出现负值且数值较小，如宣城在 2012 年仅为 -171.6 亿元。江苏 9 市中，苏南地区（苏州、南京、无锡、扬州、镇江、常州）总体呈现产业转出态势，如无锡仅 2006 年为正值，苏州在 2006～2009 年为正值，其余为负；

苏北地区则呈现产业转入态势，如盐城、泰州等的产业转移量为正值且逐年增长。浙江8市总体为产业转出，其中杭州、宁波、嘉兴、绍兴和台州多数年份为负值，湖州、金华和舟山多数年份为正值，但产业转入量较少。

表5.2　2006～2015年长三角26市制造业产业转移量　单位：亿元

年份	2006	2007	2008	2009	2010	2011	2012	2013	2014	2015
合肥	24.61	81.95	279.85	442.90	308.89	1044.66	578.74	267.76	281.46	723.93
芜湖	57.12	12.55	104.29	191.02	186.40	840.88	224.48	157.13	331.33	232.62
马鞍山	-41.94	64.37	52.31	-74.93	-83.31	138.81	66.77	193.96	86.58	33.70
铜陵	-23.33	-39.65	7.76	-29.49	175.18	128.32	50.77	54.66	63.35	-9.02
安庆	-7.54	21.75	23.54	118.70	62.74	195.36	182.55	146.47	203.71	-229.72
滁州	4.52	8.70	43.04	58.70	160.05	258.23	34.07	159.72	131.15	158.88
池州	-2.32	0.76	29.94	36.39	34.09	22.04	68.56	14.55	47.69	64.49
宣城	35.32	42.67	61.10	93.80	97.58	129.50	-171.60	96.10	129.84	30.70
上海	-681.81	-752.38	-891.93	-2183.06	1114.47	-958.51	-3066.43	-1979.16	-1419.56	-2961.80
南京	-351.03	-149.90	-208.42	-228.71	-156.52	392.07	473.22	261.03	25.90	-584.81
无锡	68.08	-187.79	-290.92	-53.94	-814.82	-356.06	-708.35	-611.52	-1061.64	-188.11
常州	173.22	-2.45	140.22	456.53	-193.61	-380.06	256.47	397.60	365.19	-96.60
苏州	269.22	243.22	334.08	656.75	-804.72	-265.59	-531.08	-761.76	-1890.51	-952.56
南通	293.12	247.16	393.63	502.10	-343.46	91.49	577.00	485.49	466.05	4263.52
盐城	24.10	80.53	310.28	278.19	77.99	-166.06	723.18	301.03	434.28	633.24
扬州	131.96	155.53	413.86	678.13	247.63	198.08	-77.95	491.56	397.34	-34.96
镇江	-34.20	58.20	212.17	280.52	73.06	266.92	483.72	507.74	407.81	94.08
泰州	134.58	120.68	206.69	536.63	161.24	71.52	804.30	602.84	640.55	998.41
杭州	199.18	-462.18	-413.08	-484.85	-657.46	-249.07	-12.56	-1491.58	-300.31	-809.87
宁波	-121.47	-40.67	-445.42	-778.71	279.27	-444.77	-319.36	-82.76	311.08	-287.85
嘉兴	-21.94	-18.27	-46.67	-207.10	235.52	-101.84	-49.16	383.15	172.13	-441.58
湖州	41.96	19.08	-10.53	8.17	-65.92	-73.06	246.31	111.46	160.04	50.09
绍兴	-151.90	-129.69	-150.68	-138.75	-247.80	81.85	231.33	120.31	-165.55	-316.10
金华	12.82	-43.45	-11.00	-44.95	59.41	-203.75	85.73	121.97	110.07	-54.60

年份	2006	2007	2008	2009	2010	2011	2012	2013	2014	2015
舟山	23.60	14.24	94.42	80.87	10.90	1.53	-42.96	31.90	40.74	42.04
台州	-55.95	655.04	-238.55	-194.93	83.21	-662.50	-108.01	20.35	31.29	-358.12

资料来源：笔者测算整理而得。

2. 工业总产值份额变化的测算与分析

借鉴叶琪（2014b）提出的测算工业各行业总产值份额变化的方法，其公式为：

$$E_{ik} = \frac{Q_{ik}^1}{Q_k^1} - \frac{Q_{ik}^0}{Q_k^0} \tag{5.2}$$

其中，E_{ik} 为 i 市（地区）k 行业工业总产值份额变化，Q_{ik}^1 为 i 市（地区）k 行业末期工业总产值，Q_k^1 为 k 行业末期长三角（珠三角）地区工业总产值，上标"0"表示基期。工业总产值份额的变化可以很好地反映各行业在某地区的发展以及转移状况。

2006～2015 年长三角四个地区制造业各行业规上工业总产值份额变化如表 5.3 所示。可以看出，安徽 8 市所有 29 个制造业行业中，仅烟草制造业的产值份额变化为 -2.5%，其余 28 个行业的产值份额变化均为正，其中，酒、饮料和精制茶制造业的变化较大，达到 23.09%，农副食品加工业、木材加工、废弃资源综合利用业等 10 个行业的变化超过 10%；上海的产值份额变化方向与安徽刚好相反，仅烟草制造业为 10.33%，其余 28 个行业都为负。其中，食品制造业，酒、饮料和精制茶制造业，纺织服装、服饰业，印刷和记录媒介复制业，仪器仪表制造业等 13 个行业份额变化的绝对值超过 10%；江苏 9 市整体来看，有 3 个行业的产值份额变化为负值，分别为纺织业、家具制造业及橡胶和塑料制品业，变化的绝对值均在 10% 以内，正向变化较大的行业有纺织服装、服饰业的 20.65%，医药制造业的 13.85%，仪器仪表制造业的 20.67%；浙江 8 市有 6 个行业产值份额变化为正值，分别为纺织业、家具制造业、石油、煤炭及其他燃料加工业、化学原料和化学制品制造业、橡胶和塑料制品业、黑色金属冶炼和压延加工业，但除家具制造业为 8.38%，其余均在 3.05% 以下，份额变化的绝对值较大的有农副食品加工业为 -12.49%，酒、饮料和精制茶制造业 −11.55%，纺织服装、服饰业 −12.51%；皮革、毛皮、羽毛及其制品和制鞋业 −14.09%，废弃资源综合利用业 −15.2% 等。

表 5.3　2006～2015 年长三角四地区制造业各行业规上工业总产值份额变化

单位：%

行业分类	安徽 8 市	上海	江苏 9 市	浙江 8 市
农副食品加工业	16.12	−5.43	1.80	−12.49
食品制造业	10.55	−10.61	3.94	−3.87
酒、饮料和精制茶制造业	23.09	−15.41	3.87	−11.55
烟草制品业	−2.50	10.33	−3.08	−4.74
纺织业	2.81	−2.99	−1.22	1.40
纺织服装、服饰业	3.51	−11.65	20.65	−12.51
皮革、毛皮、羽毛及其制品和制鞋业	8.33	−2.46	8.22	−14.09
木材加工和木、竹、藤、棕、草制品业	13.85	−10.02	4.58	−8.41
家具制造业	10.04	−10.40	−8.02	8.38
造纸和纸制品业	4.78	−4.57	1.58	−1.79
印刷和记录媒介复制业	16.61	−17.98	13.58	−12.21
文教、工美、体育和娱乐用品制造业	2.96	−11.43	13.51	−5.03
石油、煤炭及其他燃料加工业	2.45	−10.99	6.20	2.34
化学原料和化学制品制造业	3.04	−8.81	3.38	2.39
医药制造业	3.18	−7.07	13.85	−9.96
化学纤维制造业	1.41	−1.62	2.02	−1.80
橡胶和塑料制品业	8.35	−5.82	−2.74	0.21
非金属矿物制品业	12.82	−9.50	5.58	−8.91
黑色金属冶炼和压延加工业	6.92	−13.22	3.28	3.03
有色金属冶炼和压延加工业	10.32	−7.50	1.22	−4.03
金属制品业	7.37	−10.94	10.61	−7.04
通用设备制造业	7.93	−9.88	9.58	−7.63
专用设备制造业	5.60	−8.16	11.28	−8.72
汽车、铁路等交通运输设备制造业	0.34	−7.57	8.67	−1.44
电气机械和器材制造业	9.11	−11.59	10.68	−8.19
计算机、通信和其他电子设备制造业	5.56	−10.37	7.38	−2.57
仪器仪表制造业	2.30	−15.06	20.67	−7.91
其他制造业	10.56	−7.98	2.78	−5.36
废弃资源综合利用业	17.31	−8.54	6.45	−15.22

资料来源：笔者测算整理而得。

3. 产业空间分布相对变动的测算与现状分析

借鉴吕卫国和陈雯（2013）的测度产业空间分布相对变动的方法，行业偏离份额测算公式如下：

$$P_k = Q_{ik}^0 (R_i^k - R_w) = Q_{ik}^0 \left[(R_w^k - R_w) + (R_i^k - R_w^k) \right] \tag{5.3}$$

其中，Q_{ik}^0 为 i 市（地区）k 行业基期产值，R_i^k 为 i 市（地区）k 行业的绝对增长率，R_w 为长三角（珠三角）各制造业行业的绝对增长率，R_w^k 为长三角（珠三角）k 行业的平均增长率。偏离份额的含义为：i 市 k 行业的增长率超过长三角（珠三角）所有制造业行业平均增长率和"结构性增长率"的部分。行业的偏离份额为正值，为"移入"；为负值，则为"移出"，但这里的含义并非实际意义上的产业转移和产业承接，而是"此消彼长"的相对概念，体现的是某一时间段内某行业在空间上的相对动态变动。

2006～2015 年长三角四地区制造业各行业偏离份额如表 5.4 所示。与表 5.3 的制造业总产值份额变化情况比较可以看出，以长三角四地区为样本测算的制造业各行业产值份额变化与偏离份额方向完全一致。在安徽 8 市中，份额变化最大的是酒、饮料和精制茶制造业的 23.09% 和木材加工和废弃资源综合利用业的 17.31%，而偏离份额最大的是电气机械和器材制造业的 2137.28 亿元、计算机、通信和其他电子设备制造业的 1959.5 亿元和通用设备制造业的 1197.22 亿元。上海的偏离份额绝对值最大的是计算机、通信和其他电子设备制造业的 –3656.08 亿元，其余行业中较大的有电气机械和器材制造业的 –2719.87 亿元，汽车、铁路等交通运输设备制造业的 –1855.08 亿元等。江苏 9 市的特点是各行业份额变化的比例大小和方向与偏离份额基本一致，如纺织服装、服饰业的份额变化为 20.65%，而此行业偏离份额也达到 1980.78 亿元的较大数值，电气机械和器材制造业的份额变化为 10.68%，偏离份额为 2505.7 亿元。浙江 8 市偏离份额绝对值最大的为电气机械和器材制造业的 –1923.11 亿元，纺织服装、服饰业的 –1199.86 亿元和通用设备制造业的 –1151.99 亿元，浙江的移出行业数为 23 个，移入行业数为 9 个。

表 5.4　2006～2015 年长三角四地区制造业各行业偏离份额　单位：亿元

行业分类	安徽 8 市	上海	江苏 9 市	浙江 8 市
农副食品加工业	554.04	–186.56	61.72	–429.20

续表

行业分类	安徽8市	上海	江苏9市	浙江8市
食品制造业	162.73	-163.73	60.76	-59.77
酒、饮料和精制茶制造业	240.08	-160.25	40.25	-120.08
烟草制品业	-43.60	179.95	-53.75	-82.60
纺织业	302.46	-322.06	-131.70	151.30
纺织服装、服饰业	336.58	-1117.50	1980.78	-1199.86
皮革、毛皮、羽毛及其制品和制鞋业	132.13	-38.95	130.29	-223.47
木材加工和木、竹、藤、棕、草制品业	131.40	-95.06	43.43	-79.77
家具制造业	148.14	-153.42	-118.26	123.55
造纸和纸制品业	125.65	-120.15	41.46	-46.96
印刷和记录媒介复制业	207.77	-224.90	169.84	-152.71
文教、工美、体育和娱乐用品制造业	82.46	-318.53	376.31	-140.24
石油、煤炭及其他燃料加工业	83.13	-372.90	210.39	79.38
化学原料和化学制品制造业	638.27	-1852.21	711.24	502.70
医药制造业	142.03	-315.82	618.56	-444.77
化学纤维制造业	80.55	-92.98	115.57	-103.14
橡胶和塑料制品业	513.17	-357.58	-168.25	12.66
非金属矿物制品业	724.09	-536.46	315.48	-503.12
黑色金属冶炼和压延加工业	945.59	-1807.78	448.35	413.84
有色金属冶炼和压延加工业	717.71	-521.75	84.53	-280.49
金属制品业	625.52	-928.44	900.39	-597.47
通用设备制造业	1197.22	-1492.68	1447.45	-1151.99
专用设备制造业	444.88	-648.39	896.70	-693.19
汽车、铁路等交通运输设备制造业	83.18	-1855.08	2124.97	-353.07
电气机械和器材制造业	2137.28	-2719.87	2505.70	-1923.11
计算机、通信和其他电子设备制造业	1959.50	-3656.08	2603.74	-907.16
仪器仪表制造业	87.08	-570.68	783.37	-299.77
其他制造业	53.02	-40.08	13.98	-26.91
废弃资源综合利用业	122.17	-60.27	45.52	-107.42
移入行业个数	28	1	25	6
移出行业个数	1	28	4	23

资料来源：笔者测算整理而得。

（三）长三角制造业地区分工的测度与现状分析

1. 地区相对专业化分工的测算与现状分析

地区相对专业化分工指数的公式为：

$$F_i = \sum_{k=1}^{n} |S_{ik} - S_{ik}^*| \qquad (5.4)$$

$$S_{ik} = \frac{Q_{ik}}{\sum_{k=1}^{n} Q_{ik}} \qquad (5.5)$$

$$S_{ik}^* = \frac{\sum_{j \neq i} Q_{jk}}{\sum_{k=1}^{n} \sum_{j \neq i} Q_{jk}} \qquad (5.6)$$

其中，i 和 j 表示 i 市和 j 市；k 表示行业；n 表示制造业行业数；Q_{ik} 表示 i 市 k 行业的总产值；S_{ik} 为 i 市 k 行业总产值占该市制造业总产值的比重；S_{ik}^* 为长三角（珠三角）k 行业除 i 市外的所有城市的总产值占长三角（珠三角）除 i 市外的制造业总产值的比重。计算得到的 F_i 为第 i 市制造业各行业在该市的份额与长三角（珠三角）其他城市各行业份额差值的绝对值之和，其含义为第 i 市制造业各行业的专业化分工水平与长三角（珠三角）其余地区平均专业化分工水平之差的绝对值之和。F_i 度量了 i 市与其余地级市平均程度的产业结构差异，即 i 市的相对专业化分工水平。F_i 的取值一般为 0~2，数值越大，说明地级市之间产业分工水平越高。应当说明的是，地区相对专业化分工指数较高，可能是两种情况导致：一是地区制造业产业结构的独特性，实现了专业化生产；二是某地区集聚了大部分制造业，其他地区制造业分布较少。

长三角制造业相对专业化分工水平及增长率如表 5.5 所示。从安徽 8 市的数据来看，除铜陵外，其余 7 市 2006 年的相对分工指数均为十年中最高，且总体上呈现递减的态势。从变化率来看，合肥从 2006~2011 年和 2011~2015 年两个阶段的分工指数变化率均低于 -20%，铜陵则保持总体微涨，其余 5 市均保持较大幅度的下降。铜陵、马鞍山等地的分工指数相对较高，可能的原因是承接了上海、浙江的黑色金属冶炼和压延加工业、有色金属冶炼和压延加工业的大量转出。上海的专业化分工指数呈现稳定增长的趋势。在 2006~2011 年和 2011~2015 年两阶段的发展中，分工指数的增长达到 25.3% 和 6.5%，专业化水平显著提升。江苏 9 市的分工指数变化情况各异。2006～2011 年南京和无锡的下降幅度较大，随后 5 年则经历了小幅度的上升，专业化分工程度有所加深；常州和苏州呈现先升后降的趋势，而南通则经历了先降后升；镇江、盐城、扬州和泰州总体下降幅度较大。浙江 8 市中，杭州在第一阶段指数上升了 32.4%，第二阶段小幅下降 3.2%，宁波呈大幅度下降后小幅度上升的趋势；台州平均下降幅度超过 10%；嘉兴、湖州、绍兴、金华和舟山的分工指数则变化比较平缓。

表5.5　长三角 26 市制造业相对专业化分工水平及增长率

年份\\城市	2006	2007	2008	2009	2010	2011	2012	2013	2014	2015	2006～2011 年增长率	2011～2015 年增长率
合肥	0.8149	0.7731	0.7463	0.7564	0.7170	0.6487	0.6007	0.5563	0.5334	0.5056	−20.4	−22.1
芜湖	0.9986	1.0032	0.9379	0.8869	0.8298	0.7899	0.7414	0.7165	0.6845	0.7138	−20.9	−9.6
马鞍山	1.3343	1.3209	1.3250	1.2289	1.1847	1.1185	1.0747	1.0171	0.9928	0.9523	−16.2	−14.9
铜陵	1.3105	1.3226	1.3025	1.2856	1.3138	1.3108	1.2667	1.2956	1.3622	1.3850	0.0	5.7
安庆	1.0472	0.9817	0.9408	0.9206	0.9220	0.9216	0.9287	0.9435	0.9836	0.9339	−12.0	1.3
滁州	0.6939	0.7165	0.6905	0.6877	0.6450	0.6755	0.6491	0.6296	0.6174	0.6030	−2.7	−10.7
池州	1.1659	1.0423	1.0348	0.8677	0.8387	0.8441	0.7895	0.7281	0.7502	0.7643	−27.6	−9.5
宣城	1.0020	0.9559	1.0060	0.9600	0.9433	0.8934	0.8362	0.7929	0.7691	0.7500	−10.8	−16.1
上海	0.4471	0.4676	0.4800	0.5191	0.5430	0.5604	0.5665	0.5833	0.5841	0.5965	25.3	6.5
南京	0.6222	0.6321	0.5337	0.4607	0.4149	0.4667	0.4662	0.4870	0.5024	0.4782	−25.0	2.5
无锡	0.4112	0.3736	0.3446	0.4015	0.3865	0.3736	0.3921	0.4045	0.3580	0.3748	−9.1	0.3
常州	0.4887	0.4985	0.4822	0.5083	0.4911	0.5928	0.5818	0.5819	0.5386	0.5441	21.3	−8.2
苏州	0.5347	0.5292	0.5891	0.6447	0.6363	0.6695	0.6854	0.6823	0.6402	0.6782	25.2	1.3
南通	0.6144	0.6036	0.5605	0.5412	0.5626	0.5584	0.5753	0.5743	0.5581	0.6723	−9.1	20.4
盐城	0.8566	0.8280	0.8269	0.7712	0.7372	0.6968	0.6904	0.6698	0.6443	0.6143	−18.6	−11.8
扬州	0.5920	0.5555	0.6024	0.5484	0.5596	0.5927	0.5777	0.5611	0.5279	0.5045	0.1	−14.9

年份\城市	2006	2007	2008	2009	2010	2011	2012	2013	2014	2015	2006~2011年增长率	2011~2015年增长率
镇江	0.7008	0.6747	0.6685	0.5917	0.5923	0.5951	0.5873	0.5603	0.5586	0.5904	-15.1	-0.8
泰州	0.6282	0.6036	0.6065	0.6347	0.6444	0.6258	0.5971	0.5445	0.5404	0.5280	-0.4	-15.6
杭州	0.3158	0.3732	0.3852	0.4411	0.4194	0.4182	0.4264	0.4617	0.4445	0.4046	32.4	-3.2
宁波	0.4859	0.4254	0.3862	0.3815	0.3670	0.3716	0.3903	0.3953	0.3649	0.3896	-23.5	4.8
嘉兴	0.8142	0.7891	0.7713	0.7760	0.7505	0.7583	0.7413	0.7182	0.7063	0.6862	-6.9	-9.5
湖州	0.7592	0.7846	0.7730	0.7195	0.7340	0.7586	0.7485	0.7078	0.7250	0.7397	-0.1	-2.5
绍兴	0.8538	0.8406	0.8632	0.8398	0.8335	0.8605	0.8481	0.8249	0.8280	0.8030	0.8	-6.7
金华	0.6770	0.6471	0.6737	0.6640	0.6541	0.6489	0.6614	0.6522	0.6579	0.6299	-4.1	-2.9
舟山	1.2980	1.3018	1.2588	1.3143	1.3149	1.3383	1.3035	1.2120	1.2296	1.2692	3.1	-5.2
台州	1.0242	0.9567	0.9130	0.8842	0.8399	0.8439	0.8345	0.8038	0.7668	0.7781	-17.6	-7.8

资料来源：笔者测算整理而得。

总体来看，安徽 8 市总体的分工指数呈下降趋势，仅铜陵保持微涨；上海的专业化分工指数呈现稳定增长的趋势，但增速趋缓；江苏 9 市和浙江 8 市中，仅苏州和杭州的专业化分工水平提升幅度较大。此外，值得注意的是，地级市层面专业化指数相对较高的是马鞍山、铜陵、盐城、泰州和舟山等经济发展相对落后的地区，造成这一现象的原因可能是这些地区的产业规模较小、制造业集聚程度较低、地区比较优势不明显，所以只能发展自身特色产业，如铜陵和马鞍山的采矿和冶炼。

2. 地区间专业化分工的测算与现状分析

利用克鲁格曼专业化指数来测度地区间的分工状况，公式如下：

$$K_{ij} = \sum_{k=1}^{n} |S_{ik} - S_{jk}| \tag{5.7}$$

其中，S_{ik} 为 i 市 k 行业总产值占该市制造业总产值的比重，n 为行业数。K_{ij} 为 i 市相对于 j 市的克鲁格曼专业化指数，K_{ij} 的值介于 0 ~ 2，值越大，说明两城市之间产业专业化分工越明显。

表 5.6 为长三角四地区间制造业克鲁格曼专业化分工及增长率。从 2006

年的克鲁格曼专业化分工指数来看，2006 年地区间分工指数较高的是安徽与其余三个地区，其中安徽与浙江之间的分工指数达到 0.776，安徽与江苏之间的指数达到 0.75。2006 年江苏与上海，江苏与浙江之间的指数较低，分别为 0.409 和 0.471。2015 年安徽与上海之间的克鲁格曼专业化指数继续增长，达到 0.707，而安徽与江苏、安徽与浙江的指数下降幅度均超过 30%，降到 0.518 和 0.531，江苏与上海的分工水平提升幅度达到 40.25%，指数数值超过了江苏与安徽之间，浙江与上海分工指数上涨达到 8.61%，指数数值仅小于安徽与上海。

表 5.6　长三角四地区间制造业克鲁格曼专业化分工及增长率

	安徽 8 市—上海	安徽 8 市—江苏 9 市	安徽 8 市—浙江 8 市	江苏 9 市—上海	江苏 9 市—浙江 8 市	浙江 8 市—上海
2006 年	0.657	0.750	0.776	0.409	0.471	0.648
2015 年	0.707	0.518	0.531	0.574	0.460	0.704
增长率（%）	7.65	−30.92	−31.58	40.25	−2.28	8.61

资料来源：笔者测算整理而得。

综合来看，安徽与上海、江苏与上海、浙江与上海之间的克鲁格曼专业化分工都有大幅度的提升，其中以江苏与上海之间最明显。可能的原因在于，近年来上海大批的制造业企业外移至江苏、安徽、浙江等周边地区，这些制造业的转移既为上海腾出更大的发展空间，也加快了安徽等经济相对落后地区的产业水平提升。

二、实证分析

（一）计量模型、变量与数据说明

1. 计量模型设定

为考察产业转移和区域分工对我国产业升级的影响，基于分工理论、产业升级等理论和前人的实证研究经验，设定基准计量模型如下：

$$\ln H_{it} = \beta_0 + \beta_1 IR_{it} + \beta_2 \ln F_{it} + BX_{it} + \varepsilon_{it} \tag{5.8}$$

$$IND_{it} = \beta_0 + \beta_1 IR_{it} + \beta_2 \ln F_{it} + CX_{it} + \varepsilon_{it} \tag{5.9}$$

其中，下标 i 表示地区各地级市，t 表示年份；式（5.8）中 H_{it} 为上文中测度的产业结构水平，衡量 i 市 t 年的产业结构升级；式（5.9）中 IND_{it} 为高新技术产值占比，衡量 i 市 t 年的工业内部升级；F_{it} 为地区相对专业化分工指数，衡量区域分工水平，X_{it} 为相应的控制变量；ε_{it} 为随机干扰项。为消除异方差，对部分变量取对数进行估计。

经文献研究发现，实际利用外资额、市场购买力、劳动力素质、政府干预、交通运输水平等对产业升级均产生较大影响，因此，在模型中加入这些控制变量。此外，已有文献研究和实践经验表明，地方政府信贷干预对产业承接具有较大的影响，地区劳动力素质和区域分工水平具有较大相关性，因此在模型中分别加入信贷干预和产业转移的交互项、劳动力素质和区域分工水平的交互项、产业转移与区域分工的交互项，以更好地揭示产业转移、区域分工与产业升级的作用机制。所得到的最终模型为：

$$\ln H_{it} = \beta_0 + \beta_1 IR_{it} + \beta_2 \ln F_{it} + \beta_3 \ln open_{it} + \beta_4 \ln mar_{it} + \beta_5 hum_{it} + \beta_6 gov_{it} + \beta_7 exp_{it} + \beta_8 \ln tran_{it} + \alpha_1 IR_{it} \times gov_{it} + \varepsilon_{it} \tag{5.10}$$

$$\ln H_{it} = \beta_0 + \beta_1 IR_{it} + \beta_2 \ln F_{it} + \beta_3 \ln open_{it} + \beta_4 \ln mar_{it} + \beta_5 hum_{it} + \beta_6 gov_{it} + \beta_7 exp_{it} + \beta_8 \ln tran_{it} + \alpha_1 hum_{it} \times \ln F_{it} + \varepsilon_{it} \tag{5.11}$$

$$\ln H_{it} = \beta_0 + \beta_1 IR_{it} + \beta_2 \ln F_{it} + \beta_3 \ln open_{it} + \beta_4 \ln mar_{it} + \beta_5 hum_{it} + \beta_6 gov_{it} + \beta_7 exp_{it} + \beta_8 \ln tran_{it} + \alpha_1 IR_{it} \times \ln F_{it} + \varepsilon_{it} \tag{5.12}$$

$$IND_{it} = \beta_0 + \beta_1 IR_{it} + \beta_2 \ln F_{it} + \beta_3 \ln open_{it} + \beta_4 \ln mar_{it} + \beta_5 hum_{it} + \beta_6 gov_{it} + \beta_7 exp_{it} + \beta_8 \ln tran_{it} + \alpha_1 IR_{it} \times gov_{it} + \varepsilon_{it} \tag{5.13}$$

$$IND_{it} = \beta_0 + \beta_1 IR_{it} + \beta_2 \ln F_{it} + \beta_3 \ln open_{it} + \beta_4 \ln mar_{it} + \beta_5 hum_{it} + \beta_6 gov_{it} + \beta_7 exp_{it} + \beta_8 \ln tran_{it} + \alpha_1 hum_{it} \times \ln F_{it} + \varepsilon_{it} \tag{5.14}$$

$$IND_{it} = \beta_0 + \beta_1 IR_{it} + \beta_2 \ln F_{it} + \beta_3 \ln open_{it} + \beta_4 \ln mar_{it} + \beta_5 hum_{it} + \beta_6 gov_{it} + \beta_7 exp_{it} + \beta_8 \ln tran_{it} + \alpha_1 IR_{it} \times \ln F_{it} + \varepsilon_{it} \tag{5.15}$$

其中，式（5.10）、式（5.11）和式（5.12）为对产业结构升级的回归模型，式（5.13）、式（5.14）和式（5.15）为对工业内部升级的回归模型。$IR \times gov$ 表示产业转移与政府信贷干预的交互项，$hum \times \ln F$ 表示劳动力素质与区域分工的交互项，$IR \times \ln F$ 表示产业转移与区域分工的交互项。

2. 变量说明

（1）被解释变量。

基于长三角和珠三角地区数据的可得性，将产业升级划分为产业结构升级和工业内部升级。产业结构升级（H）用长三角和珠三角各市历年的产业结构水平，测度公式参考借鉴周昌林等（2007）的研究；工业内部升级（IND）用规上高新技术产业工业总产值与地区工业总产值的比值来表示。

（2）核心解释变量。

产业转移（IR）。用上文测算的产业转移量 IR 来衡量长三角和珠三角各市的产业转移与产业承接，数据中的正值即为产业转入量，即产业承接量，负值表示产业转出。

区域分工指数（F）。利用上文测算的地区相对专业化分工指数 F 来衡量长三角和珠三角各市的区域分工。

（3）控制变量。

实际利用外资（open）。地区实际利用外资额在一定程度上衡量了产业承接，对地区产业升级产生一定的影响（许树辉，2017），因此将其纳入控制变量。

市场购买力水平（mar）。部分学者的研究表明，市场购买力水平高的地区，产业结构水平也相对较高。利用地区人均 GDP 来衡量市场购买力水平。

劳动力素质（hum）。相关研究中采用文盲人数占成年人口数的比重来衡量劳动力素质水平。考虑到长三角和珠三角属于中国东部沿海发达地区，高校毕业生留在当地工作的概率较高，文化教育普及程度较高，因此采用各地高等学校在校学生数占总人口的比重来衡量劳动力素质水平。

政府信贷干预（gov）。中央政府通过货币政策来调节经济，地方政府则通过信贷干预来调节当地经济结构和促进产业发展，必然对地区产业升级产生巨大影响（师博和沈坤荣，2013）。用金融机构人民币贷款与存款比率来衡量地方政府信贷干预。

政府支出（exp）。宏观经济分析中，较多学者将政府购买和转移支付等政府行为作为地区经济增长和产业发展的影响因素，采用一般公共预算支出占 GDP 的比例来衡量政府支出占比。

交通运输水平（tran）。采用年末公路通车里程与各地级市行政区划面积的比值来衡量交通运输水平，以考察长三角和珠三角地区交通运输水平对地区产业升级的影响。

3. 数据说明

利用长三角 26 个地级市的 2006 ~ 2015 年的面板数据，数据均来源于各地级市统计年鉴、统计公报和政府工作报告，个别缺失数据使用中值插值处理。为了消除各年由于物价变动造成的统计误差，利用以上年为 100 的生产总值发展指数等对 GDP 等数据进行价格平减，长三角制造业数据以 2006 年为基期。各变量描述性统计如表 5.7 所示。

表 5.7　长三角各变量描述性统计

变量	含义	观测值数	均值	标准差	最小值	最大值
lnH	产业结构升级的对数	260	1.0284	0.2846	0.2056	1.5895
IND	工业内部升级	260	0.3046	0.1268	0.0035	0.5690
IR	产业转移量	260	0	5.6324	−30.6643	42.6352
lnF	区域分工指数的对数	260	−0.3721	0.3359	−1.1527	0.3257
lnopen	地区开放程度的对数	260	2.3259	1.3206	−2.2996	5.2181
lnmar	市场购买力水平的对数	260	1.5712	0.5872	−0.1700	2.6152
hum	劳动力素质	260	0.0240	0.0214	0.0010	0.1003
gov	政府信贷干预	260	0.7528	0.1291	0.4570	1.0739
exp	政府支出	260	0.1351	0.0496	0.0568	0.2763
lntran	交通运输水平的对数	260	0.2662	0.2763	−0.5638	0.8912

（二）实证结果与分析

1. 长三角地区总体样本回归结果与分析

为确定合适的面板模型，首先对模型（5.10）进行 Hausman 检验，卡方统计量为 27，p 为 0.0007，因此拒绝原假设（使用随机效应模型），选择固定效应模型。对模型（5.13）进行 Hausman 检验，卡方统计量为 35，p 为 0，拒绝原假设（使用随机效应模型），同样选择固定效应模型。其次进行 F 统计量检验是应该使用混合效应模型，还是个体固定效应模型。模型（5.10）的检验结果 F 值为 0.96，统计量临界值为 1.5548752，因此选择混合效应模型。同样的方法得到的式（5.11）~式（5.15）都应选择混合效应模型。

　　表 5.8 为以长三角地区 26 个地级市为样本的产业结构升级（lnH）影响因素回归结果。模型 1 为对式（5.8）的回归，模型 2 为将式（5.8）去掉产业转移变量的回归结果，模型 3 为将式（5.8）去掉区域分工指数的回归结果。根据模型 1 和模型 3 的结果显示，产业转移量（IR）的回归系数为负，且均在 1% 的水平下显著，表明长三角地区制造业产业空间的变动对产业结构升级产生负向效应。可能的原因有两个：一是上海和苏州等发达城市产业转移加快，在一定程度上造成产业空心化和价值链断裂，不利于产业健康发展；二是铜陵和马鞍山等地大量承接了金属和矿产资源类别的制造业，盐城等地承接较多的纺织服装、服饰业，虽然在一定程度上带动了地区经济增长，但不利于地区产业结构升级。

表 5.8　长三角地区总体样本的产业结构升级影响因素回归结果

解释变量	模型（1）MEM	模型（2）MEM	模型（3）MEM	模型（4）MEM	模型（5）MEM	模型（6）MEM
IR	-0.0031*** (0.0011)		-0.0039*** (0.0013)	-0.0146** (0.0072)	-0.0036*** (0.0011)	0.0065* (0.0037)
lnF	0.2201*** (0.0289)	0.2269*** (0.0291)		0.2119*** (0.0293)	-0.0316 (0.0444)	0.2272*** (0.0286)
lnopen	0.0391*** (0.0094)	0.0442*** (0.0093)	-0.0026 (0.0085)	0.0372*** (0.0095)	0.0334*** (0.0087)	0.0378*** (0.0093)
lnmar	0.3793*** (0.0202)	0.3838*** (0.0204)	0.3694*** (0.0223)	0.3847*** (0.0205)	0.374*** (0.0186)	0.3772*** (0.02)
hum	1.5111*** (0.3815)	1.4629*** (0.3856)	1.084** (0.4178)	1.4563*** (0.3818)	6.2412*** (0.7555)	1.5067*** (0.3768)
gov	-0.1195 (0.0782)	-0.1254 (0.0791)	-0.0281 (0.0856)	-0.1305* (0.0783)	-0.1939*** (0.0724)	-0.1186 (0.077)
exp	-0.666*** (0.1345)	-0.6492*** (0.136)	-0.648*** (0.149)	-0.7198*** (0.1382)	-0.709*** (0.1232)	-0.6632*** (0.1329)
lntran	0.1362*** (0.0322)	0.1216*** (0.0321)	0.1884*** (0.0348)	0.1254 (0.0328)	0.074** (0.0307)	0.1448*** (0.0319)

续表

解释变量	模型（1）MEM	模型（2）MEM	模型（3）MEM	模型（4）MEM	模型（5）MEM	模型（6）MEM
IR × gov				0.0174 * (0.0108)		
hum × lnF					8.1851 *** (1.1603)	
IR × lnF						0.0183 *** (0.0067)
C	0.531 *** (0.0572)	0.521677 *** (0.0578)	0.4867 *** (0.0631)	0.5436 (0.0576)	0.5156 *** (0.0525)	0.5316 *** (0.0565)

注：***、**、*分别表示在1%、5%、10%的水平上显著，括号内系数估计值的 t 值。

从模型 1 和模型 2 的结果来看，区域分工指数（lnF）的回归系数为正，且均在 1% 的水平下显著，表明长三角整体制造业分工的演变对产业结构升级产生较大的积极影响，样本期内的分工状况总体提升了地区劳动力生产率，较大促进了三次产业的总体发展。控制变量中，地区开放程度（lnopen）在模型 1 和模型 2 中均显著为正，说明较高的对外开放程度和较高的吸引外资的能力对产业结构升级有正效应；市场购买力水平（lnmar）同样对地区产业结构升级产生显著的正向影响；劳动力素质（hum）的回归系数为正，且在模型 1 和模型 2 中在 1% 的水平下显著，说明劳动力素质的提升对产业结构升级产生显著的促进作用；政府信贷干预（gov）在模型 1 ~ 模型 3 中的系数均为负且不显著，表明信贷政策可能存在制定不当的问题，对地区产业结构升级产生不利影响；政府支出（exp）的系数在模型 1 ~ 模型 3 中均在 1% 的水平下显著为负，表明政府支出扩大在一定程度上不利于产业结构升级。交通运输水平（lntran）在模型 1 ~ 模型 3 中的系数均在 1% 的水平下显著为正，表明长三角地区的交通基础设施建设较为明显地促进了产业结构升级。

模型 4 ~ 模型 6 为分别加入信贷干预和产业转移的交互项（IR × gov）、劳动力素质和区域分工水平的交互项（hum × lnF）、产业转移与区域分工的交互项（IR × lnF）的回归结果。模型 4 中信贷干预和产业转移的交互项（IR ×

gov）的回归系数在 10% 的水平下显著为正，即信贷干预与产业转移的协同效应为正效应。换言之，信贷干预与产业转移之间存在互补性关联，地方政府的信贷政策与产业转移或产业承接量相适宜，将有助于促进地区产业结构升级。模型 5 中劳动力素质和区域分工水平的交互项（hum × lnF）在 1% 的水平下显著为正，表明劳动力素质和区域分工水平的协同效应为正效应，劳动力素质和区域分工水平的提高将对地区产业结构升级产生较强的促进效应。模型 6 中的产业转移与区域分工的交互项（IR × lnF）在 1% 的水平下显著为正，表明产业转移与区域分工水平的协同效应为正效应，即通过转移落后产业并吸引更优的产业进入，有利于促进地区分工水平，对产业结构升级起到积极的正效应。

表 5.9 为以长三角地区 26 个地级市为样本的工业内部升级（IND）影响因素回归结果。模型 1 为对式（5.8）的回归，模型 2 为将式（5.8）去掉产业转移变量的回归结果，模型 3 为将式（5.8）去掉区域分工指数的回归结果。根据模型 1 和模型 3 的回归结果，产业转移量（IR）的回归系数显著为正，这与表 5.8 中的模型 1 和模型 3 的回归结果相反，说明长三角地区制造业产业空间的变动对产业结构升级有负效应，却对工业内部升级产生正效应。可能的原因是产业转移为发达城市腾出向价值链高端环节攀升的空间，也为落后城市带来先进技术和管理方式，总体上对地区的工业内部升级产生有利影响。根据模型 1 和模型 2 的回归结果，区域分工指数（lnF）的回归系数为负，但不显著，说明长三角整体制造业分工的演变对工业内部升级的影响不明显。

表 5.9　长三角地区总体样本的工业内部升级影响因素回归结果

解释变量	模型（1） MEM	模型（2） MEM	模型（3） MEM	模型（4） MEM	模型（5） MEM	模型（6） MEM
IR	0.0052 *** (0.0011)		0.0053 *** (0.0011)	0.0047 (0.0069)	0.0047 *** (0.001)	0.002 (0.003)
lnF	−0.0248 (0.0279)	−0.0361 (0.0288)		−0.0251 (0.0283)	−0.2804 *** (0.0424)	−0.0271 (0.028)
lnopen	0.0027 (0.0091)	−0.0058 (0.0092)	0.0074 (0.0074)	0.0026 (0.0092)	−0.003028 (0.0082)	0.0031 (0.0091)

解释变量	模型（1）MEM	模型（2）MEM	模型（3）MEM	模型（4）MEM	模型（5）MEM	模型（6）MEM
lnmar	0.026	0.0185	0.0271	0.0262	0.0206	0.0267
	(0.0195)	(0.0202)	(0.0195)	(0.0198)	(0.0177)	(0.0195)
hum	1.881***	1.9616***	1.9299***	1.8795***	6.6846***	1.8833***
	(0.3682)	(0.3819)	(0.3641)	(0.3704)	(0.722)	(0.3684)
gov	0.0926	0.1022	0.0823	0.0921	0.017	0.0923
	(0.0755)	(0.0784)	(0.0746)	(0.076)	(0.0691)	(0.0756)
exp	0.5039***	0.4762***	0.5019***	0.5016***	0.4603***	0.503***
	(0.1299)	(0.1347)	(0.1298)	(0.1341)	(0.1177)	(0.1299)
lntran	0.1358***	0.1599***	0.1299***	0.1353***	0.0726**	0.1329***
	(0.0311)	(0.0318)	(0.0303)	(0.0318)	(0.0293)	(0.0312)
IR × gov				0.0001		
				(0.0104)		
hum × lnF					8.3108***	
					(1.1083)	
IR × lnF						−0.0059
						(0.0066)
C	0.0293	0.0447	0.0343	0.0298	0.0137	0.0291
	(0.0553)	(0.0573)	(0.0549)	(0.0559)	(0.0501)	(0.0553)

注：***、**、*分别表示在1%、5%、10%的水平上显著，括号内系数估计值的t值。

　　控制变量中，劳动力素质（hum）的回归系数为正，且均在1%的水平下显著，说明劳动力素质的提升对工业内部升级产生显著的促进作用。劳动力素质的高低直接影响着企业的技术研发能力和管理成本，较高的劳动力素质是工业持续升级的基础。交通运输水平（lntran）在模型1～模型3中的系数均在1%的水平下显著为正，说明长三角地区的交通基础设施建设明显地促进了工业内部升级。政府支出（exp）的系数在模型1～模型3中均在1%的水平下显著为正，这与表5.8中的结果相反，说明较高的政府支出刺激了工业投资，同时也促使工业企业提高生产技术和管理水平，因此对工业内部升级产生了明显的促进作用。而政府信贷干预（gov）、地区开放程度（lnopen）、市场购买力水平（lnmar）对工业内部升级的影响均不显著。

模型（4）~模型（6）为分别加进信贷干预和产业转移的交互项（IR×gov）、劳动力素质和区域分工水平的交互项（hum×lnF）、产业转移与区域分工的交互项（IR×lnF）的回归结果。模型4中信贷干预和产业转移的交互项（IR×gov）的回归系数较小且不显著，即信贷干预与产业转移的协同效应对长三角地区工业内部升级的影响微弱，表明长三角地区通过地方政府信贷干预等措施带来的产业转移并不能为地区的工业内部升级带来明显的正效应。模型5中劳动力素质和区域分工水平的交互项（hum×lnF）在1%的水平下显著为正，说明劳动力素质和区域分工水平的协同效应对工业内部升级的影响为正效应。模型6中的产业转移与区域分工的交互项（IR×lnF）系数为负且不显著，即产业转移与区域分工水平的协同效应对工业内部升级影响微弱，表明长三角地区产业转移和产业承接形成的区域分工格局并不能对地区工业内部升级产生明显的正效应。

2. 安徽8市与苏北4市样本回归结果与分析

为消除地区经济发展差异对计量回归结果的影响，在对长三角总体样本回归分析后，进一步以安徽8市与苏北4市这些经济发展相对落后的地区，产业承接较多的地区为样本进行计量回归与分析。

表5.10为安徽8市与苏北4市为样本的产业结构升级（lnH）影响因素回归结果。本表中，产业转移量（IR）的系数不显著，可见产业承接并未给安徽8市与苏北4市带来明显的产业结构升级。控制变量中，劳动力素质（hum）在模型3中的系数显著为负，与长三角总体样本相反，可知该样本区域的劳动力素质水平较低，一定程度上阻碍了该地区产业结构升级。政府信贷干预（gov）分别在5%和1%的水平上显著为正，说明这些地区的政府信贷政策较大程度地刺激了整体经济的发展，有助于地区产业结构水平的提升。模型6中的产业转移与区域分工的交互项（IR×lnF）系数为负且在10%的水平上显著，与长三角总体样本结果相反，表明安徽8市与苏北4市的产业转移与区域分工水平的协同效应对产业结构升级产生负效应，可能是该区域承接了大批不利于产业协调发展的产业所致。

表5.10 安徽8市与苏北4市为样本的产业结构升级影响因素回归结果

解释变量	模型（1）MEM	模型（2）MEM	模型（3）MEM	模型（4）MEM	模型（5）MEM	模型（6）MEM
IR	0.0002		-0.0030	0.0078	0.0003	-0.0149*
	(0.0019)		(0.0026)	(0.0176)	(0.002)	(0.0082)
lnF	0.3023***	0.3021***		0.3863***	0.1765**	0.4382***
	(0.038)	(0.0376)		(0.0469)	(0.068)	(0.0531)
lnopen	0.0345***	0.0347***	0.0028	0.0517***	0.0558***	0.0601***
	(0.0108)	(0.0106)	(0.0145)	(0.0149)	(0.0138)	(0.0155)
lnmar	0.3882***	0.3873***	0.4352***	0.3987***	0.3587***	0.3891***
	(0.021)	(0.0208)	(0.035)	(0.0295)	(0.0292)	(0.0295)
hum	-0.6271	-0.6102	-3.9021***	-0.3019	3.7883***	-0.7101
	(0.7266)	(0.7244)	(1.098)	(0.9452)	(1.3366)	(0.8641)
gov	0.2195**	0.2192**	0.9349***	0.1701	0.021	0.1963*
	(0.095)	(0.0945)	(0.089)	(0.1123)	(0.1075)	(0.1099)
exp	-1.1799***	-1.1802***	-1.5443***	-1.2098***	-0.9773***	-1.2034***
	(0.1611)	(0.1598)	(0.2833)	(0.2294)	(0.2204)	(0.2236)
lntran	0.1186***	0.1199***	0.0589	0.129**	0.1272**	0.1211**
	(0.0445)	(0.0441)	(0.0738)	(0.052)	(0.0491)	(0.0521)
IR×gov				-0.0133		
				(0.0273)		
hum×lnF					8.5678***	
					(2.131)	
IR×lnF						-0.0352*
						(0.0198)
C	0.4296***	0.4305***	0.4896***	0.4509***	0.464***	0.4474***
	(0.0597)	(0.0595)	(0.085)	(0.0723)	(0.062)	(0.0668)

注：***、**、*分别表示在1%、5%、10%的水平上显著，括号内系数估计值的t值。

表5.11为安徽8市与苏北4市为样本的工业内部升级（IND）影响因素回归结果。产业转移（IR）的回归系数为正且不显著，说明产业承接对该样

本地区的工业内部升级没有起到明显的促进作用。区域分工（lnF）的系数在1%的水平下显著为负，而长三角总体样本回归则不显著，说明该地区在长三角所处的分工地位较低，从而不利于工业内部升级以及技术水平的提高。控制变量中，政府信贷干预（gov）的回归系数在5%和1%的水平上显著为正，表明该样本地区的政府实行的信贷政策对工业内部升级起到促进作用，在一定程度上推动了高新技术产业的发展。交通运输水平的回归系数为正，但不显著，说明该地区的公路设施尚且不完善，与江浙沪发达地区有差距，应该加大投入，弥补交通运输水平的不足。模型中其余自变量的回归结果均与长三角总体样本回归结果相似。

表5.11　安徽8市与苏北4市为样本的工业内部升级影响因素回归结果

解释变量	模型（1）MEM	模型（2）MEM	模型（3）MEM	模型（4）MEM	模型（5）MEM	模型（6）MEM
IR	0.0017 (0.0018)		0.0026 (0.0019)	0.0181 (0.0156)	0.0022 (0.0018)	0.0018 (0.0074)
lnF	-0.1267*** (0.041)	-0.1323*** (0.0405)		-0.1339*** (0.0416)	-0.2498*** (0.0635)	-0.127*** (0.0479)
lnopen	-0.005 (0.0132)	-0.0049 (0.0131)	0.0211** (0.0105)	-0.0037 (0.0132)	-0.0023 (0.0129)	-0.005 (0.014)
lnmar	0.0518** (0.0259)	0.0548** (0.0256)	0.0253 (0.0253)	0.0476* (0.0262)	0.0275 (0.0271)	0.0519* (0.026)
hum	2.9849*** (0.7684)	2.9877*** (0.7676)	3.1709*** (0.7946)	3.3402*** (0.8381)	5.4489*** (1.239)	2.9866*** (0.7802)
gov	0.2814*** (0.0968)	0.2769*** (0.0966)	0.243** (0.0996)	0.3064*** (0.0996)	0.2029** (0.099)	0.281*** (0.0993)
exp	0.1784 (0.2006)	0.1708 (0.2002)	0.4306** (0.1900)	0.2148 (0.2034)	0.3232 (0.2044)	0.1782 (0.2019)
lntran	0.042 (0.0466)	0.0444 (0.0465)	0.073 (0.0472)	0.0418 (0.0466)	0.0409 (0.0456)	0.0421 (0.047)

解释变量	模型（1）MEM	模型（2）MEM	模型（3）MEM	模型（4）MEM	模型（5）MEM	模型（6）MEM
IR × gov				−0.0256 (0.0242)		
hum × lnF					4.9389 ** (1.977)	
IR × lnF						0.0003 (0.0178)
C	−0.0567 (0.0594)	−0.0546 (0.0593)	−0.065 (0.0616)	−0.0823 (0.0641)	−0.0569 (0.058)	−0.0566 (0.0603)

注：***、**、*分别表示在1%、5%、10%的水平上显著，括号内系数估计值的t值。

三、研究结论

通过上述实证分析可知，长三角产业承接、跨区域网络分工对产业升级的影响表现为：①长三角制造业产业的空间变动（产业承接或转移）对产业结构升级产生负效应，却对工业内部升级起正向促进效应。②长三角制造业区域分工对产业结构升级呈正向作用，而对工业内部升级的影响不明显。③各控制变量的作用不一：地区开放程度和市场购买力水平对产业结构升级具有显著的正效应，对工业内部升级的影响不显著；劳动力素质和交通运输水平无论是对产业结构升级还是工业内部升级都有显著的推动作用，而政府信贷干预对产业结构升级和工业内部升级影响均不显著；政府支出对长三角产业升级总体呈微弱的负效应，但对工业内部升级的影响显著为正。④信贷干预与产业转移的协同效应、产业转移与区域分工水平的协同效应均对产业结构升级起正向促进作用，对工业内部升级的影响则不明显；劳动力素质和区域分工水平的协同效应对产业结构升级和工业内部升级都为正效应。

根据长三角内部落后地区（安徽8市与苏北4市）的实证结果可知：①产业承接并未给长三角落后地区带来明显的产业结构升级与工业内部升级；②区域分工对产业结构升级呈显著的正向作用，而对工业内部升级呈显著的负向作用；③控制变量总体上与长三角总体样本的回归结果相似，其中劳动力素质对产业结构升级和工业内部升级产生负向影响，政府信贷干预则对样本地区呈显著的正向促进作用。

第四节　珠三角产业承接、跨地区网络分工与产业升级的实证研究

一、珠三角制造业产业转移与区域分工现状

（一）数据和测度方法说明

采用珠三角 9 个地级市①的 2008～2017 年的面板数据，以各地级市的制造业分行业规模以上工业总产值等数据为各指数测算的样本，测算产业转移、产业承接及网络分工的状况。数据均来源于各省市的统计年鉴和统计公报，个别缺失数据使用中值插值处理。制造业分类标准参照《国民经济行业分类标准（GB/T 4754—2017）》，对其 31 个制造业行业进行统计分析。其中，将 2011 年后的汽车制造业和铁路、船舶、航空航天和其他运输设备制造业数据合并为汽车、铁路等交通运输设备制造业，将金属制品、机械和设备修理业剔除。鉴于珠三角各地级市烟草制造业的数据缺失严重，也予以剔除。经筛选，珠三角制造业分为 28 个行业来统计分析。为了消除因物价变动造成的统计误差，研究采用工业生产者出厂价格分类指数、以上年为 100 的生产总值发展指数等对制造业各行业产值、GDP 等数据进行价格平减，长三角数据基期为 2008 年（其中制造业产值以 2007 年为基期）。

其中，珠三角地区制造业的产业转移量、工业总产值份额变化、产业空间分布相对变动和地区分工的测度方法均参考本章第三节长三角制造业产业转移与区域分工的测度，同样采用式（5.1）～式（5.7）。

---

① "珠三角"概念首次正式提出是在 1994 年 10 月 8 日，广东省委在七届三次全会上提出建设珠江三角洲经济区。目前大多数学者认为的"珠三角"包括广州、深圳、佛山、东莞、中山、珠海、江门、肇庆、惠州共 9 个城市。

（二）珠三角制造业产业转移现状

1. 产业转移量分析

表 5.12 为 2008 ~ 2017 年珠三角 9 个地级市的制造业产业转移量。可以看出，珠三角 9 市中广州、深圳、珠海和中山的产业转移量基本表现为负，仅有个别少数年份出现了数值较小的正值，如广州在 2013 年为 5.96，深圳仅在 2012 年为 487.28 以及珠海在 2016 年仅为 78.73。惠州和东莞在近几年中均表现为正数，只有惠州在 2017 年表现为较小的负数，为 - 327.01，说明这两市在 2008 ~ 2017 年呈产业转入态势。肇庆在 2015 ~ 2017 年表现为负数，在 2008 ~ 2014 年表现为正，表明 2014 年之前肇庆市的产业表现为转入，在 2015 年之后表现为转出。江门市虽然在 2016 年之前均表现为正数，但数值逐渐减小，在 2017 年甚至出现负值，说明江门市产业转入的情况逐渐减弱，产业转出现象初现。

表 5.12　2008 ~ 2017 年珠三角 9 市制造业产业转移量　　单位：亿元

年份	2008	2009	2010	2011	2012	2013	2014	2015	2016	2017
广州	-2137.3	-1081.7	-592.2	-331.1	-1260.0	6.0	-724.3	-3961.3	-879.2	-789.7
深圳	-2465.8	-1337.4	-1044.9	-1037.4	487.3	-1414.1	-458.1	-621.9	-41.2	-375.4
珠海	-505.1	-374.4	-92.4	-74.6	-420.4	-55.9	-142.7	-928.7	78.7	-548.5
佛山	-530.4	153.2	-504.4	-2021.8	-195.7	198.9	64.5	4817.1	222.6	-428.6
江门	283.7	118.8	82.3	213.3	350.8	203.0	240.7	127.5	6.5	-274.7
肇庆	7756.6	1220.7	2264.2	3708.6	2509.1	1476.9	1478.3	-2328.2	-269.3	-1178.8
惠州	-321.4	197.3	57.6	158.0	560.8	301.2	-327.0	1604.4	56.4	1914.0
东莞	-956.6	-1048.9	27.1	-479.4	766.4	118.2	76.9	3182.7	1024.8	2478.8
中山	-556.3	-11.0	-197.6	-135.6	-196.8	-834.1	-208.4	-1536.5	-199.3	-794.0

2. 工业总产值份额变化分析

表 5.13 为 2008 ~ 2017 年珠三角 9 市制造业各行业规上工业总产值的份额变化。广州市、深圳市、肇庆市和中山市的情况基本相同，大多数的制造业产值变化为负值。其中，广州市有 18 个制造业产值为负向变化，最大的为黑色

金属冶炼和压延加工业为 - 14.21%；深圳市有 18 个制造业产值变化为负值，负向变化最大的为有色金属冶炼和压延加工业，为 - 17.08%，而且深圳市在剩下的 10 个产值变化为正值的制造业中，有 5 个的正向变化不足 1%；肇庆市有 27 个制造业产值变化为负值，其中负向变化最大的为废弃资源综合利用业，为 - 46.67%。中山市有 22 个制造业产值变化为负值，其中负向变化最大的为纺织服装、服饰业，为 - 8.51%。珠海市有 14 个制造业产值变化为负数，但是变化幅度不大，最大的为计算机、通信和其他电子设备制造业，为 - 2.99%，正向变化最大的为化学纤维制造业，为 7.97%。佛山市、惠州市和东莞市均表现出大部分制造业产值变化为正值，其中佛山市为 22 个，最大的为废弃资源综合利用业，为 50.66%；惠州市为 27 个，最大的为石油加工、炼焦和核燃料加工业，为 32.91%；以及东莞市为 23 个，最大的为造纸及纸制品业，为 12.97%。江门市有 17 个制造业产值变化为正向，其中正向变化最大的为食品制造业，为 12.66%；负向变化最大的为化学纤维制造业，为 - 14.64%。

表 5.13　2008～2017 年珠三角 9 地级市制造业各行业规上工业总产值份额变化

单位：%

	广州	深圳	珠海	佛山	江门	肇庆	惠州	东莞	中山
农副食品加工业	- 2.94	- 1.48	1.71	2.38	4.69	- 11.07	3.14	4.83	- 1.27
食品制造业	- 4.95	- 1.48	1.32	1.14	12.66	- 0.65	0.07	- 1.65	- 6.46
酒、饮料和精制茶制造业	- 2.59	- 4.16	- 2.06	18.45	1.69	- 4.93	4.34	- 12.36	1.31
纺织业	2.11	0.88	- 0.33	24.76	- 0.17	- 19.38	1.18	- 3.41	- 5.66
纺织服装、服饰业	4.51	2.57	- 0.91	6.72	- 3.66	- 12.53	5.19	6.62	- 8.51
皮革、毛皮、羽毛及其制品和制鞋业	1.24	- 0.33	- 0.51	4.82	0.59	- 21.33	12.06	8.60	- 5.14
木材加工及木、竹、藤、棕、草制品业	1.80	- 0.27	3.00	14.23	- 0.26	- 33.51	11.53	3.64	- 0.16
家具制造业	6.88	- 4.86	- 0.05	4.52	- 1.67	- 10.33	7.80	- 2.24	- 0.05
造纸及纸制品业	- 1.36	- 1.49	- 0.09	- 0.17	5.74	- 14.68	1.76	12.97	- 2.68
印刷和记录媒介复制业	- 0.21	- 1.23	- 1.50	6.16	- 0.30	- 7.81	3.48	7.22	- 5.80

	广州	深圳	珠海	佛山	江门	肇庆	惠州	东莞	中山
文教、工美、体育和娱乐用品制造业	-0.07	2.67	-0.27	12.77	-0.45	-8.42	1.38	-1.00	-6.61
石油加工、炼焦和核燃料加工业	-28.74	-5.39	6.95	-10.14	-0.73	-0.10	32.91	0.14	-5.68
化学原料及化学制品制造业	-0.66	0.41	1.76	7.80	0.75	-16.58	3.96	2.65	-0.09
医药制造业	8.06	2.92	2.79	5.67	-0.32	-21.31	1.69	0.61	-0.11
化学纤维制造业	-2.37	0.04	7.97	17.91	-14.64	-14.97	1.79	6.30	-2.03
橡胶和塑料制品业	-2.08	0.64	0.30	1.90	-1.57	-4.92	3.74	4.34	-2.36
非金属矿物制品业	2.56	-4.11	0.95	2.50	2.55	-8.00	3.65	3.35	0.55
黑色金属冶炼和压延加工业	-14.21	-1.29	0.80	18.26	-2.55	-4.73	1.05	1.81	0.86
有色金属冶炼和压延加工业	-6.76	-17.08	-0.67	23.72	2.71	-13.03	1.00	0.31	-0.72
金属制品业	-0.61	-2.32	0.36	16.28	-1.92	-24.85	3.06	6.65	-1.30
通用设备制造业	-3.13	1.75	0.90	-2.92	-3.31	-5.09	4.49	7.20	0.13
专用设备制造业	-3.20	-7.60	-0.66	3.41	1.12	9.81	1.83	0.68	-4.97
汽车、铁路等交通运输设备制造业	-0.27	-4.21	-0.41	3.70	-4.57	-3.36	-0.03	0.67	0.07
电气机械及器材制造业	-1.96	-5.90	-2.14	2.15	-0.03	-2.99	1.91	0.53	-3.39
计算机、通信和其他电子设备制造业	0.14	-4.87	-2.99	-0.95	0.21	-4.45	1.72	11.22	-0.03
仪器仪表制造业	2.88	1.89	1.23	-9.02	-0.08	-2.43	1.35	1.84	-2.66
其他制造业	1.09	-0.24	-1.46	-7.29	1.31	-12.32	1.91	8.93	8.07
废弃资源综合利用业	-0.63	0.11	0.24	50.66	-3.73	-46.67	0.02	0.20	-0.19

3. 产业空间分布相对变动分析

2008~2017 年珠三角 9 个地级市制造业各行业偏离份额如表 5.14 所示。具体分析，广州市份额变化最大的是石油加工、炼焦及核燃料加工业，为 28.74%，且偏离份额最大的也是石油加工、炼焦及核燃料加工业，为 -42.32

亿元；深圳市份额变化最大的是有色金属冶炼和压延加工业，为 -17.08%，而偏离份额最大的是通信设备、计算机及其他电子设备制造业，为 -196.16 亿元；珠海市份额变化最大的是化学纤维制造业，为 7.97%，而偏离份额最大的是通信设备、计算机及其他电子设备制造业，为 -120.17 亿元；佛山市份额变化最大的是废弃资源综合利用业，为 50.66%，而偏离份额最大的是金属制品业，为 89.97 亿元；江门市份额变化最大的是化学纤维制造业，为 -14.64%，而偏离份额最大的是交通运输设备制造业，为 -44.32 亿元；肇庆市份额变化最大的是废弃资源综合利用业，为 -46.67%，而偏离份额最大的是通信设备、计算机及其他电子设备制造业，为 -179.10 亿元；惠州市份额变化最大的是石油加工、炼焦和核燃料加工业，为 32.81%，而偏离份额最大的是通信设备、计算机及其他电子设备制造业，为 69.12 亿元；东莞市份额变化最大的是造纸及纸制品业，为 12.97%，而偏离份额最大的是通信设备、计算机及其他电子设备制造业，为 451.55 亿元；中山市份额变化最大的是纺织服装、服饰业，为 -8.51%，而偏离份额最大的是电气机械及器材制造业，为 -45.14 亿元。

表 5.14　2008～2017 年珠三角各地区制造业各行业偏离份额

单位：亿元

	广州	深圳	珠海	佛山	江门	肇庆	惠州	东莞	中山
农副食品加工业	-5.95	-3.00	3.47	4.83	9.51	-22.44	6.35	9.79	-2.57
食品制造业	-7.48	-2.23	2.00	1.72	19.14	-0.98	0.11	-2.49	-9.77
饮料制造业	-2.67	-4.28	-2.12	18.99	1.74	-5.32	4.47	-12.73	1.35
纺织业	3.78	1.57	-0.58	44.30	-0.30	-34.66	2.11	-6.09	-10.12
纺织服装、鞋、帽制造业	10.12	5.76	-2.05	15.09	-8.22	-28.12	11.64	14.86	-19.09
皮革、毛皮、羽毛（绒）及其制品业	1.97	-0.52	-0.80	7.63	0.93	-33.77	19.10	13.61	-8.15
木材加工及木、竹、藤、棕、草制品业	0.85	-0.13	1.41	6.69	-0.12	-15.77	5.42	1.71	-0.08
家具制造业	13.43	-9.49	-0.10	8.82	-3.26	-20.17	15.23	-4.37	-0.09

	广州	深圳	珠海	佛山	江门	肇庆	惠州	东莞	中山
造纸及纸制品业	-2.97	-3.26	-0.20	-0.37	12.53	-32.07	3.85	28.33	-5.86
印刷业和记录媒介的复制	-0.22	-1.32	-1.61	6.60	-0.32	-8.38	3.73	7.75	-6.22
文教体育用品制造业	-0.20	8.01	-0.81	38.27	-1.36	-25.23	4.12	-2.99	-19.80
石油加工、炼焦及核燃料加工业	-42.32	-7.93	10.23	-14.93	-1.07	-0.15	48.47	0.20	-8.36
化学原料及化学制品制造业	-3.45	2.11	9.13	40.55	3.93	-86.21	20.61	13.80	-0.46
医药制造业	9.28	12.57	3.22	6.52	-0.36	-33.74	1.95	0.70	-0.13
化学纤维制造业	-0.40	0.01	1.34	3.01	-2.46	-2.52	0.30	1.06	-0.34
橡胶和塑料制品业	-9.29	2.84	1.35	8.49	-6.99	-21.94	16.70	19.37	-10.53
非金属矿物制品业	8.97	-14.40	3.32	8.74	8.92	-38.80	12.77	11.74	1.94
黑色金属冶炼及压延加工业	-20.26	-1.85	1.13	26.03	-3.63	-6.74	1.50	2.59	1.22
有色金属冶炼及压延加工业	-18.20	-45.96	-1.79	63.84	7.30	-9.10	2.69	0.84	-1.93
金属制品业	-3.35	12.80	2.00	89.97	-10.59	-137.30	16.91	36.75	-7.19
通用设备制造业	-13.76	51.67	3.94	-12.85	-14.55	-66.38	19.74	31.65	0.55
专用设备制造业	-10.92	25.91	-2.24	11.63	3.80	-19.80	6.25	2.32	-16.96
交通运输设备制造业	-2.57	40.77	-4.02	35.87	-44.32	-32.56	-0.29	6.47	0.65
电气机械及器材制造业	-26.09	78.67	-28.52	28.70	-0.33	-39.87	25.49	7.10	-45.14
通信设备、计算机及其他电子设备制造业	5.81	-196.16	-120.17	-38.34	8.35	-179.10	69.12	451.55	-1.08
仪器仪表及文化、办公用机械制造业	3.31	7.93	1.42	-10.39	-0.09	-2.79	1.55	2.12	-3.06
艺品及其他制造业	0.31	-0.07	-0.41	-2.07	0.37	-3.49	0.54	2.53	2.29
废弃资源综合利用业	-0.51	0.09	0.19	40.60	-2.99	-37.40	0.01	0	-0.16

（三）珠三角制造业区域分工现状

珠三角制造业相对专业化分工水平及增长率如表 5.15 所示。从 2008 ~

2013 年和 2013～2017 年两个时间段的增长率看，珠海、惠州、东莞呈现先增后降的趋势，其中惠州下降幅度最大，专业化分工指数最大为 2012 年的 0.8312，2017 年达到最小值为 0.4996，2013～2017 年的增长率仅为 -18.4%。广州、佛山、江门呈现先降后增的趋势，其中佛山增速变化最为显著，2008～2013 年下降了 10.8%，但 2013～2017 年上升了 39.5%，专业化分工指数由 2013 年的 0.6190 增长到 2017 年的 0.8633；深圳、中山的增速呈现持续下降的趋势，其中深圳的专业化分工指数下降幅度较中山的大。肇庆的专业化分工指数呈现小幅增长的态势，从 2008 年的 0.9243 增长至 2017 年的 0.9772，增长率保持在 2%～3.5%。整体来看，珠海、中山和东莞的专业化分工水平较低。经过 10 年的发展，佛山和东莞专业化分工水平大幅度上升，深圳、惠州和中山下降幅度较大。

表 5.15　珠三角 9 市制造业相对专业化分工水平及增长率

城市	2008	2009	2010	2011	2012	2013	2014	2015	2016	2017	2008～2013 增长率	2013～2017 增长率
广州	0.9096	0.8522	0.8247	0.8334	0.8417	0.8275	0.8345	0.8159	0.8390	0.9008	-9.0	8.9
深圳	1.0582	1.0559	1.0570	1.0945	0.9978	0.9770	0.9863	0.9058	0.8727	0.8685	-7.7	-11.1
珠海	0.5817	0.5982	0.6081	0.6323	0.5800	0.6339	0.6360	0.4969	0.5468	0.5512	9.0	-13.0
佛山	0.6938	0.6857	0.6550	0.6238	0.6439	0.6190	0.6248	0.7921	0.8070	0.8633	-10.8	39.5
江门	0.7205	0.6332	0.6065	0.6490	0.6478	0.6316	0.6267	0.7202	0.7117	0.7031	-12.3	11.3
肇庆	0.9243	0.8923	0.8955	0.9311	0.9443	0.9563	0.9454	0.9340	0.9350	0.9772	3.5	2.2
惠州	0.6682	0.7664	0.7588	0.7982	0.8312	0.8177	0.7151	0.5646	0.5094	0.4996	22.4	-38.9
东莞	0.4515	0.4837	0.5448	0.5884	0.6154	0.6435	0.6768	0.5353	0.5798	0.5251	42.5	-18.4
中山	0.6170	0.5749	0.5554	0.5797	0.5793	0.5466	0.5845	0.5757	0.5689	0.5412	-11.4	-1.0

二、实证分析

（一）计量模型、变量与数据说明

1. 计量模型设定与变量说明

计量模型的设定和变量选取均参考本章第三节长三角制造业产业转移、区域分工与产业升级的计量模型，故不再赘述。所得到的最终模型为：

$$\ln H_{it} = \beta_0 + \beta_1 IR_{it} + \beta_2 \ln F_{it} + \beta_3 \ln open_{it} + \beta_4 \ln mar_{it} + \beta_5 hum_{it} + \beta_6 gov_{it} + \beta_7 \exp_{it} + \beta_8 \ln tran_{it} + \alpha_1 IR_{it} \times gov_{it} + \varepsilon_{it} \tag{5.16}$$

$$\ln H_{it} = \beta_0 + \beta_1 IR_{it} + \beta_2 \ln F_{it} + \beta_3 \ln open_{it} + \beta_4 \ln mar_{it} + \beta_5 hum_{it} + \beta_6 gov_{it} + \beta_7 \exp_{it} + \beta_8 \ln tran_{it} + \alpha_1 hum_{it} \times \ln F_{it} + \varepsilon_{it} \tag{5.17}$$

$$\ln H_{it} = \beta_0 + \beta_1 IR_{it} + \beta_2 \ln F_{it} + \beta_3 \ln open_{it} + \beta_4 \ln mar_{it} + \beta_5 hum_{it} + \beta_6 gov_{it} + \beta_7 \exp_{it} + \beta_8 \ln tran_{it} + \alpha_1 IR_{it} \times \ln F_{it} + \varepsilon_{it} \tag{5.18}$$

$$IND_{it} = \beta_0 + \beta_1 IR_{it} + \beta_2 \ln F_{it} + \beta_3 \ln open_{it} + \beta_4 \ln mar_{it} + \beta_5 hum_{it} + \beta_6 gov_{it} + \beta_7 \exp_{it} + \beta_8 \ln tran_{it} + \alpha_1 IR_{it} \times gov_{it} + \varepsilon_{it} \tag{5.19}$$

$$IND_{it} = \beta_0 + \beta_1 IR_{it} + \beta_2 \ln F_{it} + \beta_3 \ln open_{it} + \beta_4 \ln mar_{it} + \beta_5 hum_{it} + \beta_6 gov_{it} + \beta_7 \exp_{it} + \beta_8 \ln tran_{it} + \alpha_1 hum_{it} \times \ln F_{it} + \varepsilon_{it} \tag{5.20}$$

$$IND_{it} = \beta_0 + \beta_1 IR_{it} + \beta_2 \ln F_{it} + \beta_3 \ln open_{it} + \beta_4 \ln mar_{it} + \beta_5 hum_{it} + \beta_6 gov_{it} + \beta_7 \exp_{it} + \beta_8 \ln tran_{it} + \alpha_1 IR_{it} \times \ln F_{it} + \varepsilon_{it} \tag{5.21}$$

其中，下标 i 表示珠三角地区各地级市，t 表示年份；式（5.16）中 H_{it} 为产业结构水平，衡量 i 市 t 年的产业结构升级；式（5.19）中 IND_{it} 为高新技术产值占比，衡量 i 市 t 年的工业内部升级，产业结构水平（H）和工业内部升级（IND）为被解释变量。F_{it} 为地区相对专业化分工指数，衡量区域分工水平；产业转移（IR）为产业转移量，衡量珠三角各市的产业转移与产业承接，数据中的正值为产业转入量，即产业承接量；负值表示产业转出，产业转移（IR）和区域分工指数（F）为核心解释变量。其余变量为相应的控制变量，包括实际利用外资（open）、市场购买力水平（mar）、劳动力素质（hum）、政府信贷干预（gov）、政府支出（exp）和交通运输水平（tran）；ε_{it} 为随机干扰项。为消除异方差，对部分变量取对数进行估计。

其中，式（5.16）、式（5.17）和式（5.18）为对产业结构升级的回归模型，式（5.19）、式（5.20）和式（5.21）为对工业内部升级的回归模型。IR×gov 表示产业转移与政府信贷干预的交互项，hum×lnF 表示劳动力素质与区域分工的交互项，IR×lnF 表示产业转移与区域分工的交互项。

2. 数据说明

利用珠三角 9 个地级市的 2008～2017 年的面板数据，数据均来源于各地级市统计年鉴、统计公报和政府工作报告，个别缺失数据使用中值插值处理。

为了消除各年由于物价变动造成的统计误差，利用以上年为 100 的生产总值发展指数等对 GDP 等数据进行价格平减，珠三角制造业数据以 2007 年为基期。各变量描述性统计如表 5.16 所示。

表 5.16 珠三角各变量描述性统计

变量	含义	观测值数	均值	标准差	最小值	最大值
lnH	产业结构升级的对数	90	3.6305	0.7273	1.9122	6.2077
IND	工业内部升级	90	22.9504	17.2731	5.1065	66.7253
IR	产业转移量	90	0	29.8730	−23.8018	77.5663
lnF	区域分工指数的对数	90	0.7278	0.1635	0.4514	1.0944
lnopen	地区开放程度的对数	90	12.0836	0.7954	9.8055	13.5145
lnmar	市场购买力水平的对数	90	11.1899	0.4905	9.9083	12.1202
hum	劳动力素质	90	0.0396	0.0402	0.0029	0.1221
gov	政府信贷干预	90	0.7361	0.4271	0.3323	2.6571
exp	政府支出	90	0.1124	0.0412	0.0553	0.2428
lntran	交通运输水平的对数	90	1.1588	0.3663	0.6812	2.1359

（二）实证结果与分析

表 5.17 为以珠三角地区 9 个地级市为样本的产业结构升级（lnH）影响因素回归结果。模型（1）为对式（5.16）的回归，模型（2）为将式（5.16）去掉产业转移变量的回归结果，模型（3）为将式（5.16）去掉区域分工指数的回归结果。模型（1）和模型（3）显示，产业转移量（IR）的回归系数为负，且均在 10% 的水平下显著，说明珠三角地区制造业产业空间的变动对产业结构升级产生负效应。可能的原因有二：一是广州和深圳等发达城市制造业大量转出会造成一定程度的产业空心化和价值链断裂，不利于产业的整体健康发展；二是东莞和惠州等地长期承接大量来自各个地区的电子设备和汽车制造业，虽然在一定程度上带动了地区经济增长，但这些资本密集型产业未能有效带动地区产业结构升级。从模型（1）和模型（2）来看，区域分工指数（lnF）的回归系数为正，且均在 1% 的水平下显著，说明珠三角整体制造业分

工的演变对产业结构升级产生较大的积极影响，样本期内的分工状况总体提升了地区劳动力生产率，较大促进了三次产业的总体发展。

表 5.17　珠三角地区总体样本的产业结构升级影响因素回归结果

解释变量	模型（1）MEM	模型（2）MEM	模型（3）MEM	模型（4）MEM	模型（5）MEM	模型（6）MEM
IR	-0.0004* (0.057)		-0.0005* (0.068)	-0.0001* (0.074)	-0.0004* (0.071)	-0.0003* (0.087)
lnF	0.1543*** (0.003)	0.1609*** (0.002)		0.1575*** (0.002)	0.1255** (0.013)	0.1570*** (0.003)
lnopen	0.204** (0.026)	0.2330** (0.020)	0.3010* (0.086)	-0.2111 (0.249)	-0.2023 (0.270)	-0.1956 (0.290)
lnmar	3.9645*** (0.000)	3.9906*** (0.000)	3.9344*** (0.000)	3.9207*** (0.000)	3.9657*** (0.002)	3.9510*** (0.000)
hum	0.4448* (0.095)	0.4576* (0.087)	0.2566* (0.086)	0.4613* (0.085)	0.6442** (0.046)	0.4501* (0.093)
gov	-0.0568*** (0.010)	-0.0566*** (0.010)	-0.0620*** (0.007)	-0.0565*** (0.010)	-0.0672** (0.013)	-0.0574*** (0.010)
exp	-0.4955* (0.079)	-0.5207* (0.066)	-0.5320* (0.072)	-0.4941* (0.080)	-0.4685* (0.096)	-0.4646 (0.113)
lntran	-0.0006 (0.989)	0.0012 (0.978)	-0.0064 (0.840)	-0.0022 (0.961)	-0.0085 (0.859)	0.0046 (0.921)
IR×gov				-0.0007* (0.068)		
hum×lnF					6.5993*** (0.006)	
IR×lnF						0.0003* (0.082)
C	-7.6583*** (0.000)	-7.6467*** (0.000)	-8.2008*** (0.000)	-7.5366*** (0.000)	-7.6786*** (0.000)	-7.6512 (0.000)

注：***、**、*分别表示在1%、5%、10%的水平上显著，括号内系数估计值的t值。

在控制变量中，地区开放程度（lnopen）对地区产业结构升级的影响除了模型（3）在10%的水平上显著为正，模型（1）和模型（2）均在5%的水平上显著为正，说明较高的对外开放程度和较高的吸引外资的能力对产业结构升级有正效应。市场购买力水平（lnmar）对地区产业结构升级产生显著的正向影响，且模型（1）、模型（2）和模型（3）均在1%的水平上显著。这表明居民收入和消费水平的提高能够有效促进工业生产和服务业的发展，三次产业结构得以持续优化升级。劳动力素质（hum）的回归系数为正，且在模型（1）、模型（2）和模型（3）中在10%的水平下显著，说明劳动力素质的提升对产业结构升级产生显著的促进作用。劳动力素质是提高农业、工业和服务业劳动生产率不可缺少的因素。政府信贷干预（gov）与政府支出（exp）在模型（1）～模型（3）中的系数均为负，且分别在1%和10%的水平下显著为负，导致这一现状的原因可能是政府支出扩大和信贷政策制定不当在一定程度上影响了三次产业的协调发展，不利于产业结构升级。

模型（4）至模型（6）为分别加进信贷干预和产业转移的交互项（IR×gov）、劳动力素质和区域分工水平的交互项（hum×lnF）、产业转移与区域分工的交互项（IR×lnF）的回归结果。模型（4）中信贷干预和产业转移的交互项（IR×gov）的回归系数在10%的水平上显著为负，即信贷干预与产业转移的协同效应为负效应。换言之，信贷干预与产业转移之间不存在互补的关联性，不利于地区产业结构升级。模型（5）中劳动力素质和区域分工水平的交互项（hum×lnF）在1%的水平上显著为正，说明劳动力素质和区域分工水平的协同效应为正效应，表明提高劳动力素质和区域分工水平，将对地区产业结构升级产生较强的促进效应。模型（6）中的产业转移与区域分工的交互项（IR×lnF）在10%的水平上显著为正，说明产业转移与区域分工水平的协同效应为正效应，转移产业对地区分工水平的提升起到促进作用，进一步促进产业结构升级。

表5.18为以珠三角地区9个地级市为样本的工业内部升级（IND）影响因素回归结果。模型（1）为对式（5.16）的回归，模型（2）为将式（5.16）去掉产业转移变量的回归结果，模型（3）为将式（5.16）去掉区域分工指数的回归结果。模型（1）和模型（3）显示，产业转移量（IR）的回归系数在10%的显著性水平上为正，说明珠三角地区制造业产业转移对工业内部升级产生正效应；同时也表明了珠三角地区的产业转移有利于为地区发展更优产业的空间，对地区的工业内部升级带来有利影响。从模型（1）和模型

（2）来看，区域分工指数（lnF）的回归系数为负且在5%的水平下显著，说明珠三角整体制造业分工的演变对工业内部升级有显著的负向作用，可能的原因是地区内产业过于单调集聚，相同产业间的竞争激烈，企业更加趋向于低端的价格竞争，从而影响了工业内部升级。

表5.18　珠三角地区总体样本的工业内部升级影响因素回归结果

解释变量	模型（1） MEM	模型（2） MEM	模型（3） MEM	模型（4） MEM	模型（5） MEM	模型（6） MEM
IR	0.0002 * (0.065)		0.0003 * (0.052)	0.0007 ** (0.049)	0.0002 * (0.069)	0.0003 * (0.055)
lnF	−0.1665 ** (0.019)	−0.1694 ** (0.016)		−0.1634 ** (0.022)	0.0206 * (0.085)	−0.1786 ** (0.012)
lnopen	1.9053 *** (0.000)	1.9175 *** (0.000)	1.6517 *** (0.000)	1.8991 *** (0.000)	1.8893 *** (0.000)	1.8632 *** (0.000)
lnmar	0.5385 * (0.086)	0.5272 * (0.092)	0.5709 (0.172)	0.4953 ** (0.023)	0.5309 ** (0.018)	0.6001 *** (0.042)
hum	1.9665 *** (0.000)	1.9720 *** (0.000)	1.7633 *** (0.000)	−1.9502 *** (0.000)	−2.2589 *** (0.000)	−1.9904 *** (0.000)
gov	0.0148 (0.622)	0.0146 (0.623)	0.0204 (0.506)	0.0151 (0.617)	0.0172 (0.559)	0.0174 (0.560)
exp	1.9341 *** (0.000)	1.9451 *** (0.000)	1.9735 *** (0.000)	1.9355 *** (0.000)	1.7589 *** (0.000)	1.7936 *** (0.000)
lntran	−0.1030 (0.275)	−0.1038 (0.191)	−0.0287 (0.316)	−0.1045 * (0.092)	−0.0522 * (0.083)	−0.1265 * (0.049)
IR × gov				−0.0007 (0.570)		
hum × lnF					3.8854 ** (0.037)	
IR × lnF						−0.0001 * (0.086)
C	−6.0105 *** (0.000)	−6.0155 *** (0.000)	−5.4250 *** (0.000)	−5.8909 *** (0.000)	−5.8787 *** (0.000)	−6.0427 *** (0.000)

注：***、**、* 分别表示在1%、5%、10%的水平上显著，括号内系数估计值的 t 值。

在控制变量中，地区开放程度（lnopen）对地区产业结构升级的影响在模型（1）、模型（2）和模型（3）中均显著为正，说明较高的对外开放程度和较高的吸引外资的能力带来了国外的先进技术，从而对工业内部升级有正效应。市场购买力水平（lnmar）对工业内部升级产生正向影响，且在模型（1）和模型（2）中显著，说明珠三角地区的制造业应当更多地以本土需求为导向。劳动力素质（hum）的回归系数为正，且均在1%的水平下显著，说明劳动力素质的提升对工业内部升级产生显著的促进作用。政府信贷干预（gov）对工业内部升级产生正向影响，但都不显著。政府支出（exp）的系数在模型（1）至模型（3）中均在1%的水平下显著为正，说明较高的政府支出刺激了工业投资，同时也促使工业企业提高生产技术和管理水平，因此对工业内部升级产生了明显的促进作用。交通运输水平（lntran）在模型（1）至模型（3）中均不显著，说明交通基础设施对工业内部升级的影响并不明显。

模型（4）至模型（6）为分别加进信贷干预和产业转移的交互项（IR × gov）、劳动力素质和区域分工水平的交互项（hum × lnF）、产业转移与区域分工的交互项（IR × lnF）的回归结果。模型（4）中信贷干预和产业转移的交互项（IR × gov）的回归系数为负，但不显著，即信贷干预与产业转移的协同效应对珠三角地区工业内部升级的影响微弱，表明珠三角地区通过地方政府信贷干预等措施带来的产业转移并不能为地区的工业内部升级带来明显的促进作用。可能的原因是政府在选择信贷政策时不能很好地控制企业的转出和转入，从而导致了一些低端产业的转入或者高端产业的转出，从而影响了工业内部升级。模型（5）中劳动力素质和区域分工水平的交互项（hum × lnF）在5%的水平下显著为正，说明劳动力素质和区域分工水平的协同效应对工业内部升级的影响为正效应，可能是地区劳动素质的提高以及区域专业化分工提高了企业的效率，从而对地区工业内部升级产生正向的影响。模型（6）中的产业转移与区域分工的交互项（IR × lnF）系数为负且在10%的水平下显著，即产业转移与区域分工水平的协同效应对工业内部升级具有显著的负向作用，说明珠三角地区因产业转移形成的区域分工格局对地区工业内部升级产生明显的负效应，可能的原因是产业转移层次较低或仍未形成完善的区域分工体系，从而对工业内部升级产生不利影响。

三、研究结论

通过上述实证分析可知，珠三角产业承接、跨区域网络分工对产业升级的影响表现为：①珠三角制造业产业的空间变动（产业承接或转移）对产业结构升级产生正效应，却对工业内部升级起负向促进效应。②珠三角制造业区域分工的影响则相反，即对产业结构升级呈负向作用，而对工业内部升级呈正向作用。③各控制变量的作用不一：地区开放程度、市场购买力水平、劳动力素质对产业结构升级和工业内部升级均具有显著的正效应；政府信贷和政府支出对产业结构升级均呈负向作用，而前者对工业内部升级影响不显著，后者对工业内部升级呈显著的正向作用；交通运输水平无论是对产业结构升级还是工业内部升级都不显著。④信贷干预与产业转移的协同效应对产业结构升级起负向作用，对工业内部升级的影响则不明显；劳动力素质和区域分工水平的协同效应、产业转移与区域分工水平的协同效应均对产业结构升级起正向促进作用，而前者对工业内部升级呈显著的正向作用，后者对工业内部升级的影响为负效应。

第五节　案例分析——以合肥京东方为例

一、京东方的跨地区生产网络与产业升级

京东方科技集团股份有限公司（BOE）创立于 1993 年 4 月，是国际领先的半导体显示技术、产品与服务的提供商。BOE 显示器件产品被广泛应用于手机、平板电脑、笔记本电脑、电视、车载、可穿戴设备、数字信息显示等各种显示领域。2016 年，BOE 新增专利申请量达 7570 件，其中发明专利超过80%，累计可使用专利数量超过 5 万件，位于全球显示行业前列。根据 2017 年第一季度行业数据，BOE 的智能手机液晶显示屏、平板电脑显示屏、笔记本电脑显示屏出货量均位于全球第一，显示器显示屏出货量位居全球第二，液晶电视显示屏出货量位居全球第三。当前，京东方向苹果、三星、LG、SONY、创维、长虹、小米、海尔等行业巨头提供不同尺寸的超高清显示屏。

经过十多年的技术攻关，京东方掌握了面板生产的核心技术并先后在全国

范围内投建生产线。京东方每一次生产布局的调整都会吸引一大批技术先进、产能庞大的配套企业跟随，形成遍布全国的跨地区生产网络。对于产业承接地而言，京东方的入驻给当地带来了先进的生产技术和管理经验，极大地促进了地区经济水平的提高以及产业链的升级。京东方全国跨地区生产网络如表5.19 所示。

表 5.19　京东方全国跨地区生产网络　　　　　　单位：万片/月

投产时间	地点	生产线	产能
2005 年	北京	第 5 代 TFT—LCD 生产线	8
2009 年	成都	第 4.5 代 TFT—LCD 生产线	4.5
2010 年	合肥	第 6 代 TFT—LCD 生产线	9
2011 年	北京	第 8.5 代 TFT—LCD 生产线	12
2014 年	鄂尔多斯	第 5.5 代 LCD 生产线	3
2014 年	鄂尔多斯	第 5 代 AMOLED 生产线	2.5
2014 年	合肥	第 8.5 代 TFT—LCD 生产线	9
2015 年	重庆	第 8.5 代 TFT—LCD 生产线	12
2017 年	福州	第 8.5 代 TFT—LCD 生产线	12
2017 年	成都	第 6 代柔性 AMOLED 生产线	4.8
2017 年	合肥	第 10.5 代 TFT—LCD 生产线	12
2018 年	绵阳	第 6 代柔性 AMOLED 生产线（在建）	4.8
2019 年	武汉	第 10.5 代 TFT—LCD 生产线（在建）	12

资料来源：网络资料。

2007 年，成都京东方第 4.5 代 TFT—LCD（薄膜晶体管液晶显示器件）生产线在成都开工建设，设计产能为 4.5 万片玻璃基板/月。该产线强化了 BOE 在移动和应用显示产品领域的核心技术，大力提升了 BOE 在中小尺寸显示领域的产品竞争力。京东方成都第 4.5 代线开工之时就吸引了中光电玻璃基板、法国液空特殊气体项目、成都工投液晶屏减薄项目等产业链上下游企业就近配套，带来了超过 200 亿元的生产规模，促进就业 5000 人，对西南地区电子信息产业结构升级和经济发展起到极大推动作用。此外，成都的人才优势、天然气和电力供应保障以及政府对战略性新兴产业的支持，使京东方在开工建设后仅2个月，再次宣布增资10.7亿元。经过多年发展，成都光电产业的上中下游已形成完整的产业链，深天马、康宁、台表科、空气化工、东京电子等大型企业，均以京东方为轴心选择在成都落户。

2011年，中国大陆首条第8.5代TFT—LCD生产线在北京BOE投产，京东方从此实现了1.8~55英寸全系列液晶显示屏全部国产化。该生产项目吸引了近25家液晶面板上下游配套厂商落户北京，包括液晶面板行业上游最关键的玻璃材料供应商美国康宁，还有东进化学、LG化学这些上游重要零部件供应商；在产业链下游，冠捷公司在附近建设产能达800万台的电视机厂，从而在整个地区围绕8.5代线形成了上下游一体化的产业链。完整的产业链使企业成本大幅度降低，同时一体化的产品设计也将大力促进产业升级。

2012年，京东方投资328亿元建设综合产业基地，落户重庆两江新区。随后，BOE的9家配套企业集体签约落户该地区，总投资共计25.95亿元，年产值合计55.4亿元，包括合肥福映光电、翰博高新材料、苏州天禄光电、合肥鑫铭电子、天津胜琦隆光电、福建万达、南京艾宜格兴电等配套企业，将为京东方提供SMT、胶框连接件、导光板、背光源、光学膜切等核心零部件。这些资金密集型、技术密集型企业的入驻，将强有力地带动更多的上下游企业在两江新区集聚发展，形成产业集聚区新的经济增长核。

多年来，BOE始终保持高比例的研发投入，每年的技术研发投入比例保持在全年总营业收入的6%~8%。至今，京东方在液晶显示生产线上累计投资达3000多亿元，是中国工业史上单个企业最大的投资额。而如此巨额的资金无法依靠单个企业自主筹得，BOE资金主要来源于地方政府参股和国家政策性贷款。可以说，没有各级政府持续多年的政策和资金支持，就没有今天凤凰涅槃的京东方。

可见，人力资源、产业环境、政府扶持等因素是吸引优质企业落户的前提条件。承接优质企业的产业转移，能够带来大批配套企业的跟随转移，这些将为地方经济增长带来不可限量的持续动力，从而推动地区产业结构升级和工业内部升级。通过产业承接的方式参与全国甚至全球网络分工，也是提升地区价值链的必经之路。待优质企业落户后，地方政府应当继续为企业着想，从技术研发、资金、人力资源、产业环境等角度为企业做好服务，这样才能获得企业和地区的共同升级。

二、合肥产业承接与产业升级之路

2010 年，中国大陆自主建设的高世代首条第 6 代 TFT—LCD 生产线在合肥投产，BOE 这一产线结束了我国大陆无高世代液晶面板生产线的历史，同时终结了我国电子信息产业的液晶电视显示屏完全依赖进口的历史。合肥第 6 代线开工建设以来，吸引了包括世界 500 强的住友化学、法国液空等 30 余家上下游配套企业选择落户合肥，形成了一个总投资近 400 亿元、就业人数近万人、产值近千亿元的新型显示集群。2017 年 12 月，总投资 400 亿元的全球首条最高世代线——京东方合肥第 10.5 代 TFT—LCD 生产线提前投产，成为全球显示产业新的里程碑。这不仅表明 2018 年将成为 8K 元年，也标志着中国在全球显示产业已成为"领跑者"。今天，以 BOE 为龙头企业的平板显示和电子信息产业，已经成为合肥市六大主导产业之一，形成了全国面板产能最大、产业链最完整的产业基地。在这条平板显示及电子信息产业链上，有 500 多家上下游配套企业。合肥京东方的部分网络分工情况如图 5.4 所示。

图 5.4　合肥京东方部分网络分工

资料来源：笔者整理而得。

　　纵观合肥工业的发展历程，可以发现，产业承接是合肥工业发展的重要基石。改革开放初期的承接上海 56 家企业的内迁，实现了从无到有的转变。1992 年，合肥被国务院确定为对外开放城市，3 年时间里，合肥共批准外商投资企业 938 家，这些企业以工业为主，并向高新技术等领域扩展，包括瑞士 ABB、日本日立建机和三洋电机、英国联合利华、美国美泰克、太古可乐等国际巨头。家电是合肥的传统产业，20 世纪 90 年代只有美菱、荣事达，良好的投资环境吸引了越来越多的企业到合肥投资建厂。2000 年，合肥海尔工业园投产；2004 年，美的合肥工业园建成投产；2008 年，合肥格力正式投产。2005～2010 年，京东方六代线、熔安重工、友达、日立、大陆轮胎等一批重点工业项目的陆续建成投产，合肥的传统产业集群也从单一的家电产业增加到汽车、装备制造等，并跃升全国三大家电基地之首。近年来，通过引进龙头企业，合肥快速建立了六大千亿产业基地：重点打造新型平板显示、新能源、家电三个 2000 亿级产业，汽车、装备制造、食品和农产品加工三个千亿级产业，培育发展 2～3 家产值超 500 亿元、30 家产值超百亿元的企业集团。2015 年，世界 500 强惠而浦中国总部及其全球研发中心正式落户合肥高新区，这也是世界 500 强企业首次将中国总部设在合肥。合肥一跃成为全国重要的先进制造业基地，拥有 37 个工业行业、200 多个工业门类、2000 多种大宗工业产品。

　　京东方的成功与合肥市政府的积极作为密不可分。2009 年京东方首次到合肥投资，上马第 6 代生产线需要 175 亿元，存在 90 亿元的资金缺口。合肥决策层充分调研后，看好这一新兴产业，决定政府投资平台投入 30 亿元，另外 60 亿元由京东方在资本市场自行募集，由合肥市财政兜底。

　　科教兴市战略是合肥奠定产业基础、吸引大批优质企业落户的根基。科技研发能力和高素质人力资源是众多企业家选择合肥作为企业转移的落脚点来投资发展的重要因素。为了做大做强科教资源，合肥市委市政府放眼长远，综合施策，舍得从资金扶持、土地保障、人才机制上全力以赴支持服务。早在1982 年 6 月，国务院提出"合肥是全国重要的科教基地"，即确立了合肥发展方向和特质。20 世纪七八十年代，合肥先后吸纳集聚了中国科学技术大学、中科院合肥分院以及中电科 38 所、16 所、43 所等高校和科研院所，于 2012年建立合肥高新区的中国科技大学先进技术研究院。近年来，清华大学、北京外国语大学、北京航空航天大学等一大批高校聚集在这里发展，形成了以中科大先研院为龙头，清华公共安全院、中科院技术创新院等共同发展的格局，推动科技成果转化，推进产业升级。

第六节　结论与政策建议

一、主要结论

第一，产业承接、跨地区网络分工和产业升级的共同演化及影响机制。龙头企业落户地方，通过知识、技术外溢和劳动力市场共享等，逐步形成当地生产网络和跨地区生产网络。其中，龙头企业主要承担研发设计、核心零部件生产和配件生产分配及营销等高附加值环节，配套企业主要承担零部件生产、产品组装等低附加值环节。分工网络对工业内部升级和价值链升级产生影响，最终影响地区整体产业升级。同时，产业承接地的产业环境、社会资本和社会发展也受产业承接的影响，进而影响到工业内部升级和产业结构升级，最终影响地区产业升级。

第二，长三角和珠三角地区的产业转移及区域分工现状。产业转移方面，长三角和珠三角地区总体呈现产业转出现象，部分地区存在长期产业转入现象。其中，长三角地区的安徽各市产业承接能力逐渐增强，资源密集型行业大量转入，如马鞍山和铜陵的采矿和冶炼业等；上海市附加值较低、重污染的产业移出现象明显；苏南各市呈现大规模产业转出现象，苏北各市呈现大规模产业转入现象，多为劳动力密集型产业；浙江产业转出多为设备和机械制造、纺织服装和农副食品等行业。珠三角地区的惠州、东莞和江门呈产业转入态势，其中东莞多为通信设备、计算机及其他电子设备制造业转入。区域分工方面，长三角地区地级市层面专业化指数相对较高的是马鞍山、铜陵、盐城、泰州和舟山等经济发展相对落后的地区，造成这一现象的原因可能是这些地区的产业规模较小、制造业集聚程度较低、地区比较优势不明显，所以只能发展自身特色产业，如铜陵和马鞍山的采矿和冶炼。珠三角地区佛山和东莞专业化分工水平大幅度上升，深圳、惠州和中山下降幅度较大。

第三，产业承接、跨地区网络分工和产业升级影响的实证结果。以长三角制造业为例，长三角制造业产业的空间变动（产业承接或转移）对产业结构升级产生负效应，却对工业内部升级起正向促进效应；长三角制造业区域分工对产业结构升级呈正向作用，而对工业内部升级的影响不明显；各控制变量的作用不一：地区开放程度和市场购买力水平对产业结构升级具有显著的正效应，对工业内部升级的影响不显著；劳动力素质和交通运输水平无论是对产业结构升级还是对工业内部升级都有显著的推动作用，而政府信贷干预对产业结构升级和工业内部升级影响均不显著；政府支出对长三角产业升级总体呈微弱的负效应，但对工业内部升级的影响显著为正；信贷干预与产业转移的协同效应、产业转移与区域分工水平的协同效应均对产业结构升级起正向促进作用，对工业内部升级的影响则不明显；劳动力素质和区域分工水平的协同效应对产业结构升级和工业内部升级都为正效应。另外，产业承接并未给长三角落后地区（安徽8市与苏北4市）带来明显的产业结构升级与工业内部升级，其中劳动力素质对产业升级产生负向影响，政府信贷干预则对其呈显著的正向促进作用。

以珠三角为例，珠三角制造业产业的空间变动（产业承接或转移）对产业结构升级产生正效应，却对工业内部升级起负向促进效应；珠三角制造业区域分工的影响则相反，即对产业结构升级呈负向作用，而对工业内部升级呈正向作用；各控制变量的作用不一：地区开放程度、市场购买力水平、劳动力素质对产业结构升级和工业内部升级均具有显著的正效应；政府信贷和政府支出对产业结构升级均呈负向作用，而前者对工业内部升级影响不显著，后者对工业内部升级呈显著的正向作用；交通运输水平无论是对产业结构升级还是对工业内部升级都不显著。信贷干预与产业转移的协同效应对产业结构升级起负向作用，对工业内部升级的影响则不明显；劳动力素质和区域分工水平的协同效应、产业转移与区域分工水平的协同效应均对产业结构升级起正向促进作用，而前者对工业内部升级呈显著的正向作用，后者对工业内部升级的影响为负向。

二、政策建议

首先，从全局审视地区产业布局合理化。改革开放以前，国家依靠行政力量来整体安排国家的产业布局；改革开放后，东部地区最先融入全球生产网络，依靠产业承接谋求产业发展与升级。近年来，中西部地方政府尽其所能吸引东部地区企业落户。从国家层面上来说，需要考虑东、中、西部地区差异和各自的禀赋优势，从整体层面来引导产业转移和产业承接，尽可能地发挥各地的劳动力、自然资源、产业基础等方面的优势，依托国内巨大的市场需求和现有的科学技术、研发设计能力，形成"东部地区处于'微笑曲线'两端，中西部地区处于'微笑曲线'中间"的跨地区生产网络，以促进宏观层面的产业升级。从地方层面上来看，可持续发展和提升产业环境是重要的两个方面。东部地区一些污染企业选择转移到欠发达地区继续生产，一些地方政府盲目追求政绩，将淘汰的污染产业当作"香饽饽"大举引入中西部地区，这些举措是不可持续的。正确的方式是，在经济发展的基础上，中西部地区应有选择地承接东部产业，并结合自身优势发展绿色经济，不能为了发展经济而牺牲环境。东部地区应建立与产业发展阶段相适应的环境规制，注重节能减排绿色技术的应用，降低污染成本，促进产业结构优化升级。

其次，立足技术进步和人才培养，提高网络分工地位。技术进步是经济增长的最主要动力，也是产业升级的基础，而科技进步依靠企业的持续创新以及高校、研究机构的共同努力。地方政府在引导和鼓励产业承接和集聚的同时，应积极引导企业转型升级，增强企业自主创新能力。加强校企合作，促进科技成果转化，促进知识技术在产业间的充分溢出。此外，注重专业人才的培养，一是引进外部高端、专业人才，为企业加速创新发展提供支撑；二是加强培养内部员工，为企业持续发展储备人才资源。通过技术创新和专业人才培育，进一步实现自主创新，提高国际分工地位，从而实现产业升级，突破全球价值链的低端锁定。

再次，打造高效服务型政府，吸引优质企业落户，带动地区产业升级。一是完善基础公共设施建设。在新的发展形势下，不仅要完善交通、能源等基本设施，更要注重商业服务、信息网络、环境保护等现代化基础设施建设。二是利用好土地、金融等优惠政策，吸引更多优质企业落地生根、开花结果。在招引项目时应注重投资项目的质量，选择具有发展前景、科技含量的产业，而不是一味地追求项目数量和规模。三是政府应强化企业、金融机构和市场之间的连接机制，创造良好的资本运营环境，为地区产业的转型升级提供保障。鼓励企业创新，加大对高新企业的奖励，适当放宽贷款条件或者政府平台直接注资，为有前景的企业解决前期资金困难，为龙头企业搭建生产网络。

最后，明确产业承接能力，为产业转移和升级打好基础。"产业结构转型升级"依赖于完善的基础设施、高素质劳动力、良好的产业环境等，并非一朝一夕所能实现。在产业转移格局中，不同地区的产业承接能力不同，应明确当地的发展阶段以及适合承接的产业类型，避免因承接不当而造成已落户企业的二度转移。因此，对于相对落后地区来说，应承接一些契合当地禀赋资源条件的企业，逐步嵌入发达产业链。在成功嵌入后，通过学习、消化、吸收增强本地产业链的核心技术发展能力，加快提升产业核心竞争力，逐步实现本地产业链的强化与升级。

第六章　企业再地方化下的浙商回归与地区转型发展

第一节　浙商回归

一、相关概念与文献回顾

浙商回归是指政府通过实施相应的政策优惠，支持引导在外发展壮大的浙江籍商人将企业生产环节回归浙江或者资本回乡投资创业（应焕红，2009）。"浙商回归"的首次提出，是在 2004 年 11 月 6 日开幕的浙江·中国民营企业峰会上，当时引用生物学中"反哺"这一概念，认为"浙江经济"与"浙江人经济"密不可分，提出外地浙商应该"反哺"浙江省经济（向荣，2006），实现浙江省产业结构的转型升级。2006～2008 年，从引进内资量来看，共引进内资 968 亿元，其中省外浙商投资部分达 289 亿元，约占到引进内资总量的30%，由此可以看出省外浙商巨大的"反哺"潜力。2010 年，浙江省政府制定《浙江省省外引进和浙商回归工作三年规划（2010—2012 年)》，作为之后三年浙江省初步实施吸引省外浙商回省投资工作的指导性文件。2011 年 10 月第一届世界浙商大会上，浙江省委、省政府正式提出"浙商回归"概念；紧接着，2012 年浙江省政府将"浙商回归"作为浙江省"头号工程"，在政策支持下，浙商回归的数量和到位资金不断增加。截至 2017 年，在外投资和经商的浙商已经达到 1170 万人，浙商回归到位资金累计达到 17532.32 亿元。

学术界也从不同的方面对此现象进行了关注和研究。一些学者分析了"浙商回归"中存在的问题，如应焕红（2012）认为，浙商回归过程中存在资源不足、成本较高、人才制约的问题；张敏（2014）发现浙商回归过程中存在回归项目质量有待提高、要素保障压力加大、政策优势不明显、浙商间竞争压力大等问题。一些学者对浙商回归提出对策分析，如董祖德（2013a）提出要大大简化浙商回归中的重点项目的审批流程，优化投资环境，提升服务效率；姚少平（2014）认为，应继续扩大回归总量、提升回归项目质量、强化体制机制改革。一些学者指出了浙商回归的路径，如魏李鹏（2012）认为，浙商回归应走政府铺路、商会搭桥、总部回归、产业延伸、企业联盟的回归路径；葛燕（2012）指出，浙商回归要走技术、人才、资本和管理等多渠道集成式回归之路；郭斯兰（2013）认为，浙智回归、总部回归和抱团回归才是提升浙商回归质量与深度的关键所在；董祖德（2013b）提出了以中心镇建设为载体引导浙商回归发展；朱华友等（2017）从再地方化的角度分析了浙商回归的动力机制及其对浙江省经济转型发展的影响。

二、文献述评

梳理相关文献资料，可以总结为以下三点：一是基于企业再地方化视角的"浙商回归"概念还未形成统一的认识。本书认为，浙商回归企业中具有"地方化"到"去地方化"再到"再地方化"的转移特征，即企业由 A 地（浙江省）转移到 B 地，再次回归 A 地（浙江省），如图 6.1 所示，将这部分"浙商回归"定义为企业再地方化中的"企业回归"类型。二是对浙商回归路径的研究还不够深入，尤其缺乏对浙商回归企业的微观分析。三是有关浙商回归的研究主要集中在问题和策略上，但是缺少理论支撑，因而对浙商回归的经济学理论解释不足。目前，在浙商回归实践过程中仍有很多问题需要回答，如在回归过程中政府、企业、产业环境等诸多方面有着怎样的联系？地区如何承接企业回归？企业如何充分发挥自身优势与地区产业环境融合？企业回归后根植性表现有哪些特点？浙商回归在全省不同地区对社会、经济产生的影响有哪些时空差异？这些都是需要思考和解决的问题。

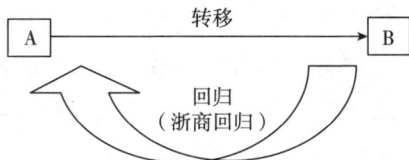

图 6.1　企业再地方化视角下的浙商回归

资料来源：笔者自绘。

第二节　企业再地方化下的浙商回归

一、浙商回归的背景

（一）浙商回归的缘起——从"去地方化"到"再地方化"

1. 浙商发展的历史演变

浙商的发展是一个从"跳出去"到"引进来"的过程。浙江省企业去地方化可以追溯到 20 世纪 80 年代，从"去地方化"到"再地方化"的发展过程大致可分为五个阶段。如图 6.2 所示。

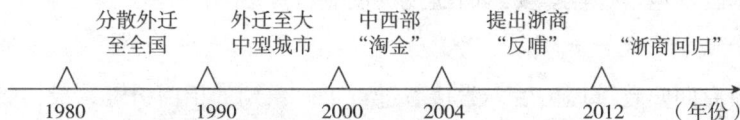

图 6.2　浙商外迁时间段划分

第一阶段（1980~1990 年），浙商走出浙江"分散式"外迁至全国各地，此阶段主要是浙商完成资本原始积累的过程。

第二阶段（1990~2000 年），资本雄厚的浙商选择在北京、上海等大城市投资，这些大城市凭借自身的经济、人才、科技、环境等多重优势，以及高校科研力量、高新技术产业园区等平台，吸引大批投资者，同时迁移企业可以学习先进管理经验和技术，完成资本扩张。

第三阶段（2000~2004 年），受国家"中部崛起""西部大开发"和地区优惠政策、廉价劳动力资源、自然资源、广阔市场等的影响，大批浙商到中西部地区投资，掀起了一股"淘金热"。

前三个阶段是浙商发展过程中的"去地方化"过程。从经济学角度看，浙商"走出去"符合"套利"原理，前三个阶段是浙商在国内市场或者跨国市场套利的时期。从企业外迁方式来看，浙商企业外迁主要有企业整体外迁、总部外迁、研发部门外迁、生产基地外迁、资本外迁、企业并购扩张等不同形式。从迁移地区来看，浙商企业外迁既有省内迁移，也有跨省、跨国迁移。

第四阶段（2004～2012年），这是"浙商回归"概念逐渐成形的时期。在2004年"浙江民营企业峰会"上，首次提出浙商"反哺"概念，号召全国乃至世界各地的浙商"反哺"浙江经济，这是"浙商回归"政策的雏形。在初提浙商"反哺"概念时，将"反哺"方式归纳为"资金、项目、人才、技术、理念、信息、资源"七种形式，这也为后来"浙商回归"工程提出了基本的回归框架。

第五阶段（2012年至今），浙江省政府正式将"浙商回归"作为一号工程提出并且实施，同时初步提出了总部回归、技术回归、人才回归、资本回归、产业回归五种回归形式。

第四阶段至第五阶段，即2012年后，"浙商回归"的概念正式提出，意为通过政策支持、商会搭桥、乡情牵引等方式，鼓励浙江籍企业将总部、人才、技术、资本、产业等要素回浙投资创业。

2. 浙商回归的缘起

自浙商回归政策提出后，紧接着进行了一系列的招商引资，最初吸引浙商回归发展的主要思路和范式是基于企业优势（Ownership Specific Advantages）、企业家优势（Entrepreneneur Specific Advantages）、区位优势（Location Specific Advantages）的OLE范式。

第一，企业优势。浙商的企业优势在于：在市场经济中能持续获得效益的企业能力。浙商历经"地方化""去地方化""再地方化"一系列发展过程，前两个过程阶段都给浙江本地和全国乃至世界各地的经济发展带去了大量经济效益。因此，浙商回归的"再地方化"过程，也可以利用浙商企业的经济优势，为浙江的再次发展注入活力。

第二，企业家优势。对浙江经济而言，浙商是最宝贵的发展资源，更是民营经济创新的动力源。民营经济的发展核心在于企业家，而企业家的核心精神又在于创新。浙江沿海的地理位置、经商的历史环境，使浙商具有开拓进取的企业家精神。因此，借助浙江省经济转型升级的契机，以"浙商回归"带动人才回归，发展浙江智慧，体现出经济发展与企业家行为之间的良性互动。

第三，区位优势。浙江省先发的经济、服务环境以及政策扶持优势，是浙商回归政策宣传的重要优势要素。针对浙商回归，营造良好的"敬商、亲商、安商、扶商、重商"的服务氛围，提供一系列政策支持和经济奖励，为浙商回归铺平道路。

浙商回归的 OLE 范式是浙商回归初期的基本要素范式，符合基本的企业迁移规律。随着浙商回归工程持续深化，OLE 范式也在不断延展和深化，需要对"浙商回归的动力机制"进行更深层次的研究。

（二）浙商回归的时间演化——从"增量"到"提质"

一项政策从提出到实施落地，再到显现成效，是一个循序渐进的过程，加之企业选择投资地，对投资环境进行评估，到最终决策存在时间差。因此，从2004 年浙商"反哺"概念提出到 2011 年底，是浙商回归的前期酝酿探讨阶段。自 2012 年"浙商回归"政策证实提出至今，发展过程中可分为前期"增量"与后期"提质"这两个阶段。"增量"阶段注重回归到位资金总量和回归企业数量的提高；"提质"阶段，以"5213 行动计划"为基础，对回归项目进行门槛设定，集中回归"大、好、高"的优质项目。

1. "增量"阶段

2012～2016 年为保"增量"的第一阶段。2012 年"浙商回归"政策初提，处于宣传政策、扩大影响、初期探索、增加回归总量的阶段。各地市对于招商引资的准入门槛设置较低，对回归项目的选择性较小。在此阶段，浙江省"浙商回归"到位资金总量从 2012 年的 1297.9 亿元上升到 2016 年的 3492.59亿元，增长了 2.69 倍；浙商回归到位资金占当年全省 GDP 比重，从 2012 年的 3.74%提高到 2017 年的 7.39%，增长了 1.98 倍。

浙商回归是企业再地方化的表现形式，是产业升级后的更高层次的回归。因此，将原有的研发、生产、流通、销售等基础价值链环节的"微笑曲线"进行相应升级，将升级后的价值链环节"微笑曲线"与浙商回归"增量"阶段回归企业所处产业环节叠加，如图 6.3 所示。初期"增量"阶段，回归落地的浙商企业主要处在高端产品生产、普通产品研发、精密仪器组装、品牌营销等高端制造业环节，仍具有升级空间，但要想保持浙商回归项目向"高质量"阶段发展，必须转变招引方式和招引产业升级，向"微笑曲线"两端的高端服务产业、战略性新兴产业和研发创造升级。

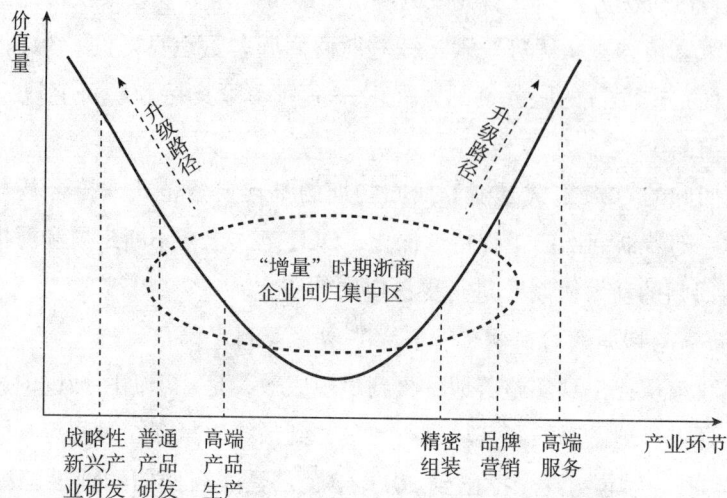

图 6.3 微笑曲线与浙商企业价值环节

资料来源：笔者自绘。

2. "提质"阶段

2017 年至今为提"质量"的第二阶段。以 2017 年浙江省提出浙商回归项目——"5213 行动计划"为节点，浙江省在推进"浙商回归"项目过程中，更加注重招引项目质量、投资体量、产业结构匹配度等，不断完善回归项目的考量指标，着力抓好、落实好一批"大、好、高"项目的引进与推进，助力浙商回归项目质量提升、效益增加。2017 年，浙商回归启动"5213 行动计划"（见表 6.1、表 6.2），努力实现项目签约率、开工率、计划资金到位率分别达到 70%、80%、90%。

表 6.1 浙商回归"5213 行动计划"

数目及内容	行动计划
500 个（省外重点浙商）	针对性、重点招商
200 个（浙商重点回归项目）	提供项目落地保障

数目及内容	行动计划
100 个（在建重大项目）	提供服务推进投产
3 次（浙商回归主题活动）	带动浙商内部联动

资料来源：《浙江日报》。

表 6.2　2017 年浙江省"5213 行动计划"项目分解

单位	盯引浙商（项目）	签约落地项目	重点建设项目
杭州市	65	26	13
宁波市	65	26	13
温州市	55	20	10
金华市	45	18	9
绍兴市	45	18	9
嘉兴市	45	20	10
台州市	45	18	9
湖州市	40	16	8
衢州市	35	14	7
丽水市	35	14	7
舟山市	25	10	5
合计	500	200	100

资料来源：浙江省发展与改革委员会。

（三）浙商回归的空间格局

1. 回归项目来源

结合浙江省发展与改革委员会以及各地市发展与改革委员会、招商局、招商投资促进中心等获取的浙商回归相关资料，发现浙江省政府对浙商回归项目十分重视，特别是近年来，浙江省各地区各部门都着力充实浙商回归的概念内涵，在扩展浙商回归渠道、路径上下功夫，不断释放浙商群体的发展潜力。在主攻"大、好、高"的产业项目回归的同时，浙江省发起以浙商总部园区、基地建设为主要载体的总部回归，以商业并购、基金购买、银行吸纳等为载体的资本回归，以高端技术、人才为依托的人才回归，以环保、治污、生态农业为主要方向的公益、公共事业回归等多领域回归。

　　浙江省支持浙商创业创新促进浙江发展领导小组去往浙江省 11 个地市，深入项目实地，采用访谈、实地走访等方式开展了"百大浙商回归项目"调研活动，《浙政办发〔2013〕83 号文件附件 3》文件中也列出了 2013～2015年浙商回归重大项目安排，本书将从浙江省发改委获取的浙江省"百大浙商回归项目"及其他优质回归项目资料进行整理，得到 275 个浙商回归重大或重点项目。通过电话调研、网络求证等多种方式，从 275 个项目中得出符合企业"再地方化"特征的 109 家企业，这些企业均满足企业发源地在浙江、发展过程中企业整体或局部进行省外或国际迁移、"浙商回归"政策提出后企业回归浙江三个条件。同时，标注出这 109 家浙商企业的"回归路径"，包括企业发源地（其中部分是企业创始人户籍地，属于人才回归）、企业迁出地、企业回归地，如表 6.3 所示。

表 6.3　浙江省主要浙商回归项目及"百大浙商回归"项目回归路径

企业/项目名称	创业地	转移地	回归地
迪安诊断技术股份有限公司	湖州	广东	杭州
五龙集团（杭州长江汽车有限公司）	杭州	中国香港	杭州
浙江安控	杭州	北京、西安	杭州
百草味	杭州	广东	杭州
精工控股集团	杭州	安徽	杭州
千岛湖培生船艇有限公司	杭州	上海	杭州
浙江致中和实业有限公司	杭州	广西	杭州
杭州中润中心	温州	广东、香港	杭州
圆通速递股份有限公司（总部项目）	杭州	上海	杭州
中国银泰投资有限公司	杭州	北京	杭州
浙商建业有限公司	金华	上海	杭州
浙江博达光电有限公司	杭州	山东	杭州
复城国际	金华	上海	杭州
天马集团	杭州	成都、黑龙江	杭州
杭州万通中心项目	—	—	杭州
运河上街项目	—	—	杭州

续表

企业/项目名称	创业地	转移地	回归地
泛海城市广场项目	—	—	杭州
浙大创新科技园项目（西湖国家广告产业园）	—	—	杭州
杭州海康威视项目	—	—	杭州
华为杭州生产基地项目	—	—	杭州
奥克斯集团杭州研究院项目	宁波	江西	杭州
中国蓝星海水淡化项目	—	—	杭州
浙江南车轨道产业园项目	—	—	杭州
杭州中科新松光电有限公司项目	—	—	杭州
荣正财富广场项目	—	—	杭州
天溪湖旅游综合体项目	—	—	杭州
西子航空飞机零部件生产基地项目	—	—	杭州
长安福特马自达浙江（杭州）项目（一期）	—	—	杭州
万家动力电源项目	—	—	杭州
申通（中国）智慧轻经济综合体项目	—	—	杭州
阿里巴巴"淘宝城"项目	—	—	杭州
太阳能电池生产基地三期项目	—	—	杭州
杭州中润中心项目	—	—	杭州
杭州绿地中央广场项目	—	—	杭州
杭州宜家家居商场项目	—	—	杭州
金安国纪科技（杭州）有限公司年产1000万张覆铜板项目	—	—	杭州
宁波华强方特旅游度假区	宁波	深圳	宁波
宁波麟沣医疗科技产业园	宁波	深圳	宁波
图腾电器机柜项目	宁波	广东	宁波
东华能源股份有限公司	宁波	江苏	宁波
中海油大榭石化有限公司	宁波	香港	宁波
腾龙精线集团	宁波	山东	宁波
浙江天星实业集团	宁波	安徽	宁波
宁波海越新材料有限公司	绍兴	海南	宁波
均胜电子	宁波	吉林	宁波

企业/项目名称	创业地	转移地	回归地
宁波紫园项目	宁波	上海	宁波
宁波龙象投资有限公司	宁波	上海	宁波
"创富港"项目	绍兴	广东	宁波
手游网络	宁波	云南	宁波
杉杉集团	宁波	上海	宁波
台塑AA/AE扩建项目	—	—	宁波
力劲精密机械生产项目	—	—	宁波
北仑生活垃圾发电项目	—	—	宁波
德国普瑞汽车电子产业园	—	—	宁波
远大城市综合体项目	—	—	宁波
深圳宁波商会总部大楼项目	—	—	宁波
香港城文化广场项目	—	—	宁波
中国光电300MW聚光太阳能发电芯片项目	—	—	宁波
东华能源丙烷资源综合利用项目	—	—	宁波
华泰盛富10万吨丁二烯项目	—	—	宁波
宁波利万橡胶丁苯橡胶项目	—	—	宁波
宁波墨西科技石墨烯项目	—	—	宁波
慈溪包钢稀土项目	—	—	宁波
慈星股份电脑针织横机项目	—	—	宁波
道达尔年产20万吨聚苯乙烯项目	—	—	宁波
朗盛年产7万吨无机颜料项目	—	—	宁波
SK年产5万吨乙丙橡胶项目	—	—	宁波
中海石油宁波大榭石化有限公司连续重整联合装置项目	—	—	宁波
浙鑫康乐颐养中心项目	—	—	宁波
华祥海运	温州	江苏	温州
青山控股集团	温州	福建、广东、印尼、津巴布韦	温州
红星美凯龙	温州	河北、湖南	温州
瑞安眼镜创意提升平台（茂昌眼镜）	温州	济南	温州
浙江明泰	温州	上海	温州

续表

企业/项目名称	创业地	转移地	回归地
苍南海洋牧场	温州	山东	温州
原生态仿野生铁皮石斛示范园	温州	山西	温州
卉邦生态休闲农业园	温州	福建	温州
跳跳鱼服装研发总部大楼项目	—	—	温州
浙江圣邦机械有限公司年产100万套工程液压件及2千台注塑机项目	—	—	温州
温州华润万象城项目	—	—	温州
乐清总部经济园一期项目	—	—	温州
乐清海螺水泥有限责任公司年产400万吨水泥粉磨站项目	—	—	温州
上海慎江阀门有限公司特大重型特种精密合金铸锻制造中心项目	—	—	温州
深圳开拓电子公司高科技车载智能PC生产项目	—	—	温州
上海铭士达实业有限公司万城豪生大酒店项目	—	—	温州
内蒙古维多利商业集团有限公司桥头维多利广场项目	—	—	温州
红蜻蜓物流总部项目	—	—	温州
在外洞头人总部创业园项目	—	—	温州
文成县总部经济大楼项目	—	—	温州
平阳德科镁科技有限公司镁合金汽车板材项目	—	—	温州
盛宇集团有限公司高档面料家纺生产线投资项目	—	—	温州
佑利控股集团有限公司大口径超高分子PVC—C生产流水线项目	—	—	温州
扬业电器有限公司年产530万只一体化LED办公照明系列产品项目	—	—	温州
浙江俊尔新材料有限公司高性能工程塑料项目	—	—	温州

企业/项目名称	创业地	转移地	回归地
温州杜尔邦泰富科技有限公司交联改性新兴热塑性橡胶注射成型粒料及制品项目	—	—	温州
力天集团有限公司汽车梦工厂项目	—	—	温州
温州欧龙电气有限公司高密度互连积层板和刚挠印制电路板项目	—	—	温州
苍南县钱库镇再生纤维综合利用产业基地项目	—	—	温州
珍溪旅游文化综合体项目	—	—	温州
永嘉世界贸易中心	—	—	温州
莫干山家居	湖州	江西	湖州
辛子精工	湖州	上海、江苏、安徽	湖州
浙江汉邦机电装备集团	杭州	广东	湖州
浙江中特智能装备股份有限公司	湖州	上海	湖州
天奥电梯有限公司	湖州	江苏	湖州
瑞华新能源有限公司	湖州	上海	湖州
三杭·蒙特费罗电梯部件有限公司	杭州	上海、香港、成都、天津	湖州
德森克电梯有限公司	湖州	江苏	湖州
浙江安工控股集团有限公司	湖州	江西	湖州
银润集团天使乐园项目	宁波	上海	湖州
浙江安吉乐翻天旅游发展有限公司	湖州	香港	湖州
"大年初一"风景小镇	湖州	海南	湖州
江南总部基地	嘉兴	北京	嘉兴
晶科能源有限公司	台州	江西	嘉兴
戴德隆翠集团	台州	山东	嘉兴
科博达工业有限公司	温州	上海	嘉兴
嘉兴中通吉物流有限公司	温州	北京	嘉兴
浙江万晟制版有限公司	金华	济南	嘉兴
沙克投资（上海）有限公司	绍兴	上海	绍兴
港龙集团	温州	上海	绍兴
品臻园	绍兴	上海	绍兴

续表

企业/项目名称	创业地	转移地	回归地
京虞信担保公司	绍兴	北京	绍兴
越宁机电城	绍兴	江苏	绍兴
浙江馨馨假日置业投资有限公司	绍兴	上海	绍兴
浙江飞翼生态农业有限公司	绍兴	上海	绍兴
东方山水休闲中心项目	绍兴	上海	绍兴
深越国际总部	绍兴	深圳	绍兴
库卡电器	绍兴	安徽	绍兴
新昌红星美凯龙全球家居生活广场	绍兴	上海	绍兴
绍兴商业步行街	绍兴	上海	绍兴
璟园	金华	江苏	金华
浙江宏伟供应链股份有限公司总部中心	金华	江苏、上海、深圳	金华
东阳木雕博览城	金华	上海	金华
赛伯乐互联网创新中心	宁波	北京	金华
歌山凤凰谷生态旅游度假村	金华	上海	金华
浙江金象科技有限公司	金华	上海	金华
欧意集团	金华	广东	金华
浙江宏峰生态农业开发有限公司	金华	江苏、山东、越南	金华
浙江思科国祥制冷设备有限公司	金华	台湾	金华
仙华名人温泉国际度假村	金华	上海	金华
浙江都邦药业股份有限公司	衢州	吉林	衢州
甲壳虫动漫产业园	衢州	江苏	衢州
衢丰电器有限公司	温州	江苏、福建	衢州
火宏凯泰国际汽车城项目	温州	上海	衢州
浙江哲丰新材料有限公司	金华	上海	衢州
伟屹智慧产业科技有限公司	衢州	厦门	衢州
光汇石油集团有限公司	舟山	香港	舟山
杉杉普陀山天地项目	宁波	上海	舟山
浙江中奥能源有限公司	舟山	上海	舟山
洋山国际中转物流园区项目	舟山	香港	舟山
中能机车新基地工程	台州	广东	台州
吉鑫祥叉车制造有限公司	台州	广州	台州

企业/项目名称	创业地	转移地	回归地
宝成铁路器材有限公司	台州	陕西	台州
台州邦丰塑料有限公司	台州	北京	台州
玉环国际阀门城	台州	天津	台州
东方永安集团	台州	安徽、宁夏、黑龙江	台州
台州市广聚能源科技有限公司	台州	广东	台州
天地伟业	台州	江西	台州
金恒德集团有限公司	杭州	成都	台州
巨科集团	台州	上海	台州
台州星光耀广场	台州	上海	台州
青田工业园	丽水	福建	丽水
东华宏泰	丽水	北京	丽水
浙江国境药业有限公司	丽水	四川	丽水
平湖国际进口商品城	温州人	葡萄牙	嘉兴
浙江依爱夫游戏装文化产业有限公司	嘉兴人	瑞典	嘉兴
歌斐颂巧克力小镇	嘉兴人	美国留学	嘉兴
海利循环经济产业园	嘉兴	与韩国、美国合作	嘉兴
明峰医疗系统股份有限公司	宁波	美国	绍兴

资料来源：笔者根据浙江省发改委"百大浙商回归"项目资料、浙政办发〔2013〕83 号文件附件 3 整理所得。

以 109 家浙商回归百强企业为研究对象，从浙商回归来源地看，多分布在东部地区和中部地区，主要有上海（34 个）、广东（14 个）、江苏（11 个）、北京（8 个）、香港（7 个）、山东（7 个）、安徽（5 个）、福建（5 个）、江西（5 个）。结合浙江省人民政府办公厅对浙江省 2017 年浙商回归目标责任考核的结果来看①，负责浙商"引进"工作排名靠前的主要为北上广大城市和东部沿海地区的浙商商会，如表 6.4 所示。由此可以看出，浙商企业回归来源地主要是发展前景好、市场广大的东部地区（长三角地区、珠三角地区、环渤

---

① 浙江省人民政府办公厅. 关于 2017 年度浙商回归目标责任制考核情况的通报〔J〕. 浙江省人民政府公报，2018（12）：5 - 6.

海地区）以及能源资源相对丰富的中部地区。回归来源地中上海、广东、江苏、北京、香港占来源地区总数的70%以上，这些发达地区已完成早期的资本积累，也给企业回归打下了良好的物质基础。

表6.4　浙商商会浙商"引进"工作等次排名

"引进"工作量等次	地区商会
一批等次	上海、北京、广东浙江商会
二批等次	江苏、广西、云南浙江商会、湖北省浙江企业联合会
三批等次	新疆生产建设兵团、宁夏、安徽、青海、重庆、辽宁、江西、陕西浙江商会、山东省浙江投资企业商会

资料来源：《浙江省人民政府公报》。

从企业外迁和回归情况来看，除了国内迁移，还有部分企业外迁资本，收购国外企业与或者国外企业合作。近年来，回归浙江的形式主要是高端制造业、服务业等技术和资本回归的模式。以青山控股集团、浙江海利控股集团、明峰医疗股份有限公司为例。

（1）青山控股集团——由于地区资源限制以及延长产业链要求的资本外迁——服务业环节回归。青山集团是一家民营钢铁企业，企业成立初期在温州龙湾建厂投产，受温州资源、能源的限制，2006年后在浙江丽水、福建福安、广东阳江和清远等地建立生产基地，同时还在原料产地印度尼西亚、津巴布韦建立镍矿和铬矿基地，使企业形成从原料开采到冶炼加工、物流、国际贸易的完整的上下游产业链。2015年，青山控股集团回归温州，但考虑到温州本身的自然资源限制，不适宜发展高耗能产业，于是集团通过与温州市龙湾区签订项目协议将产业链中的服务业环节回归温州，其中包括大宗商品贸易平台、青山总部大楼、青山物流园、青山商学院四大回归项目。这些涉及资本、人才、物流、教育的回归项目，极大地促进了地区产业转型升级，给本地经济发展注入了更多活力。

（2）浙江海利控股集团——基于先进技术要求的资本外迁——再生循环环保产业回归。浙江海利集团作为一家集投资担保、网络服务、制造业为一体的集团企业，是嘉兴市十强民营企业。1992年，嘉兴市海利玩具有限公司成立，也是浙江海利集团的雏形；后延长产业链条，与韩国企业合作，生产玩具填充棉，成立化纤公司；随后，企业不断延伸经营范围，逐步向高新技术产业转型，建立生产变频器的海利普电子科技有限公司。随着互联网时代的到来，海利集团负责人方光明与美国企业合作，构筑网上玩具成长世界，将网络游戏与玩具相结合，创造了一种"互联网＋玩具"的玩具营销模式。海利集团在发展过程中不断抓住机遇：一是发展高新技术的机遇，二是"互联网＋"的机遇。在积累一定的资本后，浙江海利控股集团于2012年4月回归浙江，在嘉兴海盐经济技术开发区建设海利循环经济产业园区，做大做强再生循环环保产业。海利集团在不断做大循环产业的同时，启动创建绿色环保、资源循环利用的示范性企业，不但完成了企业自身的转型升级发展，也带动嘉兴地区环保循环产业的转型升级，提升产业链所处的位置。

（3）明峰医疗系统股份有限公司是宁波市明峰建材集团回归浙江的重大项目，公司总部设在绍兴市。明峰建材公司于2004年在宁波起步，2005年集团决定"走出浙江，转战西部"，先后在内蒙古、唐山、宁夏建设生产基地，主要从事建材产业。在国家"节能减排"、科技兴国、互联网发展的大趋势下，明峰集团和"千人计划"科学家共同投资并成立明峰医疗股份有限公司，专注于高端医学影像设备的研发、生产、销售、服务等环节，旨在振兴民族医疗设备产业，填补国内医疗设备生产的空白领域，甚至进军欧美市场。为学习先进技术，培养科研人员和团队，明峰医疗于2011年收购了美国俄亥俄州的FMI技术有限公司，将其人均18年以上医疗影像设备研究经验的研发团队收入麾下，大大加强了自身企业的研发实力。明峰集团的回归，落地在绍兴市高新区，与宁波总部互为补助，既为明峰集团开辟了新兴技术产业（医学影像设备制造业），增强了企业发展活力，也为绍兴的产业转型升级提供了助力。

由此可见，浙商回归项目的推进，不仅能将浙商人才、科技、资金引回来，也能引进外资和先进技术，推动浙江对外宣传，进而促进浙江省经济发展，形成良性连锁反应。

2. 回归模式

企业或产业的回归具有典型的情感、资源及地区偏好。浙商作为一个商人群体，在选择企业落地地点时，也会根据个人情感、企业发展、区域优势等多方面进行考量。结合"百大浙商回归项目"和相关资料，对浙商回归项目落地城市的选择主要可以分为三种模式：一是乡情牵引下的"原地"式回归；二是大城市引力下的"杭宁温"式回归；三是特殊资源优势吸引下的"异乡"式回归（见图6.4）。

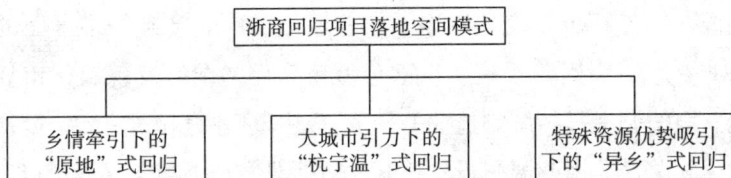

图6.4　浙商回归项目落地空间模式

　　乡情牵引下的"原地"式回归，是指浙商因事业起步在家乡、对家乡的高熟悉度以及回报家乡的意愿等原因，而将回归项目落地到家乡的形式，也是浙商回归的最主要形式之一。这种回归方式成为最主要的回归方式，可从"推力"和"拉力"两方面探究原因：一方面，浙商本身衣锦还乡、饮水思源式的乡情"推力"因素。从商业成本上看，浙商对家乡资源、社会、经济发展情况十分熟悉，可以降低地区交易成本和人脉网络建设成本。另一方面，地方政府的招商重视程度。地方政府在吸引投资的过程中会充分利用各地商会等平台，通过各种政策优惠或打"亲情牌"，吸引本地浙商回归。

　　大城市引力下的"杭宁温"式回归，指的是在杭州、宁波、温州三大都市圈的强辐射带动力、人才集聚效应、产业集群、经济基础优势等因素的影响下，吸引外地浙商回归和投资这三大城市。

　　从企业回归意向来看，浙商回归项目落地地区也存在一定的地区差异。由于乡情因素的牵引，和地方政府的招商着力点因素的影响，大多数浙商会选择家乡作为回归地。但通过调研发现，杭州、宁波、温州和舟山的情况略有不同。自2016年G20峰会后，杭州作为省会城市的区域影响力、国际影响力越来越凸显，吸引人才和资本的动力强劲，科技发展实力也成为浙商看好的一点。因此，除土生土长的杭商外，浙江省其他地区的企业也会被吸引到杭州落户。宁波和温州亦是如此，除甬商和温商外，浙江省其他地区的企业也愿意落户两地。反之，浙江中西部和舟山地区，由于受大城市辐射带动较少、经济发展较慢、经济基础较弱，其吸引投资的能力与"温宁杭"形成鲜明对比。因此，浙江省发展中的杭州、宁波、温州三大都市区吸引力巨大，吸引了浙商回归大部分的回归资本，成为三种回归模式中突出的一种。

特殊资源优势吸引下的"异乡"式回归，是指由于企业发展的特殊需要，如资源能源、自然环境、交通联系、产业联结、产业基础等多方面的特殊条件，吸引非本地浙商回归投资。以部分城市为例，调研发现温州市凭借其服装、制鞋、眼镜制造等传统制造业的产业基础，产业链相对完善，除原本温商外，还吸引相关产业回归温州投资，其中包括非本地浙商。嘉兴市以其邻近上海的地理位置，吸引了很多转移到上海的浙商回归，一方面，可以开拓浙江市场，获得政策福利、廉价土地和劳动力；另一方面，可以保持和上海相关产业的信息互通，获得信息、技术优势。如浙江科博达工业有限公司创始人是温州商人，公司总部设在上海张江，在上海拥有研发中心，2011 年在嘉兴投资 4亿元建立现代化厂房并组建生产线，将上海技术研发与嘉兴生产制造相结合。舟山市虽然本地经济体量小，吸引资本回归较少，但其海岛旅游经济、普陀山佛文化、海洋蓝色经济具有得天独厚的优势，也吸引了部分非本地企业的投资，如总部在宁波的杉杉集团于 2014 年回归舟山，建立杉杉普陀山天地项目，打造一个集禅佛文化街、旅游度假公寓、时尚生活中心等为一体的多元化城市综合体，促进舟山旅游文化经济的发展和区域人居环境质量的提高。在要素驱动的影响下，使浙商回归落地区域的选择更具有多样性，可以总结为"异乡"式回归模式的特点。

3. 浙商回归的地区差异

浙江省地区经济发展水平高低的差异、地区产业基础的特点以及未来发展趋势的不同，使浙商回归工程在地区空间上存在差异，主要表现在到位资金数量和到位项目类型这两个方面。

（1）浙商回归到位资金的地区差异。2012～2017 年，综观浙江省 11 个地市的浙商回归到位资金数量，整体呈现波动上涨的趋势，如表 6.5 所示。其中，温州市波动最为明显，且在 2016 年出现峰值。杭州在回归初始，即 2012年回归到位资金数量领先全省，之后逐渐被宁波、温州赶超。浙江省经济发展的"铁三角"发展极，在浙商回归项目中的发展优势依然强劲。

表6.5　2012～2017年浙江省11个地级市浙商回归到位资金

单位：亿元

年份	2012	2013	2014	2015	2016	2017	合计
杭州	418.86	480.19	520.06	660.58	709.96	761.81	3551.46
宁波	273.70	506.10	657.90	727.00	612.00	825.60	3602.30
温州	211.65	220.35	540.65	618.90	1327.35	671.72	3590.62
金华	93.22	139.32	192.00	282.79	326.68	420.00	1454.01
衢州	46.83	73.72	103.43	141.90	193.16	258.00	817.04
湖州	89.33	137.13	161.87	239.33	343.50	531.09	1502.25
嘉兴	161.00	210.00	264.50	346.00	390.00	645.00	2016.50
丽水	58.60	70.20	105.40	147.50	178.70	135.00	695.40
舟山	76.85	103.21	115.81	201.30	205.40	234.90	937.47
台州	109.06	151.70	200.57	361.41	394.89	458.69	1676.32
绍兴	98.90	129.70	174.24	245.93	275.32	291.68	1215.77

资料来源：各市发展改革委员会、招商局、投资促进中心。

从2012～2017年到位资金总额来看（见图6.5），浙江省浙商回归资金流向分布呈现三级梯度递减。第一级梯度为杭州、宁波、温州三市，杭州、宁波、温州作为浙江省的三大经济发展极，回归资金总量占到全省回归总量的51.02%（其中杭州占16.86%、宁波占17.11%、温州占17.05%），体现了浙江省经济发展三大中心的特点；第二级梯度为金华、湖州、嘉兴、台州、绍兴五市，回归到位资金占总资金量的37.35%，其中金华市下辖义乌、东阳、永康等地区浙商资源丰富，带动金华浙商回归到位资金的增长；湖州、嘉兴毗邻上海、安徽的省区交界地理位置具有承接回归的区位优势；绍兴毗邻杭州和宁波，受两市产业辐射较大；台州因传统"温台"经济模式，民营企业众多，经济基础好；第三级梯度为衢州、丽水、舟山三市，回归到位资金占资金总量的11.63%，相比之下，这三市由于地理位置、经济基础等原因，浙商回归数据明显落后于其他城市。

（2）浙商回归项目构成的地区差异。按照不同分类标准划分浙商回归项目，发现各地区政府对浙商回归项目构成主要从产业回归和资本回归两个方面进行统计。从全省主要城市来看，各城市回归项目构成存在一定的差异。如表6.6所示。

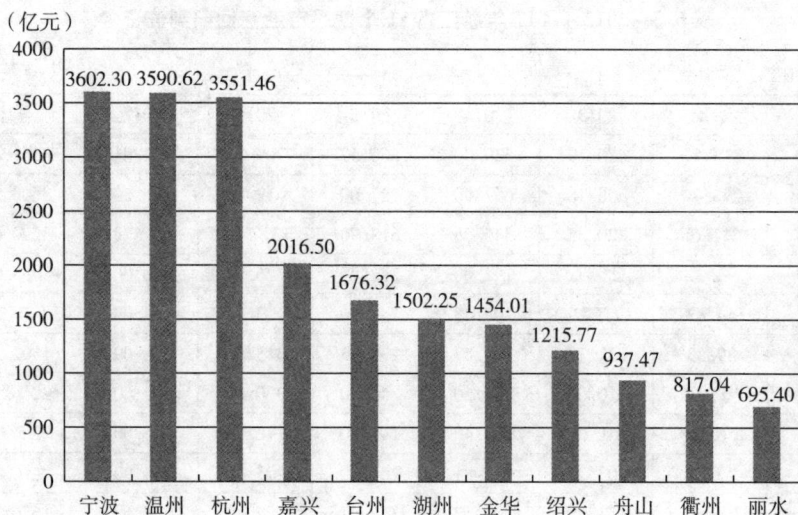

图 6.5 2012～2017 年浙江省 11 地市到位资金总量

表 6.6 2017 年浙江省各市回归项目构成

城市	回归总资金（亿元）	资本回归			产业回归		
		项目个数	到位资金（亿元）	占比（%）	项目个数	到位资金（亿元）	占比（%）
杭州	761.81	722	472.77	62.00	263	289.04	38.00
温州	671.72	173	376.76	42.69	445	384.96	57.31
宁波	825.60	—	344.28	41.70	—	481.32	58.30
湖州	531.09	—	80.63	15.20	—	450.46	84.80
金华	420.00	—	79.28	18.90	—	340.72	82.10
绍兴	291.68	—	48.13	16.50	—	243.55	83.50
衢州	258.00	—	37.15	14.40	—	220.85	85.60
台州	458.69	—	163.30	35.60	—	295.39	64.40
嘉兴	645.00	—	116.10	18.00	—	582.10	82.00
丽水	207.20	11	21.30	10.30	249.00	185.90	89.70
舟山	234.90	39	68.80	29.30	125.00	166.10	70.70

资料来源：根据各市发改委、投资促进中心等（政府信息公开所得）。

从浙江省各城市 2017 年浙商回归项目构成可以看出，只有杭州市资本项目回归占回归总量比重（62%）超过 50% 且大于产业项目回归所占比重（38%），可以反映出杭州资本导向型的发展模式。"人才 + 资本""政府 + 民企"的杭州发展模式，重点建设"智慧城市"、全国电子商务中心等发展战略，使杭州吸引了大量科技金融产业、互联网产业。浙商回归企业中总部回归、资本回归较多，产业回归项目也以战略性新兴产业为主，呈现出高端化、智能化特征。相应地，资本回归相较于产业回归，占地规模较小、生态环境要求较高、人才集聚作用更强，所带来的经济效益也更高。除杭州外，温州、宁波两市资本回归占比在 40% 以上，具有明显的资本回归优势。而浙江省其他城市则多为产业回归项目为主，体现出实体产业发展导向。回归式产业转移作为一种新兴的产业转移方式，在企业制度成本、根植速度、规模效应、产业优化等方面具有较大优势。浙商回归政策实施后，大多回归企业将研发、精密组装、高新产品生产等落地浙江，这也是传统产业创新升级的重要体现。

二、浙商回归的动力机制

浙商企业在全国乃至全世界流动是受到"推力"和"拉力"共同作用的结果。总结浙商"走出去"的原因，主要有以下几点：第一，劳动力制约因素。浙江省企业迁移中，多集中在劳动力密集型产业，如制鞋业、制衣业、家用小商品等。由于浙江省劳动力成本较高，这些企业选择转移到安徽、江西、河南等中西部劳动力大省，甚至到越南、泰国等东南亚国家寻找利润空间，缓解劳动力成本压力。第二，政策导向因素。中西部地区招商引资、承接东部产业转移的政策优惠力度大，吸引了大批浙商前去投资办厂。第三，自然资源因素。对于资源导向型、能源导向型企业来说，浙江省资源稀缺且成本较高，迫使浙商"走出去"。

针对浙商"走出去"的"推力"因素，浙江省提出"浙商回归"政策，吸引 1170 万在外浙商回归。综合分析浙商回归取得良好成效的原因，可以总结为四大动力机制：第一，地方政府优惠政策的支持；第二，在外浙商与地方政府的博弈与认同；第三，产业环境和特色平台的吸引；第四，地区建设与企业发展定位相契合。

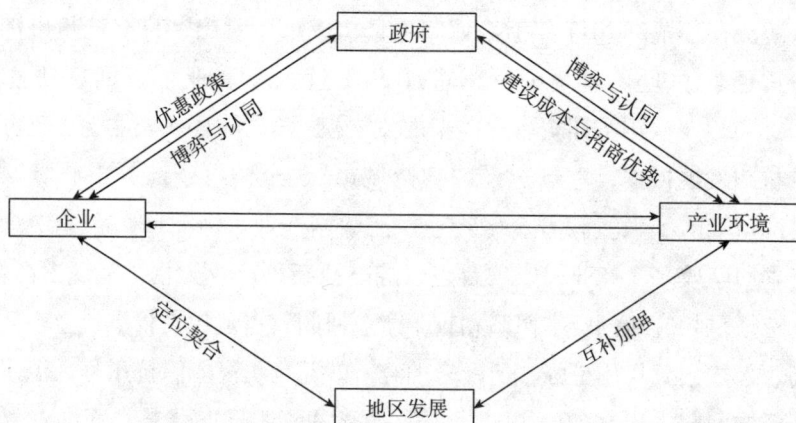

图 6.6　浙商回归动力机制

资料来源：笔者自绘。

（一）地方政府优惠政策支持

为促进浙江商人的回归，浙江省因地制宜地引入了各级产业政策和规章制度，打造"亲""清"的新型政商关系，对企业行为进行引导。在《中共浙江省人民政府关于支持浙商创业创新促进浙江发展的若干意见》中，提出要引入总部经济激励政策，制定科技创新政策，完善人才引进政策，优化财政指导政策，实施税收优惠政策，使用土地保障政策。在浙商回归政策支持下，全省各地区浙商回归工作有序开展，省政府通过一系列审核政策，对各地区浙商回归工作进行考核和激励，如浙江省浙商办出台《浙江省支持浙商创业创新促进浙江发展目标责任制考核实施办法》和《浙江省支持浙商创业创新促进浙江发展工作统计制度》等，在推进浙商回归工作的同时，不断优化完善全省浙商回归工作的考核和统计办法。

各地市也针对本地实际，从各地区招引回归项目类型的侧重点出发制定相关政策，主要侧重于政策支持、权力下放和保障服务（见表 6.7）。如杭州市主要以吸引资本回归、总部回归、技术回归、人才回归为主，紧抓"创新"发展理念，特别是科技创新，鼓励和支持人才培养和教育培训创新，具体表现在帮助浙商企业培养和引进技术人才，鼓励国内外的高层次人才和团队来杭就业、创业发展；温州市则重点在对浙商回归的相关政策服务上，强化全程服

务，营造亲商安商环境，优化服务保障，加强制度建设；宁波市在浙商回归期
间不断完善平台供给、服务供给、制度供给和要素供给；台州市一方面加快从
"主导型"政府向"服务型"政府的转变，将有效政府和高效市场相结合，另
一方面加大市域经济方面的协同合作、加大各项体制机制的改革创新力度；丽
水市提出在激励政策的制定上要体现出差别化，从而增强政策扶持的精准度；
嘉兴市创新招商方式，以"1+9"形式有计划、有侧重点地进行招商；湖州
市根据浙江省"5213"计划，结合本市实际情况，创新提出"8552"行动计
划，筛选80名左右省外重点湖商开展针对性盯引，确保项目签约的成功率超
过70%，优选出50个湖商回归重点项目（已签约）和50个重大项目（在
建），确保项目开工率超过80%、项目资金到位率超过90%，此外，湖州市还
出台相关政策确保浙商回归项目的土地使用问题。

表6.7　浙江省各市"浙商回归"相关政策

城市	"浙商回归"政策
杭州	浙商回归相关招商工作设立专门组负责协调，开通审批绿色通道，实行"一门受理、限时办结、全程指导、优质服务"
宁波	构建"亲"上加"清"的新型政商关系，坚持以问题为导向，注重长期服务，当好服务浙商的"店小二"，释放浙商的发展潜力和活力
温州	加强全方位服务，营造亲商安商环境，优化服务保障，加强制度建设
舟山	为已落户的科技企业主要人才和团队提供100平方米、200平方米的工作空间，3年内免收租金；新设立的企业自生产之日起3年内，按增值税、营业税、企业所得税等100%给予补贴，后两年按50%予以补贴
金华	建立重大回归项目"一对一"全程服务，实行"一个项目、一名领导、一套人马、一抓到底"的工作机制
台州	全面实施"合同登陆—生产—效益"和全程协调服务，建立"差异化"服务推进机制
绍兴	绍兴市组织建立了定点招商组，加快投资服务中心建设，鼓励支持越商回归
嘉兴	"9+1"招商形式；提出"回'嘉'创业"的口号，着力打好"亲情牌"，同时提出"以资本促产业发展，以产业平台促资本回归""引导民间资本参与""对接多层次资本市场"等口号

城市	"浙商回归"政策
衢州	设立6个专业投资促进局,主抓工业、农业、服务业、旅游业、城市建设等领域
湖州	"8552"行动计划;鼓励和引导浙商回归重大项目进入南太湖产业集聚区;用地指标优先保障,确保项目落地;对省政府确定的战略性新兴产业、现代服务业等浙商回归重大项目实行土地使用权指标奖励等
丽水	开启由商务局、工商联、经信委、审批中心等9部门联动网络代办的新模式,开展"优化审批"工作,落实五证联办、限时办结、首问责任制、模拟审批

资料来源:浙江省各市招商局、发改委。

(二) 外地浙商与地方政府的博弈与认同

从外地浙商与地方政府两个主体来看,"浙商回归"政策并不是单向联系,而是浙商和地方政府之间反复博弈和最终认可的结果。

从乡情角度来看,民营企业的发展前景和企业家的主观意愿和选择是企业发展走向的重要影响因素。企业的转移或者回归,选择产业链中的哪个环节回归都是含有主观意愿的。另外,在资源日益紧张、竞争压力日益加大的现实情况下,部分外地浙商遇到了资金、技术、人才、同质化竞争、社会认同度降低等一系列发展"瓶颈",现实困境下思乡情更切。因此,浙商回归过程中,浙商对家乡的依恋之情、感恩故土之心等"乡情"因素,发挥了重要拉力作用。

从政策角度来看,浙江省已提出一系列"浙商回归"的优惠政策和规章制度,如宁波市建设"亲"上加"清"的新型政商关系,当好服务浙商的"店小二";嘉兴市政府提出"回'嘉'创业"的口号,以"项目+人才"的方式回归,提供亲切优质的服务。与此同时,浙江省地方政府不断优化产业环境,创新产业平台,营造出亲商、敬商、安商、富商的地方环境,展示出地区发展潜力,有利于形成浙商对本地未来发展的认同感。

从地方政府经济建设的角度看,吸引浙商回归是带动地方产业转型升级、促进地方经济发展的重要举措。地方政府吸引浙商资本、技术、人才、产业回归,带动地区产业建设,有利于打造城市品牌、强化主导产业、发展特色产业,如杭州打造"信息化智慧城市"、宁波据其两港一湾(北仑港、象山港和杭州湾)的地理优势打造"智慧港口城市"、温州以其制造业基础打造"高端制造城市"、舟山着力于开发"海洋蓝色经济"、金华义乌打造"国际小商品城"、东阳打造"木雕城"和"横店现代影视基地"等。地区建设过程中离不开具有地区认同感强、经济实力雄厚的企业家支持，而土生土长的浙商就是最好的选择。因此，浙商回归成为政府的重要招商方式之一。

（三）浙江产业环境和平台建设的吸引力

浙江省特别注重产业环境建设，以先进的软硬件设施吸引企业，以灵活创新的方式和各具特色的平台吸引浙商回归，包括特色小镇建设、产业园区建设、公共服务平台和投融资平台建设等。

（1）特色小镇建设。自2015年至今，浙江省已建设特色小镇122个。特色小镇作为一种新兴产业空间组织形式，是承接浙商回归的重要平台。特色小镇相对独立于城市主城区，不同于传统意义上的开发区与行政单位（镇），依托当地的特色产业、历史文化、农业基础等，具有较独立的经营方式和管理制度。浙江省特色小镇在保留地区原有经典产业的同时，重点发展战略性新兴产业和现代服务业，涉及环保、健康、旅游、时尚、金融、信息经济、高端装备制造七大产业（见表6.8）。

表6.8 浙江省部分特色小镇产业定位

产业导向	特色小镇	产业基础或发展条件
信息产业	梦想小镇、萧山信息港小镇、桐乡乌镇互联网小镇、西湖云栖小镇、滨江物联网小镇、德清地理信息小镇	依托原有的科技园区和企业
健康产业	奉化滨海养生小镇、瓯海生命健康小镇、仙居神仙氧吧小镇、柯城航蚌低碳小镇、桐庐健康小镇	依托地区自然资源
旅游产业	嘉善巧克力甜蜜小镇、千岛湖乐水小镇、武义温泉小镇、开化根缘小镇、莲都古堰画乡小镇、景宁畲乡小镇、常山赏石小镇、杭州湾花田小镇、朱家尖禅意小镇、干览远洋渔业小镇、亭林巧克力小镇、吕巷水果小镇、王庆坨自行车小镇、宁海森林温泉小镇、乐清雁荡山月光小镇、临安红叶小镇、青田欧洲小镇	依托自然资源和产业资源等
金融产业	西湖西溪谷互联网金融小镇、梅山海洋金融小镇、房山基金小镇、萧山湘湖金融小镇、梅山海洋金融小镇、南湖基金小镇、富阳硅谷小镇、义乌丝路金融小镇、拱墅运河财富小镇	依托原有金融基础或产业基础

产业导向	特色小镇	产业基础或 发展条件
经典传统产业	西湖龙坞茶镇、花都珠宝小镇、湖州丝绸小镇、南浔善琏湖笔小镇、怀柔板栗小镇、龙游红木小镇、绍兴黄酒小镇、磐安江南药镇、通霄飞牛小镇、宝应莲藕小镇、东阳木雕小镇、庆元香菇小镇、陇南橄榄小镇、青田石雕小镇、定海远洋渔业小镇、开化根缘小镇、仙居杨梅小镇、桐乡桑蚕小镇、泾阳茯茶小镇、双阳梅花鹿小镇、金山麻竹小镇	依托地域历史文化和传统特色产业
高端装制造产业	金华新能源汽车小镇、兰溪光膜小镇、长兴新能源小镇、江山光谷小镇、温岭泵业智造小镇、城阳动车小镇、窦店高端制造小镇、爱飞客航空小镇、黄岩智能模具小镇、萧山机器人小镇、宁海智能汽车小镇、海盐核电小镇、新昌智能装备小镇、南浔智能电梯小镇	依托已有的制造业基础
时尚产业	增江街1978文化创意小镇、狮岭时尚产业小镇、西湖艺创小镇、杨宋中影基地小镇、兰亭书法文化创意小镇、江干丁兰智慧小镇、大江东巧客小镇、安吉影视小镇、乐清蝴蝶文创小镇、宋庄艺术小镇、张家楼油画小镇	依托传统制造基础，延伸产业链

资料来源：根据浙江省特色小镇官方网站内容整理（http：//tsxz. zjol. com. cn/）。

特色小镇既是浙江省招商引资的一大平台优势，也是许多浙商企业回归的投资路径。由于特色小镇的巨大发展潜力，众多浙商企业先后加入特色小镇投资，甚至抱团回归，形成完整的产业链条，带来集聚外部效应。

（2）产业园区建设。浙江省各地区的开发区及各类产业园区很多。为了给回归的浙商提供优越的发展条件，很多产业园区加强了知识技术网络条件、基础设施服务等建设。如金华市目前有50多个电子商务园区，但主要力量集中在建设金华高新技术产业园区、金华电子商务创业园、金东信息软件创业园、婺城浙中信息产业园4个重点科技园区，并以这4个园区为中心，以国际服务外包、科技创新孵化、高新技术产业培育和现代物流为支撑，形成了一个电子商务产业集聚区。永康市于2012年建设全省第一个"浙商回归"主题大平台——浙商回归创业创新园。通过严格的项目遴选方法，引进科技含量高、综合效益优的项目入驻，依托"永武缙"五金产业带基础，整合现有基础设施和资源，建设现代五金高端产业园，吸引永商回归。计划到2020年，完成浙商企业回归任务 150 家以上，全区实现工业总产值 330 亿元以上。舟山市于 2010 年被国家设立浙江舟山群岛新区，重点发展海洋装备制造业、海洋生物产业、电子信息产业等先进制造业及海洋渔业、进出口贸易、仓储物流等，2017 年成为浙江自由贸易区的主体，为浙商回归提供了优良的创业环境。此外，全省各地各类型产业园区近万个，良好的产业平台建设极大地吸引了浙商回归，促进地区产业集聚的形成。

（3）公共服务平台建设。公共服务平台是地区发展的软条件。浙江省重点培育一批出口产品设计和技术研发平台、公共检测平台、公共展示与贸易促进平台、公共认证服务平台、公共信息和培训平台，网络交易平台等，引导回归浙商在低成本优势递减的现实挑战下，主动转向追求技术、管理自主的创新发展，进而带动整个地区生产网络的升级。此外，在"互联网＋政务服务"和新型智慧城市建设的背景下，浙江省各地区公共服务平台建设也越来越趋向于网络化办公，大大缩短企业办事时间，提高办事效率。

（4）投融资平台建设。充足的资金是企业持续发展的重要动力。为推动浙商回归，解决浙商对投融资方面的需求，浙江民营企业家自发打造民营投资平台，"抱团自助"式发展。如"浙民投"是浙江省最大的民营投资平台，它成立之初的宗旨是服务浙商，"集浙商之力，助浙江发展，促经济转型"，为浙江企业兼并重组、产业链整合发展、战略性新兴产业发展、国内外企业合作等多方面提供支持。此外，浙江省在浙商回归项目持续发展过程中，投融资平台建设也呈现出一种新的发展形式——浙商抱团资本回归建设基金小镇。以杭州市玉皇山南基金小镇为例，它成立于 2015 年，目前共有各类金融企业 239 家，管理的资金量超过 1500 亿元，是浙江省私募金融的集聚区。各地浙商以资本回归的方式建设投资公司、金融企业等，积极发挥资本价值，构筑金融"生态圈"。

三、动力机制案例分析

电梯产业作为基础性制造产业，特别是在房地产行业繁荣发展的进程中，受到了极大的关注度。南浔智能电梯小镇的成立与发展，就是湖州市南浔区抓住"智能制造"契机，结合电梯制造业特色与优势，吸引浙（湖）商回归投资的典型案例。

（一）南浔智能电梯小镇发展现状

南浔电梯产业起步于1970年，经过50年的发展，逐渐成为发展较成熟的产业。但由于土地指标、地价成本等因素制约，部分本地电梯公司如天奥电梯、德克森电梯等选择转移到土地政策较宽松、劳动力成本较低的安徽、江苏等周边地区。

浙商回归政策启动后，依托原有的产业基础、政策优惠和浓厚乡情，使外迁的电梯企业纷纷回归，重新打造南浔电梯产业园。在物联网、云计算、大数据等信息技术快速发展的背景下，南浔电梯把握"智能制造"这一发展趋势，优化提升电梯产业链薄弱的环节，打造电梯产业的全产业链、全服务链式发展轨道。2016年，南浔区智能电梯产业园入选全省首批智能制造示范区（平台）。2018年智能电梯特色小镇（第四批省级特色小镇）开始建设，小镇内电梯整机制造企业达362家（规模以上企业54家），就业人数超3万人，智能电梯及高端零部件产业成为浙江省首批高端装备制造业特色基地，同时被列入国家火炬计划特色产业基地名单。2018年，南浔区电梯产量占全省电梯产量的50%，占全国电梯产业市场份额的11%，在全国电梯产业集群中排第3位。可见，湖州市"智能电梯制造"产业已成为地区经济发展的重要推动力。

（二）浙商回归重点企业

天奥电梯（中国）有限公司，作为一家典型浙商回归企业，其发展路径经历了从浙江到江苏再回归浙江、从个人投资到中外合资的发展过程。1994年在湖州南浔成立奥菱达电梯厂；2004年企业迁移到江苏吴江，与德国公司合资成立帝奥电梯有限公司。2012年作为浙商回归重点项目回归到南浔电梯产业园，投资9000万美元，成立天奥电梯有限公司。目前，天奥电梯在南浔建设有总部与研发办公楼、5万多平方米的生产车间、138米的电梯试验塔等基础设施，年产电梯核心智能控制芯片10万套、永磁同步主机及核心磁缸3万台、各类电梯整机15000千台，年销售收入达20亿元，利税达2.9亿元。

德克森电梯公司也是南浔浙商回归的重大项目。2011年在江苏创立"众奥电梯"，2012年与美国德克森电梯控股有限公司合作，引进国外先进技术，成立德克森电梯中国有限公司。德克森电梯在优先审批、优先签约等一系列浙商回归政策的吸引下，回归湖州南浔。

天奥电梯、德克森电梯等电梯整装企业的回归，吸引更多电梯企业、相关配套企业回归落地，如三杭·蒙特费罗电梯部件有限公司、蓝光驱动技术有限公司、福宝电机、德易精密机械等，使南浔地区电梯产业链不断延伸，逐步实现电梯产业生产工艺、产品使用、售后服务的智能化。

（三）电梯企业回归动力机制分析

1. 政策支持

湖州市政府为贯彻落实"浙商回归"工程，出台《南浔区电梯产业持续健康发展实施意见》，明确招商方向，注重企业联动。在成立智能电梯小镇后，编制《中国电梯整机及配件重点企业名单》以进行精准招商。在手续审批方面，为回归企业打开审批绿色通道，节约审批时间、简化审批手续、代办审批事项，给回归企业加紧建设、投产争得宝贵时间。在扶持奖励方面，湖州市、南浔区联合设立南浔电梯产业发展基金（500万元），对优质电梯企业和技术研发创新成果进行专项奖励，尤其在龙头企业培育、产业链延伸、科技创新等方面加大扶持力度，促进南浔电梯产业向智能化、高端化、绿色化方向发展，不断提升电梯产业的竞争力。

2. 产业环境

南浔区智能电梯小镇的发展为湖州电梯产业发挥了巨大的集聚效应，通过小镇平台，众多浙商企业和国内外电梯企业集聚到南浔，如图6.7所示。

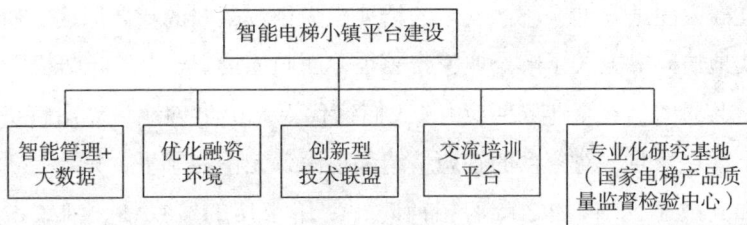

图6.7　南浔区智能电梯小镇产业平台建设

资料来源：笔者自绘。

智能电梯小镇建立大数据管理平台。一是利用智能管理与云计算系统建立南浔区电梯企业大数据库，通过大数据进行地区产业集聚水平分析；二是建立电梯整机及零部件产品的创新技术专利数据库平台，对电梯产业发展态势进行科学预判，为电梯企业的科技创新、技术改造和产业升级等重大决策提供科学依据，提高南浔电梯工艺水平和生产效率。2018 年，南浔智能电梯小镇已建成 13 个电梯整装及零部件生产项目，目前仍有 15 个、总投资近 60 亿元的重点项目处于在建阶段，预计建成投产后将新增产值 170 亿元。

智能电梯小镇强化服务管理平台。定期开展企业家交流活动，引导企业培育自身优势，强化企业间专业技术支持与信息共享，鼓励企业加强专业类型电梯的研发。根据本地电梯企业发展需求与自身管理水平，定期邀请中央财经大学、中国计量大学等院校的专家学者开展专题讲座，讲授先进管理模式，帮助企业在树立先进管理思想、推进精益生产管理等方面取得新突破。自小镇服务平台建设初至 2018 年，组织宣传培训活动 4 场，先后有 5 家企业导入卓越绩效管理模式，20 家企业完成 ISO 等体系认证，有效提升电梯企业的管理效率。

小镇组建智能节能电梯产业技术联盟，推进浙江南浔电梯科技创新公共服务中心建设。依托该技术联盟，南浔区获批全省首个省级专利导航产业发展实验区，建立了全国电梯产业首个知识产权联盟——"浙江南浔山东宁津电梯产业知识产权联盟"（全国首个跨区域知识产权联盟）。此外，南浔电梯行业入选浙江省分行业"机器换人"试点，引进并大力推广国际先进技术和高端生产设备。

3. 乡情因素

浙江商人团结互助、心系家乡的精神成为企业回归的重要原因。通过电话调研、实地访问等方式了解企业家带领企业回归原因时，"落叶归根"的乡情因素都是共通的，有企业家回应："我们这代人，很早创业、外出打拼的，父母、亲人都在家乡，对家乡的眷恋情结都很深，无论在哪里，只要有机会，都希望能回到故土。"再加之政府招商时，使用亲切的家乡话、细致入微的服务、不言辛劳的接洽，都促成了浙商回归。

综上所述，在浙商回归政策的助推下，南浔区以各项优惠政策、智能电梯小镇等软硬设施建设，吸引了众多浙商、电梯企业回归投资设立总部、建厂生产。同时，南浔电梯产业园与智能电梯小镇的建设与发展离不开天奥、德克森等浙商企业对家乡的眷恋与支持。在"全产业链"招商的方式下，电梯生产配套企业不断集聚，对地区专业化生产网络的建立和地区经济的发展产生巨大影响。

第三节 浙商回归对浙江省经济转型发展的影响

一般而言，经济的发展包含三层含义：一是经济总量的增长；二是经济结构的优化；三是经济质量的提高。浙商回归项目的启动，给浙江省经济发展带来的影响，主要体现在经济总量、产业结构升级、地区生产网络构建三个方面。

一、浙商回归对浙江省经济转型发展影响的理论分析

（一）对经济增长的影响

近年来，浙江省浙商回归的到位资金呈现逐年上涨的趋势，同时，浙商回归到位资金占全省当年 GDP 总量的比重也呈现逐年上涨的趋势（见图 6.8）。整体来看，浙江省 2012 ~ 2017 年浙商回归到位资金总量达到 17532. 32 亿元，2012 年浙江省浙商回归到位资金 1297.9 亿元，2017 年到位资金 5688 亿元，年均增速为 34.38%。从浙江省各主要城市来看，杭州市 2012 年浙商回归到位

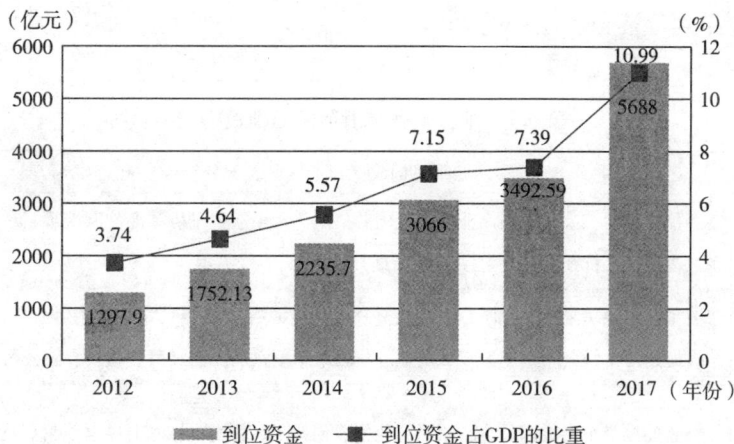

图 6.8 2012 ~ 2017 年浙江省浙商回归到位资金及占当年 GDP 比重

资料来源：浙江省发展与改革委员会、《浙江省统计年鉴》。

资金 418. 86 亿元, 2017 年到位资金 761. 87 亿元, 年均增长速度为 12. 71%; 宁波市 2012 年浙商回归到位资金 273. 7 亿元, 2017 年到位资金 825. 6 亿元, 年均增速为 24. 71%; 衢州市 2012 年浙商回归到位资金 46. 83 亿元, 2017 年到位资金 258 亿元, 年均增速为 40. 68%。

(二) 对产业结构升级的影响

浙商回归的方式有产业回归、资本回归、总部回归、技术回归、人才回归等多种形式, 产业回归表现在一批高端制造业的回归, 如绍兴市明峰医疗、金华新能源汽车产业等; 资本回归表现在浙商对地区发展进行的资本投资、投融资帮扶等, 如杭州公望健康产业基金等; 人才和技术层面的回归又称"浙智"回归, 浙商企业的优秀管理者、高级别的技术人才、创新团队带着研发成果、产业项目、先进观念回归浙江; 总部回归是浙江省在资源"瓶颈"限制下, 号召浙商企业回归发展的重要方式, 以建立公司总部大楼、基地的方式, 将企业的核心部门转移回浙。

一些高端制造业的相继回归 (见表 6.9), 促进了浙江省产业结构升级。高端制造业和网络信息服务行业作为极具发展潜力的行业, 是地区产业转型升级的重要方向。从政府相关网站和报道中了解到, 2012~2016 年浙商回归的重大项目到位资金占总到位资金的比重超过 80%, 其中文化创意产业项目和新兴的七大产业 (涉及高端装备制造、环保、信息、健康、旅游、时尚、金融等) 项目到位资金占比超过 75%。

表 6.9　浙江省各市浙商回归项目构成

城市	回归项目构成 (产业园区及部分企业)
杭州	富春控股集团: 公望健康产业基金、国芳集团、西子航空飞机零部件制造项目、吉利新能源汽车项目、杭州钱江复星"城市蜂巢"项目
宁波	宁波华强·中华复兴文化园、浙江联盛合众新能源有限公司、康龙化成生命科技产业园、宁波海越新材料公司、宁波双成药业、华强中华复兴园、浙江腾龙精线有限公司
温州	威马新能源汽车产业园、奔腾激光产业创业创新园、苍南 4 号海上风电项目、泛能微网项目、南陈温泉小镇项目、浙江力邦合信智能制动系统有限公司、光电及食药机械创业创新园

城市	回归项目构成（产业园区及部分企业）
嘉兴	浙江桐德光电科技有限公司全产业链项目、阿里巴巴菜鸟城、福田汽车长三角产业基地项目、海宁江南总部基地项目、科博达工业有限公司、梦东方梦幻嘉善项目、浙江山水六旗国际度假区项目
绍兴	先进光学集成封装与制造模块项目、海丰花卉项目、明峰医疗、东方山水项目、润昇新能源、昌海生物医药、高端羊绒制品特色产业园项目、"阿克希龙舜华"项目、镜湖游艇新天地项目、耀华建设
金华	LED外延芯片项目、赛伯乐金华地区性总部项目、蓝宝石加工项目（义乌）、东阳市年产150万台中科亿东系列产品项目、天心天思软件研发项目
湖州	湖州百城新型汽车电池产业园、太湖龙之梦项目、明清江南特色休闲旅游度假小镇、凯蒂猫家园、锂离子动力电池隔膜项目
丽水	维康医药产业园、缙云肖特新康药品包装有限公司、国泰定岛纤维、梦里水乡—欢乐谷项目、博科非标机器人、青田华侨总部
衢州	浙江豪邦化工有限公司环氧氯丙烷项目、氟硅新材料产业、企业屋顶光伏项目、省电子元器件及材料产业基地、空气动力机械特色产业基地
台州	路桥—香港青年产业园、吉奥控股新能源汽车及关键零部件生产基地项目、飞龙湖生态区、晶科光伏产业园项目、中航彩虹无人机产业项目、台州蓝湾休闲度假区
舟山	光中澳石油储运项目、汇石油开发项目

资料来源：根据浙商网及各市相关网站整理。

（三）对地区生产网络的影响

地区的产业组织形式经历了从垂直一体化转变为生产网络的过程，前者是企业打通所有生产环节，后者根据成本等因素将生产环节分包给不同企业，形成专业化的生产合作网络。复杂生产网络是产业组织形式的重大革新，同一区域内的企业间往往存在着竞合关系，在竞争加剧的情况下，企业发展还要考虑地区产业环境、创新能力、外部性条件、企业家意愿等因素。从创造地区经济效益的角度来看，生产网络与资本、技术、人才等要素一样，也是区域发展重要的资源。生产组织形式的选择、生产网络的升级发展对整个社会生产效率的提高具有重要作用。根据生产网络所运行地理尺度来看，可将生产网络进行如下划分（见表6.10）。

表6.10　生产网络按地域类型的划分

类型	运行范围	相关理论
全球生产网络	至少跨越两个国家或者贸易组织	全球价值链
区域生产网络	多国贸易组织间（北美自由贸易区、欧盟区、东亚区等）	区域生产系统
国际生产网络	一个至多个国家间	跨国生产网络
国内生产网络	单个国家内	国家生产系统
地方生产网络	城市内部	地方生产网络产业集群

资料来源：根据 Sturgeon（2011）整理得出。

二、浙商回归对浙江省经济转型升级影响的案例分析

随着人民生活水平的不断提高，汽车产业经历了飞速增长，汽车产业集群的发展模式也在不断转变。然而，环境与能源问题是已成为制约产业发展的"瓶颈"，倒逼汽车产业自主创新，产业转型升级，提升国际竞争力。未来汽车产业的发展重点逐渐转向新能源汽车，这将成为解决我国能源和环境问题的新途径。2011～2018年，我国新能源汽车产销量逐年上升，2018年新能源汽车销量达101万辆，同比增长83%。

《"十三五"国家战略性新兴产业发展规划》为新能源汽车行业提出目标和要求，到2021年，我国完成新能源汽车年产销200万辆以上，累计产销500万辆以上。金华市作为国家首批新能源汽车推广示范城市和浙江省首个省级新能源汽车推广应用试点城市，制定了重点培育新能源汽车及相关支柱产业的战略目标，目前已形成较为完善的新能源汽车"整车—零部件—关联产品的研发、生产、销售"全产业链，拥有众泰、今飞、万里扬、中科正方等一批行业龙头企业和零跑、吉利等一批浙商回归重点企业。

（一）金华新能源汽车产业发展现状

1. 新能源汽车小镇建设

2014年，经过规划研究，金华开发区以新能源汽车产业园区为基础建设

新能源汽车小镇，成为全国重要的新能源汽车产业基地之一。新能源汽车小镇以新能源纯电动汽车全产业链、技术创新发展为主体，集中引入了整车、电机、电控与电池企业，包括众泰、尤奈特、康迪、青年、绿源、金大等新能源汽车整车厂家和电机、电控、电池等关键零部件制造企业。同时，金华开发区还引进了吉利等大型车企的新能源汽车项目，集合"政、产、学、研、金、介、贸、媒"等产业创新要素，建设全国重要的新能源汽车研发制造中心、文化贸易中心、展示体验中心、检验检测中心、人才集聚中心。目前，依托新能源汽车产业的发展，金华市已经在旅游、公交、物流等多领域推广新能源汽车4460多辆，成为全国新能源汽车商业化运行车辆最多的地级市。

2. 政策支持浙商回归（新能源汽车企业）

在"浙商回归"的大背景下，金华市政府积极吸引吉利汽车、零跑科技、众泰等浙江本土企业的新能源汽车项目回归，给予一系列优惠政策支持和服务。

土地政策方面——自签订协议后，金华开发区积极主动作为，分两批次供地253.6亩和298亩，征地拆迁组负责项目用地、周边道路、绿化带土地征地拆迁、地表附着物及青苗处理等工作；配套建设组负责项目用地的土地平整，施工道路、用水、用电配套到位，投产前完成"七通一平"，为企业建设、投产使用提供便利。

政策保障方面——金华市先后出台了《金华市新能源汽车推广应用工作实施方案》《关于培育发展战略性新兴产业加快推进新型工业化的意见》《金华市区新能源汽车推广应用财政补助暂行办法的通知》等一系列政策措施，促进新能源汽车小镇快速发展。生产制造方面，对新获得国家汽车产品公告目录的企业以及零部件生产企业，给予相应的资金奖励。

推广方面，不断加大配套基础设施建设，在浙江省财政给予"省级新能源汽车推广应用试点城市"3000万元专项补助资金的基础上，市财政相继安排近亿元专项资金用于新能源汽车推广应用。

政府服务方面——金华开发区建立了从洽谈、签约、申报、立项、建设到投产等各环节的全程跟踪服务机制。成立了以管委会主要领导为组长的领导小组，下设审批服务、供地保障、经理人培养、配套建设、技术指导等专项服务团队。各项专门服务都设有专门团队、专人负责、全方位服务，全程服务项目建设，并按各自工作目标制订详细的工作计划。

（二）浙商回归对新能源汽车小镇发展的影响

2015 年金华新能源汽车小镇开工建设，先后引入零跑科技—新能源汽车生产基地建设项目、吉利新能源汽车生产项目、众泰新能源汽车生产项目等浙商回归项目，为新能源汽车小镇的建设增添了动力。

1. 经济发展维度

从全国新能源汽车所占市场份额来看，比亚迪、吉利和众泰占据前 3 位，高达 65.7%，其中浙商回归企业吉利新能源汽车电池、众泰分别占到 33.7%、27.2%，合计占据 60.9% 的产量份额。2018 年，金华新能源汽车产量达 10.79 万辆，约占年全国产量的 11%。2018 年，新能源汽车小镇实现产值 19 亿元，同比增长 72.9%，完成投资 3.886 亿元，其中产业投资完成 3.831 亿元。新能源汽车小镇的小镇指数为 80.03%，位列全省第 11 位。

2. 产业结构升级维度

新能源汽车产业是在金华市原有的"汽摩配"传统产业基础上进行的转型升级，通过发挥金华地区的产业、文化、旅游、交通等基础优势，从原有的装配产业（第二产业）向新能源汽车研发、质量检验服务、汽车文化旅游、新能源汽车展览体验等第三产业转型，带动周边地区服务业的成长。

新能源汽车小镇吸引了一批浙江本土汽车品牌的回归。如吉利新能源汽车项目依托吉利汽车产业的基础，在金华设立新能源汽车研发中心、整车制造工厂及体验展览中心；众泰汽车在金华设立总部，并将研发设计、整车生产环节回归浙江，着力发展研发等上游环节，将价值链低端的零部件生产转移到外地，以降低生产成本（见图 6.9）；浙江零跑科技有限公司在金华设立新能源汽车企业总部，公司业务涉及研发制造、电机电控、电池系统开发、智能电动汽车整车设计、智能驾驶以及基于云计算的车联网解决方案等。新能源汽车小镇已建成 11 家省级以上企业技术中心，其中国家级 2 家，为促进电动汽车产业化提供了强有力的技术支持，填补了国内空白。

在产业转型升级的基础上，配套机构逐步完善。一是公共服务平台建设。新能源汽车小镇拥有金华市汽摩配检测公共服务平台（国家级检测中心）以及省内唯一的国家机动车机械零部件产品质量监督检验中心。二是专业人才培育。为加快新能源汽车产业人才培育平台建设，依托金华职业技术学院、市高级技工学院及浙江师范大学等院校，开设新能源汽车制造、维修等专业，培养

动力电池供应商
- 江西福斯特新能源
- 山东威能
- 万向集团

国外供应商
- ABB（智能机器设备）
- PPG（汽车修补漆）

关键零部件供应商
- 零部件组装（江苏）
- 底盘生产（江苏）
- 冲压模具（浙江）
- 车载空调（山东）
- 玻璃钢材（浙江）

- 整车设计（金华）
- 众泰汽车总部（金华）
- 关键技术研发（金华）

- 浙江整车生产基地（金华）
- 湖南整车生产基地（长沙）
- 重庆整车生产基地
- 山东整车生产基地（临沂）

营销中心（浙江、湖南）

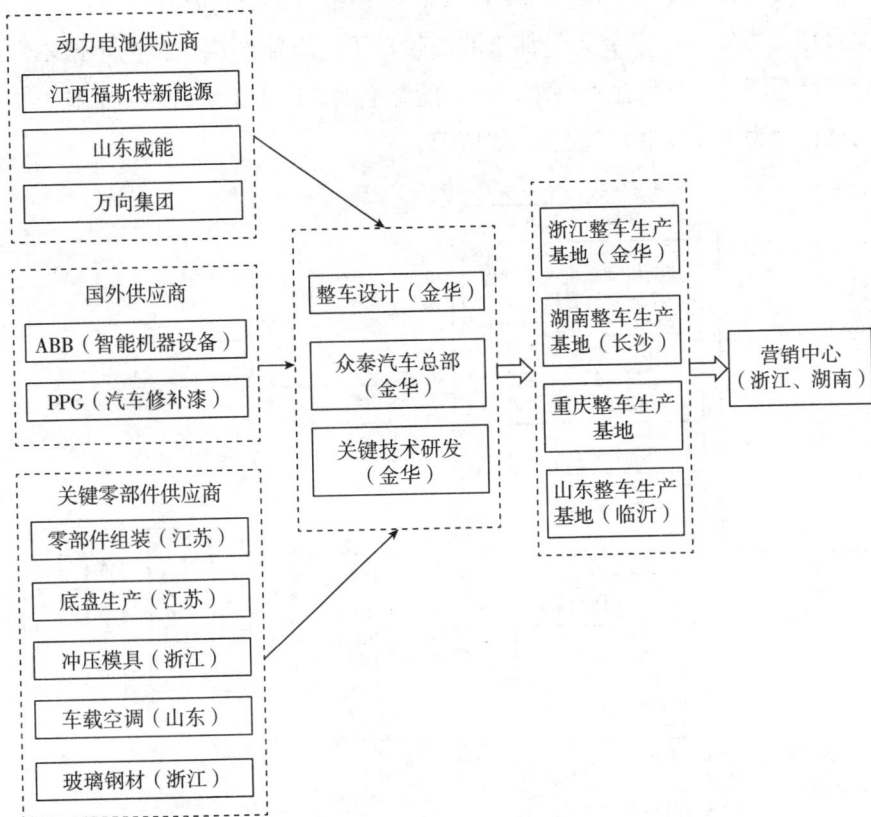

图6.9　众泰汽车地区网络分工

专业人才队伍和技术指导团队。三是宣传推广领域。借助互联网、大数据、虚拟现实等技术，宣传新能源汽车最新技术和成果，倡导绿色生产、生活文化。

3. 生产网络维度

金华市新能源汽车小镇的发展模式是"整车—零部件—关联产品"的研发设计、生产制造、展示交易的全产链式。新能源汽车产业的生产网络包括产业平台建设、核心技术研发、动力系统研发、关键零部件生产、相关产业拓展等。

金华市新能源汽车小镇的建设依托于汽车产业链条上中下游企业，企业间在小镇平台上加强协同合作，技术、知识外溢推动企业技术升级和产品创新，完善"创新＋产业＋展示＋体验"的新能源汽车产业模式。同时，汽车小镇不断加强与全国汽车生产网络和全球汽车生产网络的联系，积极与国内、国外企业合作。另外，在"金义"都市圈的带动下，新能源汽车特色小镇不断加强对外联系，扩展地区生产网络，在新能源电池、动力系统研发的基础上带动义乌绿色动力小镇发展。如图 6.10 所示。

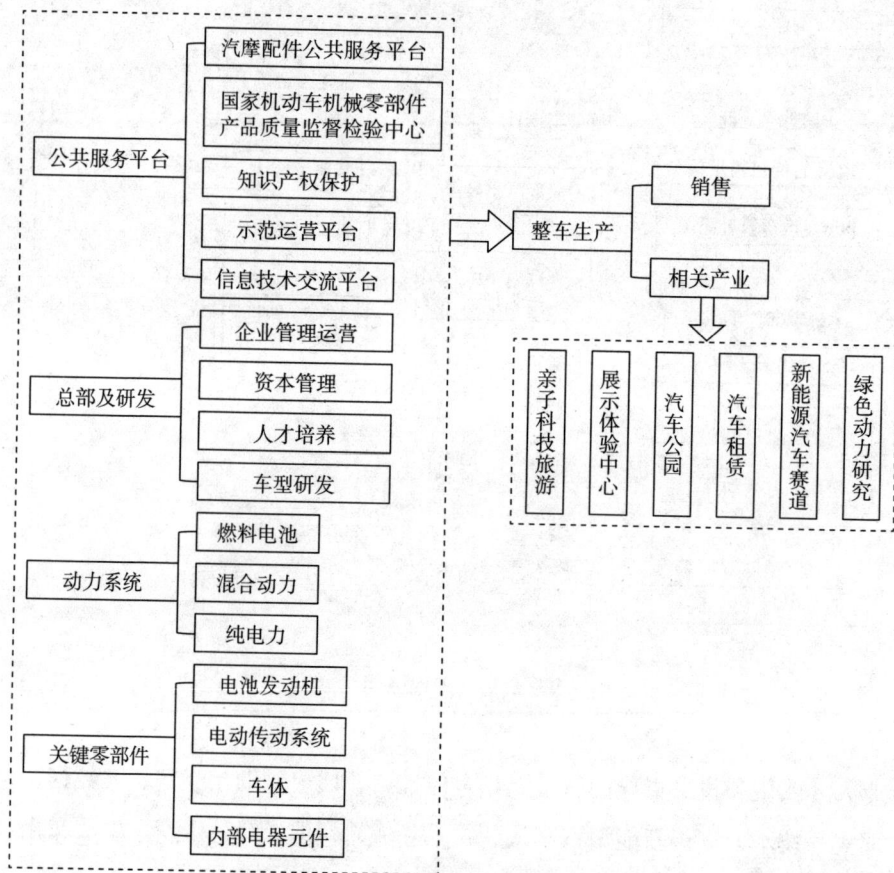

图 6.10　金华新能源汽车小镇生产网络

第四节　结论与政策建议

一、主要结论

（1）从时空格局上看浙商回归问题：时间上分析其发展阶段分为：增量

阶段（2012~2017年）和提质阶段（2017年至今）；空间上以109家浙商回归百大企业，分析其项目来源、落地的空间分布，总结出乡情牵引下的"原地"式回归、大城市引力下的"杭宁温"式回归、特殊资源优势吸引下的"异乡"式回归三种回归模式；分析浙商回归的地区差异，指出到位资金总量上的三大梯度递减现象和回归项目的地区差异现象。

（2）总结得出浙商回归的三大动力机制：第一，地方政府优惠政策的支持；第二，在外浙商与地方政府的博弈与认同；第三，产业环境和特色平台的吸引。

（3）浙商回归对浙江省经济转型发展具有积极的促进作用，回归到位资金总量逐年增加，资金流向主要是第二、第三产业，特别是高新技术产业和服务业。同时，浙商回归从增强地区原有生产网络复杂性、增强地区内部协作及创新能力、增强地区外部性三个方面对地区生产网络产生正向影响。

二、政策建议

浙商回归是企业"再地方化"的过程，也是资本流动的过程。在现有政策背景的基础上，针对浙商回归现状，提出以下对策：

一是优化选商选资回归路径。吸引具有发展潜力的战略性新兴产业、资本导向型、技术导向型产业回归。将企业的创新投入作为考量标准之一，着力招引龙头引领型项目、产业关联型项目、科技人才"捆绑型"项目。抓住上海自贸区及京津冀一体化产业转移契机，以北京、上海、广州、深圳等浙商云集的地区为"据点"，梳理制定在外浙商与知名人士信息库、盯引项目库、推介项目库，利用优势资源开展常态化定点招商。

二是创新政策扶持方式。政府出台政策推动浙商回归工程，应根据地区发展实际和企业成长需要进行调整完善，使政策红利充分释放。在地区产业转型升级的要求下，进一步完善总部经济激励政策。通过研究总部经济的特点，制订总部企业效益动态评估、因企施策设计扶持计划，落实"一企一策"方针，支持企业自主创新、建立高素质人才库、建设营销网络等。建立健全投融资机制和地区金融安全网络，积极开展投融资专项合作交流会，考虑设定第二、第三产业分离式的等级梯度式税收优惠政策等。

三是强化回归平台建设。首先，加强创新平台建设。鼓励浙商与国内外大学和研究机构合作，参与大型研发机构等各种创新载体和创新平台的建设。参与实施国家和省重大科技项目和科技成果产业化项目，努力突破和改造一批重点核心技术，参与专利标准制定，引进具有高竞争力的创新型国际公司。其次，加强互联网平台建设。一方面，加强互联网基础设施建设，充分发挥"互联网＋"的模式优势和技术优势，使互联网虚拟经济与线下实体经济协调融合发展，实现浙商回归企业"多点联动"；另一方面，加强各地商会互联网交流平台建设，把握第一手浙商资源和信息，为招引企业提供信息支持。最后，加强产业集聚区建设。加强各类产业集聚区内交通、供电、供水、信息通信等基础设施建设，打造优美的人居环境。建立和完善培训、设计、研发、检测、信息、物流等生产性公共服务平台，强化专业化配套协作能力，引导浙商回归发展。

参考文献

［1］ Amdt S. , Kierzkowski H. . Fragment: New Production Patterns in the World Economy ［M］ . Oxford: Oxford University Press, 2001.

［2］ Amsden A. H. . Chu Wan – wen. Beyond Late Development: Taiwan's Up-grading Policies ［M］ . MA: The Mit Press, 2003.

［3］ Andersson U. , Forsgren M. , Holm U. . The Strategic Impact of External Networks: Subsidiary Performance and Competence Development in the Multinational Corporation ［J］ . Strategic Management Journal, 2002, 23 (11): 979 – 996.

［4］ Arrow, Kenneth J. . The Economic Implicationg of Learning by Doing ［J］ . Review of Economic Studies, 1962, 29 (6): 155 – 173.

［5］ Bara A. , Mugano G. , Le Roux P. . Spatial Externalities, Openness and Financial Development in SADC: Beyond the Multilateral Monetary Agreement ［M］. Cape Town : Economic Research Southern Africa, 2016.

［6］ Barber B. . All Economies are Embedded: The Career of a Concept, and Beyond ［J］. Social Research, 1995, 62 (2): 387 – 413.

［7］ Basile R. , Pittiglio R. , Reganati F. . Do Agglomeration Externalities Af-fect Firm Survival? ［J］ . Regional Studies, 2017, 51 (4): 548 – 562.

［8］ Batisse C. . Dynamic Externalities and Local Growth: A Panel Data Analy-sis Applied to Chinese Provinces ［J］ .China Economic Review, 2002, 13 (3): 231 – 251.

［9］ Begg R. , Pickles J. and Smith A. . Cutting It: European Integration, Trade Regimes and the Reconfiguration of East – Central European Apparel Produc-tion ［J］. Environment and Planning, 2003 (35): 2191 – 2207.

［10］ Blomstom M. , Kokko A. . Multinational Corporations and Spillovers

[J]. Journal of Economic Surveys, 1998, 12 (3): 247 –277.

[11] Burger M. J., Meijers E. J.. Agglomerations and the Rise of Urban Network Externalities [J]. Papers in Regional Science, 2016, 95 (1): 5 –15.

[12] Camagni R., Capello R. and Caragliu A.. Static vs. Dynamic Agglomeration Economies: Spatial Context and Structural Evolution behind Urban Growth [J]. Papers in Regional Science, 2016, 95 (1): 133 –158.

[13] Cassi L., Morrison A. and Ter Wal A.. The Evolution of Knowledge and Tradenetworks in the Global Wine Sector: A Longitudinal Study Using Social Network Analysis [C]. Papers in Evolutionary Economic Geography (PEEG), 2009.

[14] Chakravorty S., Koo J. and Lall S.. Do Localization Economies Matter in Cluster Formation? Questioning the Conventional Wisdom with Data from Indian Metropolises [J]. Environment and Planning A, 2005, 37 (2): 331 –353.

[15] Che Hui Lien, Jyh Jeng Wu, Shu Hua Chien, Chueh Yi Lee. Anxious Attachment, Relational Embeddedness, Trust, Co – production, and Performance: Anempirical Study in Online Business – to – business Relationships [J]. Telematics and Informatics, 2017 (6): 1514 –1523.

[16] Ciccone A., Hall R. E.. Productivity and the Density of Economic Activity [J]. American Economic Review, 1996, 86 (1): 54 –70.

[17] Collinson S. C., Wang R.. The Evolution of Innovation Capability in Multinational Enterprise Subsidiaries: Dual Network E and the Divergence of Subsidiary Specialisation in Taiwan [J]. Research Policy, 2012, 41 (9): 1501 –1518.

[18] Dan O' Donoghue, Bill Gleave. A Note on Methods for Measuring Industrial Agglomeration [J]. Journal of Political Economy, 2004, 38 (4): 419 –427.

[19] Dayasindhu N.. Embeddedness, Knowledge Transfer, Industry Clusters and Global Competitiveness: A Case Study of the Indian Software Industry [J]. Technovation, 2002, 22 (9): 551 –560.

[20] Dunford M.. Industrial Districts, Magic Circles, and the Restructuring of the Italian Textile and Clothing Chain [J]. Economic Geography, 2006 (82): 27 –59.

[21] Dunning J. H.. The Eclectic Paradigm of International Production: A Restatement and Some Possible Extensions [J]. Journal of International Business Studies, 1988, 19 (1): 1 –31.

[22] Duranton G., Puga D.. Diversity and Specialisation in Cities: Why, Where and When Dose it Matter? [J]. Urban Studies, 1999, 37 (3): 533 –555.

[23] Ellison, Glaeser. Geographic Concentration in US Manufacturing Industries: A Dartboard Approach [J]. Journal of Political Economic, 1997 (105): 889 –927.

[24] Ellison, Glaeser. Geographic Concentration in Us Manufacturing Industries: A Dartboard Approach [J]. Journal of Political Economic, 1997 (105): 889 –927.

[25] Ernst D., Kim L.. Global Production Networks, Knowledge Diffusion and Local Capability Formation [J]. Research Policy, 2002, 31 (8 –9): 1417 – 1429.

[26] Evans Y., Smith A.. Surviving at the Margins? Deindustrialization, the Creative Industries, and Upgrading in London's Garment Sector [J]. Environment and Planning, 2006 (38): 2253 –2269.

[27] Feenstra R. C.. Integration of Trade and Disintegration of Production in the Global Economy [J]. Journal of Economic Perspectives, 1998, 12 (4): 31 –50.

[28] Feenstra R. C., G. H. Hanson. The Impact of Outsoureing and High – Technology Capital on Wages: Estimate for the United States 1979 – 1990 [J]. Quarterly Journal of Economics, 1999, 114 (3): 907 –940.

[29] Feldman M., Audretsch D.. Innovation in Cities: Science – base Diversity, Specialization and Localized Competition [J]. European Economic Review, 1999, 43 (2): 1145 –1163.

[30] Feldmana M. P., Audretsch D. B.. Innovation in Cities: Science – based Diversity, Specialization and Localized Competition [J]. European Economic Review, 1999, 43 (2): 409 –429.

[31] Forni M., Paba S.. Spillovers and the Growth of Local Industries [J].

The Journal of Industrial Economics, 2002, 50 (2): 151 – 171.

[32] Fowler S. F. , Lawrence T. B. and Morse E. A. . Virtually Embedded Ties [J] . Journal of Management, 2004, 30 (5): 647 – 666.

[33] Francesco Ciabuschi, Ulf Holm, Oscar Martín Martín. Dual Embeddedness, Influence and Performance of Innovating Subsidiaries in the Multinational Corporation [J] . International Business Review, 2014 (23): 897 – 909.

[34] Frank Neffke, Martin Henning, Ron Boschma, et al. . The Dynamics of Agglomeration Externalities along the life Cycle of Industries [J] . Regional Studies, 2011, 45 (1): 49 – 65.

[35] Frank W. Geels. Reconceptualising the Co – evolution of Firms – in – industries and Their Environments: Developing an Inter – disciplinary Triple Embeddedness Framework [J] . Research Policy, 2014, 43 (2): 261 – 277.

[36] Frobel F. , Heinrichs J. , Kreye O. . The New International Division of Labour [M] . Cambridge: Cambridge University Press, 1981.

[37] Fujita M. , Mori T. . Frontiers of the New Economic Geography [J] . Papers in Regional Science, 2005, 84 (3): 377 – 405.

[38] Fujita M. , Thisse J. F. . Economics of Agglomeration [J] . Journal of the Japanese and International Economies, 1996, 10 (4): 339 – 378.

[39] Futagami K. , Ohkusa Y. . The Quality Ladder and Product Variety: Larger Economies May Not Grow Faster [J] . Japanese Economic Review, 2003, 54 (3): 47 – 71.

[40] Galliano D. , Magrini M. B. , Triboulet P. . Marshall's Versus Jacobs' Externalities in Firm Innovation Performance: The Case of French Industry [J] . Regional Studies, 2015, 49 (11): 1840 – 1858.

[41] Gereffi G. . International Trade and Industry Upgrading in the Apparel Commodity Chain [J] . Journal of International Economies, 1999, 48 (1): 37 – 70.

[42] Gereffi G. , Kaplinsky R. . The Value of Value Chains: Spreading the Gains from Globalisation [J] . IDS Bulletin, 2001, 32 (3): 28 – 35.

[43] Gereffi G. , Korzeniewicz M. . Commodity Chains and Global Capitalism [M] . London: Praeger, 1994.

［44］ Gereffi G. The Organization of Buyer – Driven Global Commodity Chains: How U. S. Retailers Shape Overseas Production Networks ［R］. Commodity Chains and Global Capitalism, 1994.

［45］ Glaeser E. L. , Kallal H. D. , Scheinkman J. A. , et al.. Growth in Cities ［J］. Journal of Political Economic, 1992, 100 (6): 1126 – 1152.

［46］ Grabber. The Embedded Firms: On Social – economics of Industrial Networks ［M］. London: Routledge, 1993: 255 – 277.

［47］ Grabher G.. The Weakness of Strong Ties: the Lock – in of Regional Development in the Ruhrarea in Grabher G (ed.). The Embedded Firm: On the Socio – Economics of Inter – firm Relations ［M］. London: Routledge, 1993.

［48］ Granovetter M.. Economic Action and Social Structure: The Problem of Embeddedness ［J］. American Journal of Sociology, 1985, 91 (3): 481 – 510.

［49］ Granovetter M. , Swedberc R.. The Sociology of Economic Life ［M］. Boulder: Mark Westview Press, 2001.

［50］ Granovetter M.. Economic Action and Social Structure: The Problem of Embeddedness ［J］. American Journal of Sociology, 1985, 91 (3): 481 – 510.

［51］ Graziani G.. Globalization of Production in the Textile and Clothing Industries: The Case of Italian Foreign Direct Investment and Outward Processing in Eastern Europe ［R］. Working Paper Number 128, Berkeley Roundtable on the International Economy (BRIE), University of California – Berkeley, Berkeley, CA. , 1998 (5).

［52］ Grignon F. Délocalisation des Industries Demain d'oeuvre. Rapport d'inFormation n° 374, Commission des Affaires Economiques et du Plan, Sénat, Paris. 2004. //Hammami R. , et al. The Relevant Features of Supply Chain Design in the Delocalization Context ［J］. International Journal of Production Economics, 2008, 113 (2): 641 – 656.

［53］ Groot H. L. F. , Poot J. , Smit M. J.. Which Agglomeration Externalities Matter Most and Why? ［J］. Journal of Economic Surveys, 2016, 30 (4): 756 – 782.

［54］ Hagedoorn J. , Cloot M.. Measuring Innovative Performance: Is There an Advantage in Using Multipe Indicators? [J]. Research Policy, 2003, 32 (8): 1365 – 1379.

[55] Hagedoorn J. Understanding the Cross – Level Embeddedness of Interfirm Partnership Formation [J]. Academy of Management Review, 2006, 31 (3): 670 – 680.

[56] Hammami R., et al.. The Relevant Features of Supply Chain Design in the Delocalization Context [J]. International Journal of Production Economics, 2008, 113 (2): 641 – 656.

[57] Harrison B.. Industrial Districts: Old Wine in New Bottles [J]. Region Studies, 1992 (26): 469 – 483.

[58] Henderson J. V.. The Urbanization Process and Economic Growth: The So – What Question [J]. Journal of Economic Growth, 2003, 8 (1): 47 – 71.

[59] Henderson J., Dicken P., Hess M., et al.. Global Production Networks and the Analysis of Economic Development [J]. Review of International Political Economy, 2002 (3): 436 – 464.

[60] Henderson J. V.. Efficiency of Resource Usage and City Size [J]. Journal of Urban Economics, 1986 (19): 47 – 70.

[61] Henderson J. V.. Marshall's Scale Economies [J]. Journal of Urban Economics, 2003, 53 (1): 1 – 28.

[62] Henderson V.. Efficiency of Resource Usage and City Size [J]. Journal of Urban Economics, 1986, 19 (1): 47 – 70.

[63] Henderson V., Kuncoro A. and Turner M.. Industrial Development in Cities [J]. Journal of Political Economy, 1995, 103 (5): 1067 – 1090.

[64] Hess M.. "Spatial" Relationships? Towards a Reconceptualization of Embeddedness [J]. Progress in Human Geography, 2004, 28 (2): 165 – 186.

[65] Hoover E. M.. Location Theory and the Shoe Leather Industries [M]. Cambridge MA: Harvard University Press, 1937.

[66] Hudson R. Economic Geographies: Circuits, Flows and Spaces [M]. London: Sage, 2005.

[67] Humphrey J., Schmitz H.. Governance and Upgrading: Linking Indus-

trial Cluster and Global Value Chains Research [C] . IDS Working Paper, 2000.

[68] Humphrey J. , Schmitz H.. How Does Insertion in Global Value Chains Affect Upgrading in Industrial Cluster [J] . Regional Studies, 2002, 36 (9): 1017 – 1027.

[69] Jacobs J. The Economy of Cities [M] . New York: Vintage, 1969.

[70] Javorcik B.. Does Foreign Direct Investment Increase the Productivity of Domestic Firms? In Search of Spillovers through Backward Linkages [J] . American Economic Review, 2004, 94 (3) : 605 – 627.

[71] Kalogeresis A. , Labrianidis L.. Delocalization and Development: Empirical Findings from Selected European Countries [J] . Competition and Change, 2010, 14 (2): 100 – 123.

[72] Kaplinsky R. , Morris M.. A Handbook for Value Chain Research [R]. Prepared for the IDRC, 2002.

[73] Kaplinsky R.. Is Globalization All It Is Cracked up to Be? [J] . Review of International Political Economy, 2001, 8 (1): 45 – 65.

[74] Klaus E. Meyer, Ram Mudambi, Rajneesh Narula. Multinational Enterprises and Local Contexts: The Opportunities and Challenges of Multiple Embeddedness [J] . Journal of Management Studies, 2011, 48 (2): 235 – 252.

[75] Kuznets S.. Modern Economic Growth Rate, Structure and Spread [M]. City of New Haven: Yale University Press, 1966.

[76] Labrianidis L. The Moving Frontier: The Changing Geography of Production in Labour Intensive Industries [M] . Ashgate: Aldershot, 2008.

[77] Labrianidis L. , Kalantaridis and Dunford M.. Delocalization of Economic Activity: Agents, Places and Industries [J] . Regional Studies, 2011, 45 (2): 147 – 151.

[78] Lemoine F. , Unal – Kesenei D.. Assembly Trade and Teleology Transfer: The Case of China [J] . World Development, 2004, 32 (5): 829 – 850.

[79] Lewis A.. Economic Development with Unlimited Supplies of Labor [J]. The Manchester School of Economic and Social Studies, 1954 (22): 139 – 191.

[80] Lipietz A.. Mirages and Miracles: The Crisis of Global Fordism [M] .

London: Verso, 1987.

[81] Liu Weidong, Dicken P.. Transnational Corporations and "Obligated Embeddedness": Foreign Direct Investment in China's Automobile Industry [J]. Environment and Planning A, 2006, 38 (7): 1229 – 1247.

[82] Markusen James R. , Venables Anthony J.. Foregin Direct Investment as a Catalyst for Industrial Development [J]. European Economic Review, 1999, 43 (2): 335 – 356.

[83] Marques, Helena. The "New" Economics Theories [Z]. Working Papers, No. 104.

[84] Marshall A. Principles of Economics (8th edition) [M]. London: Macmillan & Co. , 1920: 457 – 486.

[85] Marshall A.. Principles of Economics [M]. London: Macmillan, 1920: 87 – 88.

[86] Martin P. , Mayer T. , Mayneris F.. Spatial Concentration and Firm – level Productivity in France [Z]. CEPR Discussion Paper, No. 6858, 2008.

[87] Massimiliano M. , et. al.. Outsourcing, Delocalization and Firm Organization: Transaction Costs vs. Industrial Relations in a Local Production System of Emilia Romagna. Presented at in the 16th National Scientific Conference of AISSEC, Parma (Italy) . Paolo C. and Giuseppe T. Industrial Clusters and the Governance of the Global Value Chain: The Romania – Veneto Network in Footwear and Clothing [J]. Regional Studies, 2011: 187 – 203.

[88] Meuleman M. , Lockett A. , Manigart S. , et al.. Partner Selection Decisions in Interfirm Collaborations: The Paradox of Relational Embeddedness [J]. Journal of Management Studies, 2010, 47 (6): 995 – 1019.

[89] Mukkala K.. Agglomeration Economies in the Finnish Manufacturing Sector [J]. Applied Economics, 2004, 36 (21): 2419 – 2427.

[90] Otsuka A.. Dynamic Externalities: Theory and Empirical Analysis [M] //A New Perspective on Agglomeration Economies in Japan [M]. Singapore: Springer, 2017: 69 – 95.

[91] Panne G. V. D. , Beers C. V.. On the Marshall – Jacobs Controversy:

It Takes Two to Tango [J] . Industrial & Corporate Change, 2006, 15 (5):
877 - 890.

[92] Pellegrin J. . The Political Economy of Competitiveness in an Enlarged Europe [J] . Journal of Common Market Studies, 2001 (7) .

[93] Pike A. , Lagendijk Vale M. Critical Reflections on "Embeddedness" in
Economic Geography: The Case of Labour Market Governance and Training in the
Automotive Industry in the North - East Region of England in a Giunta, a Lagendijk
and A Pike, Restructuring Industry and Territory [J] . The Experience of Europe'
s Regions, The Stationery Office, 2000: 59 - 82.

[94] Polanyi K. . Primitive, Archaic and Modern Economies [M]. Boston:
Beacon Press, 1957.

[95] Polanyi K. . Primitive, Archaic and Modern Economies: Essays of Karl
Polanyi [M] . Boston: Beacon Press, 1968: 110 - 115.

[96] Porter M. . Clusters and the New Economics of Competition [J] . Harvard Business Review, 1998, 76 (6): 77 - 90.

[97] Porter M. . The Competitive Advantage of Nations [J] . Harvard Business Review, 1990 (3): 73 - 91.

[98] Posner M. . International Trade and Technical Change [J] . Oxford Economic Papers, 1961, 13 (3): 323 - 341.

[99] Quatraro F. , Usai S. . Knowledge Flows, Externalities and Innovation
Networks [J] . Regional Studies, 2017, 51 (8): 1133 - 1137.

[100] Romer P. M. . Endogenous Technological Change [J] . Nber Working
Papers, 1989, 98 (98): 71 - 102.

[101] Runiewicz - Wardyn M. . Dynamic Externalities, Universities and Social
Capital Formation in the EU Biotechnology Industry [J] . Management Dynamics in
the Knowledge Economy, 2017, 5 (1): 13 - 31.

[102] Schmitz H. . Local Upgrading in Global Chains: Recent Findings [C] .
DRUID Summer Conference, 2004.

[103] Sharma A. . Dynamic Externalities and Regional Manufacturing Growth:
Evidence from India [J] . Studies in Business and Economics, 2017, 12 (1):

185 – 201.

[104] Smelser N. J.. The Sociology of Economic Life [M]. Boulder: West-view Press, 1992.

[105] Smith A.. Power Relations, Industrial Clusters and Regional Transformations: Pan – European Integration and Outward Processing in the Slovak Clothing Industry [J]. Economic Geography, 2003 (79): 17 –40.

[106] Sturgeon T., Lee J.. Industry Co – evolution and the Rise of a Shared Supply Base for Electronics Manufacturing [Z]. Paper Presented at Nelson and Winter Conference, Aalborg, 2001.

[107] Sturgeon T. J.. How Do We Define Value Chains and Production Networks? [J]. IDS Bulletin, 2001 (3): 9 –18.

[108] Susane F.. Trade Liberalization and Delocalization: New Evidence from Firm – level Panel Data [J]. Canadian Journal of Economics Revue Canadienne, 1998, 31 (4): 749 –777.

[109] Ter Wal A.. Cluster Emergence and Network Evolution: A Longitudinal Analysis of the Inventor Network in Sophia – Antipolis [J]. Regional Studies, 2010, 9 (1): 1 –18.

[110] Tilo F. Halaszovich, Sarianna M. Lundan. The Moderating Role of Local Embe – ddedness on the Performance of Foreign and Domestic Firms in Emerging Markets [J]. International Business Review, 2016 (2): 1136 –1148.

[111] UNIDO. International Subcontracting Versus Delocalization? A Survey of the Literature and Case – studies from the SPX Network [C]. UNIDO Geneva: UNIDO Report, 2003.

[112] Uzzi B.. The Sources and Consequences of Embeddedness for the Economic Performance of Organizations: The Network Effect [J]. American Sociological Review, 1996, 61 (4): 674 –698.

[113] Vernon R.. International Investment and International Trade in the Product Cycle [J]. Quarterly Journal of Economics, 1966 (80): 190 –207.

[114] Weller S.. Beyond Global Production Networks: Australian Fashion Week's Trans – sectoral Synergies [J]. Growth and Change, 2008 (39): 104 –122.

［115］ W. Arthur Lewis. The Theory of Economic Growth ［M］. London：George Allen and Unwin Ltd. ，1995.

［116］ Zukin S. ，Dimaggio P. . Structures of Capital：The Social Organization of the Economy ［M］. Cambridge：Cambridge University Press，1990.

［117］白洁. FDI 与中国服务业国际转移研究 ［J］. 山东经济，2006（1）：155 – 159.

［118］柏玲，张宪平. 全球化背景下产业集群嵌入性的研究 ［J］. 生产力研究，2008（7）：13 – 125.

［119］蔡春萍，韦素琼，陈松林等. 中小企业迁移：滞后性及其制约因素——基于晋江市安海镇的实证分析 ［J］. 经济地理，2014，34（10）：7 – 14.

［120］陈凡，周民良. 国家级承接产业转移示范区是否推动了产业结构转型升级? ［J］. 云南社会科学，2020（1）：104 – 110.

［121］陈旭，秦蒙，刘修岩. 城市蔓延、动态外部性与企业出口参与——基于中国制造业企业数据的经验研究 ［J］. 财贸经济，2018，39（10）：145 – 160.

［122］成祖松，王先柱，冷娜娜等. 区域产业转移粘性影响因素的实证分析 ［J］. 财经科学，2013（11）：73 – 83.

［123］程中华，于斌斌. 产业集聚与地区工资差距——基于中国城市数据的空间计量分析 ［J］. 当代经济科学，2014，36（6）：86 – 94.

［124］崔海潮. 产业转移、世界制造中心变迁与中国制造业发展研究 ［D］. 西北大学博士学位论文，2009.

［125］大卫·李嘉图. 政治经济学及赋税原理 ［M］. 北京：华夏出版社，2005.

［126］戴宏伟. 中国制造业参与国际产业转移面临的新问题及对策分析 ［J］. 中央财经大学学报，2007（7）：69 – 74.

［127］董祖德. 探索浙商回归的杭州新路径 ［J］. 人民论坛，2013（30）：73.

［128］杜传忠，韩元军，张宪国等. 我国区际产业转移的动力及粘性分析 ［J］. 江西社会科学，2012（5）：5 – 11.

［129］范建勇. 产业集聚与地区间劳动生产率差异 ［J］. 经济研究，

2006 (11)：72 – 81.

[130] 范剑勇，冯猛，李方文. 产业集聚与企业全要素生产率 [J]. 世界经济，2014 (5)：51 – 73.

[131] 范剑勇，石灵云. 产业外部性、企业竞争环境与劳动生产率[J]. 管理世界，2009 (8)：65 – 72.

[132] 范剑勇. 产业集聚与地区间劳动生产率差异 [J]. 经济研究，2006 (11)：72 – 81.

[133] 范可. 再地方化与象征资本——一个闽南回族社区近年来的若干建筑表现 [J]. 开放时代，2005 (2)：43 – 61.

[134] 冯南平，杨善林. 产业转移对区域自主创新能力的影响分析——来自中国的经验证据 [J]. 经济学动态，2012 (8)：70 – 74.

[135] 盖骁敏，丛瑞雪. 基于生命周期理论的 FDI 产业集聚根植性研究 [J]. 亚太经济，2011 (6)：130 – 133.

[136] 盖骁敏，张文娟. FDI 产业集聚的根植性问题研究 [J]. 管理世界，2010 (12)：168 – 169.

[137] 葛燕. 浙商回归重在结构升级 [J]. 浙江经济，2012 (18)：11.

[138] 耿建泽. 地域根植性对企业集群发展的影响 [J]. 安徽农业大学学报 (社会科学版)，2007，16 (1)：18 – 21.

[139] 关爱萍，李娜. 中国区际产业转移技术溢出及吸收能力门槛效应研究——基于西部地区省际面板数据的实证分析 [J]. 软科学，2014，28 (2)：32 – 36.

[140] 郭斯兰. 浙商回归面临"提质"[J]. 浙江经济，2013 (17)：1.

[141] 郭元晞，常晓鸣. 产业转移类型与中西部地区产业承接方式转变 [J]. 社会学研究，2010 (4)：34 – 37.

[142] 韩晶晶. 安徽省承接产业转移与产业结构优化升级研究 [D]. 天津师范大学硕士学位论文，2015.

[143] 郝寿义，安虎森. 区域经济学 [M]. 北京：经济科学出版社，1999.

[144] 何天祥，陈晓红. 动态外部性与城市群经济增长收敛的实证研究 [J]. 系统工程理论与实践，2017，37 (11)：2791 – 2801.

[145] 贺灿飞. 地方化经济、城市化经济与中国制造业企业劳动生产率 [J]. 哈尔滨工业大学学报（社会科学版），2011，13（6）：1-9.

[146] 胡佛. 区域经济学导论 [M]. 王翼龙译. 北京：商务印书馆，1990.

[147] 贾生华，吴晓冰. 全球价值链理论与浙江产业集群升级模式研究 [J]. 技术经济，2006（4）：29-31.

[148] 金晓燕. 集群根植性作用机制研究 [J]. 经济论坛，2008（23）：7-10.

[149] 赖永剑. 集聚、空间动态外部性与企业创新绩效——基于中国制造业企业面板数据 [J]. 产业经济研究，2012（2）：9-17.

[150] 劳尔·普雷维什. 外围资本主义：危机与改造 [M]. 北京：商务印书馆，1990.

[151] 雷平. 我国信息产业制造业集聚效应与区域根植性——基于省际面板数据的研究 [J]. 软科学，2009（10）：12-16.

[152] 李钢，廖建辉，向奕霓. 中国产业升级的方向与路径——中国第二产业占 GDP 的比例过高了吗 [J]. 中国工业经济，2011（10）：16-26.

[153] 李健，宁越敏. 全球生产网络的浮现及其探讨——一个基于全球化的地方发展研究框架 [J]. 上海经济研究，2011（9）：20-27，54.

[154] 李健，余悦. 产业结构动态外部性对区域创新能力影响实证研究 [J]. 科研管理，2018，39（S1）：217-225.

[155] 李健. 全球生产网络与大都市区生产空间组织 [M]. 北京：科学出版社，2011.

[156] 李明岩. 跨国公司在华投资战略调整历程及启示 [D]. 河北师范大学硕士学位论文，2010.

[157] 李雯轩. 经济增长及其外部性研究——基于动态面板的实证分析 [J]. 金融与经济，2017（5）：43-48.

[158] 李玉蓉，莫微微. 跨国公司本地嵌入影响因素的理论研究 [J]. 经济视角（上旬刊），2014（2）：65-68.

[159] 梁琦，钱学锋. 外部性与集聚：一个文献综述 [J]. 世界经济，2007（2）：84-96.

[160] 刘恒江，陈继祥．要素、动力机制与竞争优势：产业集群的发展逻辑 [J]．中国软科学，2005 (2)：125 – 130.

[161] 刘乃全，吴友，赵国振．专业化集聚、多样化集聚对区域创新效率的影响专业化集聚——基于空间杜宾模型的实证分析 [J]．经济问题探索，2016 (2)：89 – 96.

[162] 刘思亚．关系嵌入性、养老保险与农户消费——基于欠发达地区的经验数据 [D]．西南大学硕士学位论文，2016.

[163] 刘卫东，Dicken P.，杨伟聪．信息技术对企业空间组织的影响——以诺基亚北京星网工业园为例 [J]．地理研究，2004, 6 (3)：833 – 844.

[164] 刘卫东．论全球化与地区发展之间的辩证关系——被动嵌入 [J]．世界地理研究，2003, 12 (1)：1 – 9.

[165] 刘文纲．经济全球化与中国企业"走出去"战略研究 [M]．北京：经济科学出版社，2003.

[166] 刘友金，吕政．梯度陷阱、升级阻滞与承接产业转移模式创新 [J]．经济学动态，2012 (11)：22 – 27.

[167] 刘志彪，张杰．从融入全球价值链到构建国家价值链：中国产业升级的战略思考 [J]．学术月刊，2009 (9)：59 – 68.

[168] 刘志彪，张杰．全球代工体系下发展中国家俘获型网络的形成、突破与对策——基于 GVC 与 NVC 的比较视角 [J]．中国工业经济，2007 (5)：39 – 47.

[169] 刘志彪，张少军．中国地区差距及其纠偏：全球价值链和国内价值链的视角 [J]．学术月刊，2008, 40 (5)：49 – 55.

[170] 刘志彪．以国内价值链的构建实现区域经济协调发展 [J]．广西财经学院学报，2017, 30 (5)：20 – 23, 31.

[171] 刘子琳．产业外部性对生产性服务业增长影响的实证研究 [D]．湖南大学硕士学位论文，2015.

[172] 卢锋．产品内分工 [J]．经济学（季刊），2004 (4)：55 – 82.

[173] 卢福财，罗瑞荣．全球价值链分工条件下产业高度与人力资源的关系——以中国第二产业为例 [J]．中国工业经济，2010 (8)：76 – 86.

[174] 鲁开垦．产业集群社会网络的根植性与核心能力研究 [J]．广东

社会科学，2006（2）：41 - 46.

［175］陆立军．产业集聚、动态外部性与专业市场发展——来自浙江省义乌市的证据［J］．开发研究，2009（4）：17 - 21.

［176］吕卫国，陈雯．江苏省内一体化、制造业聚散与地区间分工演化［J］．地理科学进展，2013，32（2）：223 - 232.

［177］罗建华，邱先裕．国际产业转移与中国区域经济的发展［J］．山西科技，2005（1）：8 - 10.

［178］马海涛，刘志高．地方生产网络空间结构演化过程与机制研究——以潮汕纺织服装行业为例［J］．地理科学，2012，32（3）：308 - 312.

［179］马云俊．产业转移、全球价值链与产业升级研究［J］．技术经济与管理研究，2010（4）：139 - 143.

［180］迈克尔·波特．国家竞争优势［M］．李明轩译．北京：华夏出版社，2002.

［181］孟庆民，杨开忠．以规模经济为主导的区域分工［J］．中国软科学，2001（12）：95 - 99.

［182］聂正安．岭南文化嵌入性对珠三角本土企业组织学习的影响［J］．广东商学院学报，2008（2）：47 - 54.

［183］彭向，蒋传海．产业集聚、知识溢出与地区创新——基于中国工业行业的实证检验［J］．经济学（季刊），2011，10（3）：913 - 934.

［184］丘海雄，于永慧．嵌入性与根植性——产业集群研究中两个概念的辨析［J］．广东社会科学，2007（1）：175 - 181.

［185］邱国栋，陈景辉．跨国公司在中国沿海开发区的嵌入性研究［J］．财经问题研究，2010（9）：88 - 95.

［186］沈能，赵增耀．集聚动态外部性与企业创新能力［J］．科研管理，2014，35（4）：1 - 9.

［187］盛其红．根植与集群的发展［D］．浙江大学硕士学位论文，2004.

［188］师博，沈坤荣．政府干预、经济集聚与能源效率［J］．管理世界，2013（10）：6 - 18，187.

［189］宋军，张列平．工业企业集团综合实力评价指标体系［J］．工业工程与管理，2000，5（2）：37 - 41.

［190］宋全敬．在华跨国公司的本土化程度问题研究［D］．山东大学硕士学位论文，2008.

［191］宋哲．我国产业转移的动因与效应分析［D］．武汉大学博士学位论文，2013.

［192］苏明，刘志彪．全球价值链视野下的中国产业发展——刘志彪教授访谈［J］．南京社会科学，2014（8）：9－15.

［193］孙根紧，丁志帆．中国工业行业动态外部性与区域产业发展关系研究［J］．统计与决策，2015（16）：116－120.

［194］孙九霞，马涛．旅游发展中族群文化的"再地方化"与去地方化［J］．广西民族大学学报（哲学社会科学版），2012，34（4）：60－67.

［195］谭文柱，王缉慈，陈倩倩．全球鞋业转移背景下我国制鞋业的地方集群升级——以温州鞋业集群为例［J］．经济地理，2006（1）：60－65.

［196］唐晓云．产业升级研究综述［J］．科技进步与对策，2012（4）：156－160.

［197］陶锋，杨雨清，褚简．集聚外部性如何影响企业生产率？［J］．南方经济，2018（6）：87－101.

［198］王春晖，赵伟．集聚外部性与地区产业升级：一个区域开放视角的理论模型［J］．国际贸易问题，2014（4）：67－77.

［199］王欢芳，李密，宾厚．产业空间集聚水平测度的模型运用与比较［J］．统计与决策，2018（11）：37－42.

［200］王缉慈，林涛．我国外向型制造业集群发展和研究的新视角［J］．北京大学学报（自然科学版），2007，43（6）：839－846.

［201］王缉慈．创新的空间［M］．北京：北京大学出版社，2001.

［202］王缉慈等．超越集群——中国产业集群的理论探索［M］．北京：科学出版社，2010.

［203］王劲峰，徐成东．地理探测器：原理与展望［J］．地理学报，2017，72（1）：116－134.

［204］王静华．地方根植性与产业集群衰退［J］．当代财经，2007（3）：92－95.

［205］王清蓉．城市产业结构外部性对创新能力影响研究［D］．湖南大

学硕士学位论文，2013.

[206] 王树祥，张明玉，郭琦．价值网络演变与企业网络结构升级［J］．中国工业经济，2014（3）：93-106.

[207] 王瑛，柴华奇．陕西省装备制造业集聚水平的区位熵评价［J］．新技术新工艺，2007（12）：15-17.

[208] 危文朝．中部地区承接产业转移的技术溢出效应研究［D］．江西财经大学硕士学位论文，2015.

[209] 魏后凯．我国区际工业分工转型的方向与经济关系的协调［J］．中国工业经济研究，1991（12）：36，50-56.

[210] 魏李鹏．浙商回归的导向和路径［J］．浙江经济，2012（8）：20-21.

[211] 文嫮，曾刚．嵌入全球价值链的地方产业集群发展——地方建筑陶瓷产业集群研究［J］．中国工业经济，2004（6）：36-42.

[212] 吴立力，孙畅．长江上游地区产业集聚的测度及比较［J］．统计与决策（理论版），2007（7）：65-67.

[213] 吴显英．跨国公司本土化策略的主要障碍及对策研究［J］．中国科技论坛，2004（6）：20-22，40.

[214] 武志．金融发展与经济增长：来自中国的经验分析［J］．金融研究，2010（5）：58-68.

[215] 夏瑞环．跨国公司对华投资战略调整与对策［D］．广西大学硕士学位论文，2011.

[216] 向荣．浙商的"外迁"与"反哺"——基于从"浙江经济"到"浙江人经济"的实证分析［J］．中国工业经济，2006（10）：59-66.

[217] 项后军．外资企业的迁移及其根植性问题研究——以台资企业为例［J］．浙江社会科学，2004（3）：67-72.

[218] 小岛清．对外贸易论［M］．天津：南开大学出版社，1987.

[219] 徐弼昉．现代服务业集聚区的外部性效应研究［D］．苏州科技学院硕士学位论文，2015.

[220] 徐康宁，冯伟．基于本土市场规模的内生化产业升级：技术创新的第三条道路［J］．中国工业经济，2010（11）：58-67.

[221] 徐毅．要素分工与发展中国家经济发展［J］．世界经济研究，

2007 (10)：15 – 19，86.

　　[222] 许德友，梁琦. 贸易成本与国内产业地理 [J]. 经济学（季刊），
2012 (4)：1113 – 1135.

　　[223] 许树辉. 产业转移下的广东省制造业空间集聚与区际分工演变——
基于 2005 – 2014 年统计数据 [J]. 热带地理，2017，37 (3)：347 – 355.

　　[224] 亚当·斯密. 国富论 [M]. 北京：商务印书馆，2007.

　　[225] 杨玲丽，万陆. 关系制约产业承接吗？——"关系嵌入—信任—
转移意愿"的影响研究 [J]. 管理世界，2017 (7)：35 – 49.

　　[226] 杨树旺，江奇胜，易扬. 湖北省绿色发展与高新技术产业集聚的
测度与实证 [J]. 统计与决策，2018 (14)：140 – 143.

　　[227] 杨亚平. FDI 技术行业内溢出还是行业间溢出——基于广东工业面
板数据的经验分析 [J]. 中国工业经济，2007 (11)：73 – 79.

　　[228] 杨友仁，夏铸九. 跨界生产网络的组织治理模式——以苏州地区
信息电子业台商为例 [J]. 地理研究，2005 (2)：253 – 264.

　　[229] 杨振兵. FDI 是否会迅速逃离：基于工业行业根植性的视角 [J].
当代经济科学，2014，36 (4)：1 – 9.

　　[230] 姚少平. 深化浙商回归需要重视的几个问题 [J]. 今日浙江，
2014 (2)：26 – 27.

　　[231] 叶琪. 我国区域产业转移的态势与承接的竞争格局 [J]. 经济地
理，2014，34 (3)：91 – 97.

　　[232] 尹子民，张凤新. 企业竞争力评价与可持续发展战略研究 [M].
长春：东北大学出版社，2004.

　　[233] 应焕红. 浙江发展浙商回归经济的对策研究 [J]. 观察与思考，
2012 (12)：55 – 57.

　　[234] 应焕红. 浙商反哺发展研究 [J]. 浙江学刊，2009 (2)：206 – 211.

　　[235] 于永慧，丘海雄. 产业集群与企业边界的嵌入性研究 [M]. 北
京：经济科学出版社，2010.

　　[236] 余慧倩. 长三角需审慎对待国际产业转移 [J]. 江南论坛，2004
(6)：9 – 11.

　　[237] 余慧倩. 论国际产业转移机制 [J]. 江汉论坛，2007 (10)：43 – 46.

［238］俞国琴．我国地区产业转移的系统优化分析［D］．上海社会科学院博士学位论文，2005.

［239］曾贵，钟坚．我国加工贸易向中西部梯度转移的影响要素分析［J］．深圳大学学报（人文社会科学版），2010，27（6）：68－72.

［240］曾铮．全球工序分工与贸易研究［D］．中国社会科学院研究生院博士学位论文，2009.

［241］张敦富，傅晓东．区域经济合作与区域分工问题研究［J］．长江论坛，2000（6）：16－19.

［242］张二震，马野青，方勇等．贸易投资一体化与中国的战略［M］．北京：人民出版社，2004.

［243］张莉琴．产业集聚视角下西北产业承接的实证研究［D］．兰州大学硕士学位论文，2008.

［244］张敏．嘉兴市浙商回归投资作用下产业集聚效应分析［J］．市场研究，2014（1）：56－57.

［245］张明志，李敏．国际垂直专业化分工下的中国制造业产业升级及实证分析［J］．国际贸易问题，2011（1）：118－128.

［246］张伟，李俊．国际制造业的转移与产业集群［J］．晋阳学刊，2005（6）：46－49.

［247］张先锋，刘有璐，杨新艳，刘晴．动态外部性、集聚模式对城市福利水平的影响［J］．城市问题，2016（3）：4－12.

［248］张艳，刘亮．经济集聚与经济增长——基于中国城市数据的实证分析［J］．世界经济文汇，2007（1）：48－56.

［249］张玉柯，徐永利．国际生产网络下日本汽车产业的中国本土化［J］．日本学刊，2011（1）：106－119.

［250］赵蓓，莽丽．外资与中国产业集群发展：从嵌入性角度的分析［J］．福建论坛（人文社会科学版），2004（7）：29－32.

［251］赵蓓．嵌入性与产业群竞争力：理论研究与分析框架［J］．东南学术，2004（6）：138－145.

［252］赵霄伟，姚永玲．动态外部性、收敛性与中国服务业就业增长的关系——基于传统服务业和现代服务业的比较研究［J］．经济问题，2014

（7）：52－56，68.

[253] 赵雅琼. 根植性视角的企业再地方化研究——以河南省为例 ［D］. 浙江师范大学硕士学位论文，2017.

[254] 郑吉昌，夏晴. 国际转移背景下的中国服务业——发展空间与对策 ［J］. 国际贸易，2005（11）：13－16.

[255] 周昌林，魏建良. 产业结构水平测度模型与实证分析——以上海、深圳、宁波为例 ［J］. 上海经济研究，2007（6）：15－21.

[256] 周立，王子明. 中国各地区金融发展与经济增长实证分析：1978—2000 ［J］. 金融研究，2002（10）：1－13.

[257] 朱华友，何钰凝，李涵. 浙商回归的动力机制及对地区转型发展的影响：企业再地方化视角 ［J］. 浙江师范大学学报（社会科学版），2017，42（5）：1－8，129.

[258] 朱华友，王缉慈，俞国军. 去地方化、三角制造网络与地区产业升级 ［J］. 经济地理，2015，35（11）：110－116.

[259] 朱华友，王缉慈. 去地方化与区域发展：欧美实证与中国启示 ［J］. 经济地理，2013，33（2）：6－11，32.

[260] 朱华友，王缉慈. 中国沿海外贸加工集群的去地方化问题 ［J］. 经济地理，2014，34（9）：80－85.

[261] 朱华友等. 我国沿海外贸加工集群的去地方化问题 ［M］. 北京：经济科学出版社，2015.

[262] 朱松岭，陈星. "大陆台商" 的非植根性状态与植根性趋势——基于新经济社会学视角的审视 ［J］. 北京联合大学学报，2008，6（3）：84－91.

[263] 朱卫平，陈林. 产业升级的内涵与模式研究——以广东产业升级为例 ［J］. 经济学家，2011（2）：60－66.

[264] 庄晋财. 企业集群地域根植性的理论演进及其政策含义 ［J］. 财经问题研究，2003，27（10）：19－23.

[265] 庄小将. 结构嵌入性对集群企业技术创新绩效的影响 ［J］. 技术经济与管理研究，2016（2）：19－24.

[266] 邹积亮. 产业转移理论及其发展趋向分析 ［J］. 中南财经政法大学学报，2007（6）：51－56.

后　记

　　本书在国家自然科学基金项目"企业再地方化与地区转型发展：机理与路径"（41571112）和浙江省自然科学基金"产业集聚的企业根植性、外部性与地区转型发展"（LY16D010002）的共同资助下完成。

　　本书在秉承之前的国家自然科学基金项目"我国沿海外贸加工集群的去地方化问题"的基础上设计而成。设计过程中得到了北京大学王缉慈先生的教诲，并多次与广西大学张林教授深入探讨，他们的学术思想为本书的写作提供了丰富的精神食粮。在研究过程中，项目组深入访谈了浙江省、福建省、安徽省、河南省、江西省和广西壮族自治区的多家工业园区和企业，得到了来自各方面的帮助和支持。各园区和企业负责人及相关部门给予了积极、热情的接待，并提供了大量的资料和数据。我院的年轻博士蒋自然、马兴超和陈金英也经常参与学术探讨，并提出了一些很好的建议，在此一并致谢！

　　全书由朱华友组织设计并参与全部的研究和撰写过程，李娜同学参与了全书的统稿工作，朱之熹同学参与了第二章的撰写，赵雅琼和张亚军同学参与了第三章的撰写，代泽娟和李涵同学参与了第四章的撰写，鲁彦秋和夏磊同学参与了第五章的撰写，何钰凝同学参与了第六章的撰写。

　　本书参考了大量国内外学者的文献，在此表示衷心的感谢！

朱华友

2020 年 4 月 26 日